AF406045

MONSEÑOR FEDERICO LUNARDI
LOS MAYAS TOMO II

(Estudio arqueológico de un obispo italiano en Honduras)

ERANDIQUE
COLECCIÓN

LOS MAYAS TOMO II
(Estudio arqueológico de un obispo italiano en Honduras)

JAMES JEFFREY ROCHE
©Colección Erandique
Supervisión Editorial: Óscar Flores López
Diseño de portada: Andrea Rodríguez
Administración: Tesla Rodas—Jessica Cordero
Director Ejecutivo: José Azcona Bocock
Primera Edición
Tegucigalpa, Honduras—Abril de 2026

Dedicatoria:
A Marcos Carías Reyes
A la Juventud Estudiosa
A todo el Pueblo Hondureño

PALABRAS DE MONSEÑOR

Cuando en noviembre de 1945, por sugerencias del buen amigo Dr. Alberto María Carreño, me consultó el señor Julián Martínez Castells, director de la Sociedad Colombista Panamericana, sobre si se podría celebrar un Congreso de Arqueología en Honduras y en Copán, yo respondí inmediatamente que sí. Y el Congreso fue un éxito, no en lo científicamente deseable, pero sí porque dio a conocer arqueológicamente no tan solo a Copán, sino a Honduras toda.

Pero, al solo pensar que un Congreso de Arqueología Maya sería inminente, para el cual se me había solicitado el temario, que efectivamente di muy amplio, mientras por otra parte se enseñaba públicamente y se escribía y se publicaba en folletos y en libros que en Honduras los mayas llegaban solamente hasta Copán, y se ponía en duda el valle de Comayagua, y los indígenas que todavía quedan y son hijos de aquellos mayas que resistieron con Lempira al tiempo de la Conquista, se prefería llamarlos más bien hijos de moros y no hijos de mayas; cuando todos los arqueólogos colocaban a Honduras fuera del mundo maya, exceptuando Copán, y hasta se ha llegado a decir por alguien, que no quiero recordar, que Copán no era maya y que ni siquiera en sus alrededores se encuentran nombres mayas; cuando se prefería, y se enseñaba a los niños en las escuelas, copiando a otros, que Honduras fue invadida en el siglo doce, o si no al tiempo de Moctezuma, y que hubo un imaginario imperio "Apay", etcétera, etcétera, y por lo general se daba poca importancia al conocimiento de los mayas, no obstante el esfuerzo generoso del señor Presidente de la República en sostener las restauraciones de los preciosos y únicos en el mundo, los monumentos de Copán, esfuerzo que no se estimaba en todo su alcance; naturalmente tuve un sentimiento de tristeza y de rebeldía en contra de todo esto que acabo de señalar.

Entonces, puesto involuntariamente en el candelero, para dar alguna luz en la preparación del Congreso Maya que se nos venía encima, sentí la necesidad de preparar, con alguna publicación de índole popular, los ánimos e ilustrar las mentes sobre el carácter, contenido y alcance que este Congreso tendría para Honduras.

Hacía ocho años que sabía que Honduras era toda maya y maestra del Mayab; pero no solamente los extranjeros, que de ordinario ven las cosas superficialmente, sino los propios hijos de Honduras, le negaban a su madre lo que hay de más precioso: la maternidad, y una tan noble como la de los mayas.

Decidí hacer las publicaciones en forma de artículos, trayendo al caso cuanta experiencia había acumulado, y ahondando con la búsqueda y consulta de documentos lo que ya sabía de antemano, y lo que de repente, como tesoro precioso, se me revelaba con el estudio. Y fueron muchos los descubrimientos míos que di a conocer. Los hicaques, los payas, los intibucanos y otros naturales de Honduras, en sus costumbres y palabras todavía mayas; Comayagua con su museo, el jade, los colores, el agua virgen en Tenampúa y muchas otras manifestaciones de la cultura maya que descubrí, me sirvieron para poner en claro cosas que los arqueólogos estaban todavía lejos de encontrar.

Mi agradecimiento va para todos indistintamente: desde el Excmo. señor Presidente de la República, tan comprensivo desde el primer momento que le hablé de mis estudios y aficiones; los señores ministros, gobernadores y comandantes que en todo me ayudaron, y las personas principales que en todo tiempo me proporcionaron la ayuda más eficaz, hasta las más humildes y los niños, que acompañándome estimularon mi tarea; desde los que siempre alabaron mi obra con grandes muestras de aprecio, hasta los que, conteniéndose en reserva o poniendo dificultades, dudas y objeciones, colaboraron en mucho al adelanto de mi obra. Porque fueron precisamente las dificultades y objeciones las que me estimularon para estudiar más y mejor y ahondar más los problemas difíciles, hasta resolverlos completa y airosamente.

Don Fernando Zepeda Durón, director de "La Época" y "Diario Comercial", me dieron puerta abierta muy generosamente.

Los desvelos y aprensiones por encontrar la verdad, que a veces no se revelaba tan pronto, y la imperiosa necesidad de tener listo un artículo de casi dos columnas cada jueves, por dos años continuos, no son nada ante el buen éxito alcanzado. Al principio, el pseudónimo que adopté, y que me cabe bien, porque CANMAY era el gran sacerdote maya que todo lo dirigía, despertó alguna curiosidad. Los artículos eran sugestivos. Lo que no se podía entender era que, de repente, como cuando en ocasiones de fiestas se pintan las fachadas de las casas, se ponía a Honduras de otro color: antes de ahora no se sabía a quién había pertenecido; ahora se le decía claramente el nombre patronímico: HONDURAS ES MAYA.

Poco a poco ha penetrado, y hasta los que nunca habían sentido el sabor de estos estudios, ahora se sienten seducidos y entretenidos, y no es raro que algún chófer que me lleva en automóvil me diga de repente, con gran satisfacción: "He leído sus artículos: me gustan mucho"; y otros, de más sabiduría, me dan a conocer que los buscan con afán y los recortan para tener la colección. Y a cada momento se me ha demostrado el gran deseo de que los publicara en un libro.

El anhelo de muchos y el mío propio se encuentran ahora satisfechos.

No es este un manual de etnología y arqueología. Además, no está aquí todo. Acaso continúe más tarde; pero entretanto debo poner punto final en estos artículos, porque tengo un viaje a Roma.

He aquí el libro.

¿Quiénes serán los lectores?

Mil gracias.

Monseñor Federico Lunardi

Tegucigalpa, 8 de noviembre de 1947.

PREFACIO

Nuevamente el notable investigador americanista, Dr. Federico Lunardi, me honra de modo especial al escogerme por segunda vez para escribir el prefacio de su último y valiosísimo estudio arqueológico intitulado "Honduras Maya", que viene publicando desde 1945 en los importantes diarios La Época y Diario Comercial. Y este honor lo estimo tanto más importante y significativo, cuanto que él me ofrece la brillante oportunidad de interpretar el sentimiento de admiración y reconocimiento del pueblo hondureño y especialmente de su juventud estudiosa y comprensiva, para el eminente pionero de la ciencia, que desde su arribo a esta tierra que lo quiere y estima en el más alto grado, se dedicó con el más grande anhelo y la pasión más noble y elevada, al estudio intenso y desinteresado y a la investigación tenaz y profunda, inteligente y filosófica, de su pasado histórico primero, y últimamente de su vida prehistórica.

Pero deseo permitirme en esta feliz oportunidad hacer una digresión que estimo justa y necesaria, y ella se refiere a una:

DEUDA QUE DEBEMOS RECONOCER

Honduras, durante más de un siglo, en medio de su vida de inquietud y violencia, de sus luchas intensas e infortunadas por su progreso y su cultura, ha tenido, desde los comienzos de su vida independiente, la buena suerte de recibir en diferentes ocasiones la visita de distinguidas personalidades y de representantes de instituciones científicas, que unas veces expresamente, y en otras, aprovechando su permanencia en el país, han sabido, con elevado espíritu de cultura y amplio sentido de convivencia espiritual y cooperación amistosa, prestar a nuestra patria muy estimables y valiosos servicios, estudiando diferentes aspectos de su vida, de su historia y su prehistoria, y de sus grandes recursos naturales, para darlos a conocer al mundo después, en una aspiración noble y civilizada de contribución sincera por su evolución progresista y su enfilamiento en el plano que ocupan las naciones que van a la vanguardia de la civilización.

John L. Stephens y Frederik Catherwood, en 1838, estudian y describen de modo brillante el grandioso panorama de las ruinas de

Copán, que dio al mundo por primera vez y en forma autorizada noticia del rincón privilegiado del continente americano donde nació y floreció la más excelsa y refinada civilización del hombre del Nuevo Mundo.

En 1847 vio la luz pública en Londres, y escrito por Thomas Young, uno de los primeros estudios de carácter informativo sobre nuestra costa de la Mosquitia, Trujillo y las islas de Roatán y Guanaja, al cual siguió el que en 1875 escribiera el señor Melquisedec Zúñiga Echenique, con más amplitud y mejor plan de divulgación, especialmente sobre las tierras inhóspitas de nuestra Mosquitia.

El diplomático norteamericano E. Geo Squier inició en 1853 un estudio geográfico, topográfico y estadístico sobre Centroamérica y especialmente sobre Honduras y El Salvador, que fue publicado en París en 1856, dando a conocer la brillante posición geográfica de nuestro país en el continente americano y la abundancia de sus recursos naturales, con el objeto primordial de llamar la atención del mundo hacia la enorme importancia y trascendencia que tenía entonces para las relaciones internacionales y comerciales la realización del grandioso proyecto concebido y elaborado por el mismo Squier de construir una vía férrea interoceánica, cruzando de norte a sur nuestro territorio. También publicó una reseña general de "Las islas en la bahía de Honduras", que contribuyó considerablemente a su conocimiento en aquella fecha.

Herbert H. Bancroft, en 1882, escribió en su notable obra "Razas nativas de los estados del Pacífico" sobre la etnología de nuestras tribus, principalmente de las que poblaban la vasta región de la Mosquitia. Por el mismo tiempo, el notable explorador inglés Alfred P. Maudslay, en visita especial a Copán, y después de tres o cuatro expediciones, logró completar el estudio general de sus monumentos, el más intensivo y ambicioso, más gráfico e informativo de cuantos se habían realizado hasta entonces, cuya publicación en Londres los dio a conocer al mundo científico y despertó el inmenso interés de las instituciones de dicho carácter y de los sabios, que a partir de dicha fecha convirtieron nuestra gran ciudad prehistórica en la Meca de sus máximas aspiraciones.

Siguiendo las huellas luminosas de Maudslay en su monumental estudio sobre Copán, Marshall Saville, John G. Owens y George Byron Gordon, del Museo Peabody de Etnología y Arqueología, realizan un vasto plan de exploraciones, excavaciones y estudios de

1891 a 1895, que ampliaron el conocimiento de la cultura y el arte de Copán, plasmados en el enorme documental pétreo que fue descubierto y en el reconocimiento que por primera vez fue realizado de las cuevas existentes en sus alrededores. Y en libros y revistas, en monografías, planos y artículos científicos, fue dado a conocer a la ciencia y a los hombres de estudio el nuevo y abundante material descubierto, las nuevas informaciones adquiridas y las ideas e hipótesis nuevas que de ellas fueron deducidas.

El mismo Byron Gordon publica de 1896 a 1897 sus interesantes monografías sobre "Cavernas de Copán", "La Escalera Jeroglífica de Copán" e "Investigaciones en el Valle de Ulúa".

La magna labor de investigación, estudio y divulgación que venían realizando una pléyade de científicos extranjeros, en los variados aspectos de la fisonomía de nuestro territorio, dio como resultado inmediato que Honduras empezara a llamar la atención de los hombres de negocios y de estudio, tanto de los Estados Unidos de Norteamérica como de Europa y de otros países americanos; pero ese conocimiento fue más interesante y amplio en el aspecto prehistórico, a tal grado que ya en las postrimerías del siglo XIX era famosa Honduras por la existencia en Copán del enorme complejo de ciencia y arte, religión y simbolismo, arquitectura, escultura y epigrafía, más elevado y perfeccionado de toda la cultura existente y conocida hasta entonces en todo el continente americano.

Pero la brillante y abnegada labor no había de terminar con lo que se había realizado. Nuevos elementos, principalmente de los Estados Unidos de América, tenían que sumarse a la legión gloriosa de esforzados e incansables trabajadores científicos, en beneficio no exclusivamente de Honduras, que siempre les ha ofrecido abiertas de par en par las puertas de su territorio y de su mejor buena voluntad, sino principalmente de la cultura y de la civilización del mundo. Por eso, a los nombres ilustres anteriores se sumaron posteriormente el del eminente mayista Dr. Herbert J. Spinden, que en 1913 publicó su notable trabajo intitulado "Un estudio del arte maya", basado principalmente en las esculturas de Copán. La obra profunda y monumental escrita en diez años, intitulada "Inscripciones de Copán", por el Dr. Sylvanus G. Morley, que fue publicada en 1920, y su otra obra magnífica, "Antiguos templos y ciudades del Nuevo Mundo", "Copán, la madre de las ciudades mayas", publicada en 1911.

Eduard Conzemius logra en 1928 publicar su valiosísimo estudio sobre "Los indios payas de Honduras", en sus aspectos geográfico, histórico, etnográfico y lingüístico, que se relaciona y complementa con la monografía de Karl Sapper intitulada "Los payas en Honduras", publicada en años anteriores.

En 1935 dan comienzo los trabajos de conservación, restauración y protección de las ruinas de Copán, que el Presidente de la República, Dr. y Gral. Tiburcio Carías Andino, organizó en estrecha y amistosa cooperación con la Institución Carnegie de Washington, siendo el Dr. Gustav Stromsvik, de dicha institución, el representante y encargado de la realización de dichos trabajos. Con tal motivo, el Sr. Stromsvik ha publicado los estudios sobre "Depósitos y cimientos bajo las estelas de Copán y Quiriguá", "El juego de pelota", "Guía de las ruinas de Copán" y la notable serie de los informes anuales de dichos trabajos que se vienen realizando desde 1935.

Por este mismo tiempo publicó David Saavedra su notable trabajo de información geográfica, agrícola, comercial, industrial y estadística, "Bananos, oro y plata", con fines de divulgación y propaganda, llamado a despertar el interés del capital extranjero y de las inmigraciones norteamericana y europea.

Coincidiendo con los importantes estudios de Stromsvik, la dinámica arqueóloga Dorothy Hughes Popenoe escribió sobre "Algunas excavaciones en Playa de los Muertos" y sobre "Las ruinas de Tenampúa". W. D. Strong publica sus investigaciones en 1934 y 1935 sobre "Antiguas ruinas del noreste de Honduras" y sobre "Arqueología en las Islas de la Bahía", que despiertan atención e interés. El Dr. Frans Blom y Jens Yde, de la Universidad de Tulane y del Museo Nacional Danés, publican su informe sobre su "Reconocimiento arqueológico del noreste de Honduras". Aubrey S. Trik, de la Institución Carnegie de Washington, nos traza un cuadro arquitectónico del "Templo XXII de Copán" en 1939. Y por último, Doris Stone, considerada entre nosotros como la gran amiga de Honduras, dedica especialmente al pueblo hondureño la segunda edición de su notable estudio intitulado "Arqueología de la costa norte de Honduras", que fue publicado en 1943.

El pueblo hondureño, que es civilizado y que posee en el más alto grado el noble sentimiento de la gratitud, no podrá olvidar jamás esos valiosos aportes científicos y culturales con que lo han favorecido los grandes esfuerzos de estudio, investigación y divulgación que sobre nuestra patria han realizado esos seres superiores y heroicos que sacrificaron sus mejores energías, recursos y tiempo en pro de la gran causa de la civilización.

LA OBRA DEL DOCTOR FEDERICO LUNARDI

Ahora nos toca reconocer la misma deuda, haciéndome intérprete de los sinceros y profundos sentimientos de gratitud que animan a los elementos inteligentes y comprensivos de la nación, en favor del Dr. Federico Lunardi, en esta vez, por la brillante, profunda, desinteresada y copiosa labor de estudio, investigación y difusión que de modo espontáneo y abnegado ha venido realizando desde que puso los pies en Honduras, sobre nuestra historia, etnología, prehistoria, filología, cosmogonía, cerámica, folklore, tradiciones y costumbres de nuestros diferentes pueblos.

Nada diré de su incansable dinamismo y acuciosidad que dejara plasmados en sus obras escritas en Colombia y Brasil, sobre las mismas ciencias que dejo enumeradas, pero haciendo uso en cada caso de los diferentes materiales que fue encontrando en los países suramericanos donde se posara su planta de elevado e inteligente diplomático de la Santa Sede y se infiltrara su espíritu inquieto, analítico e investigador de eminente científico, porque me apartaría del objeto concreto del presente prefacio; pero, en tratándose de sus diligentes estudios realizados en Honduras, de sus constantes y metódicos viajes a nuestros lugares históricos, de sus visitas asiduas y devotas a nuestros archivos, de sus entrevistas y entradas tenidas con nuestras tribus que aún conservan todavía el colorido de las viejas tradiciones ancestrales, de sus atentas y profundas observaciones en festividades tradicionales y aun en las costumbres de su vida corriente para captar las vibraciones de su alma y el molde de sus vidas, y de sus consultas interminables de día y de noche a los clásicos autores del descubrimiento y de la conquista del Nuevo Mundo, para obsequiar a nuestra Honduras con la brillante cosecha de sus magníficos estudios, descubrimientos e hipótesis, sí tenemos mucho que decir, pues esas obras están destinadas para los hombres inteligentes que dirigen nuestra cultura, y principalmente para nuestra juventud estudiosa, que es la llamada a analizarlas y asimilarlas, para que más tarde, y siguiendo los mismos métodos y procedimientos empleados por el Dr. Lunardi, sean los continuadores de una labor tan meritoria, hermosa y civilizada.

Monseñor Lunardi llegó a Honduras el 13 de febrero de 1939 y desde los primeros días empezó sus viajes de estudio a diferentes rumbos, ciudades, pueblos y lugares de importancia histórica y prehistórica, y fue en julio de 1941 cuando, a su regreso de una serie de visitas científicas, manifestó a un representante de La Época que especialmente lo entrevistó: "Cuando más voy conociendo a Honduras, tanto más crece mi admiración y mi cariño por la hermosura de su territorio, el cual en su mayor parte no ha sido todavía estudiado detenidamente, por la riqueza de sus montañas, de sus llanuras, de sus aguas y minerales, por la bondad de sus habitantes, en cuyo corazón está sólidamente arraigado el amor a Cristo y a la Iglesia, unido con el amor a la patria".

Y esa admiración y cariño han sido elocuentemente demostrados, con hechos tangibles y objetivos, como son las obras de gran importancia y mérito que ha publicado y el gran número de artículos que han visto la luz pública en diferentes periódicos del país y extranjeros, sobre estudios científicos que se refieren a Honduras.

Su primer folleto fue publicado en febrero de 1941 y se refiere a Los misterios del valle de Comayagua. Un nuevo folleto apareció el mismo año, intitulado Descubrimiento de la gran metrópoli maya en el valle de Comayagua, que fue publicado también en nuestra Revista del Archivo y Biblioteca Nacionales y en la Revista Geográfica Americana, que se publica en Buenos Aires.

En 1942, el Dr. Lunardi se fue muy adentro del corazón de Honduras al escribir su original estudio Lempira, el héroe de la epopeya nacional, porque este gran caudillo de nuestras primeras tribus aborígenes simboliza, con su enorme gesto de rebeldía ante el conquistador español, nuestra más elevada y legítima gloria nacional y la más auténtica demostración del sentimiento de autonomía y libertad que en todo tiempo vibra en el alma del pueblo hondureño. El notable historiador convirtió, con su acucioso estudio y su lógica incontrovertible, en personaje histórico a quien se hallaba situado hasta entonces entre la leyenda y la historia.

Un nuevo estudio monográfico, bajo el título Los misterios mayas del valle de Otoro, fue publicado en julio de 1943. Cabe el honor al Dr. Lunardi de ser el primer científico que descubrió la importancia arqueológica de dicho valle. Por este tiempo el autor no se daba tregua de descanso. Viajaba constantemente por todo el país, pero siempre estudiando las diferentes ciudades, pueblos y sitios que figuraban en sus planes de trabajo. Sus carteras de campo se hallaban repletas de apuntes, notas, figuras, planos y señales. Su cámara fotográfica reproducía incansablemente panoramas de valles, cerros, ríos, objetos arqueológicos y grupos de tipos humanos. Y en su residencia en el Palacio de la Nunciatura podían verse dos o tres oficinas de estudio y trabajo, que el Dr. Lunardi movía constantemente con su dinamismo personal y creador.

Y fue en medio de sus viajes, observaciones y estudios ya descritos que dedicó algún tiempo y atención a la ciudad de Choluteca, cuyo centenario de fundación estaba próximo a celebrarse. El Dr. Lunardi escribió entonces, en octubre de 1943, y lo presentó como valioso ofrecimiento con motivo de tan importante acontecimiento, su notable estudio Choluteca. Ensayo histórico-etnográfico, y acopió en él la más brillante y ambiciosa documentación que sobre la fundación de dicha ciudad se puede conocer.

En el mismo año publicó El valle de Comayagua. Documentos para la historia, quedando comprendida en dicha obra una importante información sobre la iglesia y convento de San Francisco. Este estudio fue continuado en su siguiente folleto, que publicó en 1946, intitulado El valle de Comayagua. I: El Tenguax y la primera iglesia catedral de Comayagua.

La fundación de la ciudad de Gracias a Dios y las primeras villas y ciudades de Honduras, que vio la luz pública en 1946, y con cuyo brillante estudio el historiador se remontó hasta los orígenes de nuestra nacionalidad, es, a no dudarlo, la mejor obra histórica de la notable bibliografía que, con su inteligencia y nobleza de propósitos, ha obsequiado a nuestro país. Baste decir que la parte documental contiene 150 páginas de documentos buscados y copiados con mucho esfuerzo, algunos de ellos fuera del país. La causa de nuestra historia recibió el más firme impulso y una máxima contribución en orden al esclarecimiento definitivo y documentado de hechos importantes que venían figurando en el terreno del error y de la incertidumbre. El profesorado nacional agradeció aquel valiosísimo presente con que lo obsequió la munificencia cultural del Dr. Lunardi. Y la juventud estudiosa de nuestras escuelas y colegios debe ver en aquella magna producción histórica una luz brillante y pura que, a partir de ella en adelante, la ha de conducir por la senda recta de la verdad. Todo juicio, cualquier comentario, y aun las varias afirmaciones que en la obra se exponen, están respaldadas por la más selecta, auténtica y abundante documentación que anteriormente nos era desconocida.

Hoy le toca el turno al último esfuerzo científico que el Dr. Lunardi concibió, planeó, estudió y realizó en pro de la cultura y prestigio de Honduras, al publicar, después de dos años justos de intensa, profunda y tesonera labor, el libro Honduras Maya, que nos toca el honor de prologar, según su deseo expreso.

El carácter especial de esta obra es etnológico y arqueológico, pues sus lineamientos generales así lo demuestran y su material científico así lo confirma. Sin embargo, se halla tan firmemente reforzada por ciencias auxiliares, y su documentación es tan variada y rica en informaciones valiosas y en aspectos originales, que involucra y coordina hábilmente en su complicado engranaje la historia, lingüística, cosmogonía, tradiciones, costumbres, cerámica, pintura y folklore hondureños.

Aparte de la fecunda labor del Dr. Lunardi manifestada en los libros y folletos que dejamos enumerados, otros trabajos científicos han merecido igualmente su atención e interés, y han sido publicados en revistas y periódicos del país, aumentando así la información arqueológica maya-hondureña y el acervo de consulta para nuestra juventud estudiosa. Entre ellos destacan: Sol diurno y nocturno de los mayas; Hueitlapalan, la que buscaba Cortés no era Copán, sino Sulaco; Tres vasos mayas con cabezas en relieve, del valle de Comayagua; Los payas, documentos curiosos; La majestad como insignia de poder entre los mayas y Una cabeza de jadeíta entre los cares.

Pero no terminaron allí las actividades creadoras y servicios desinteresados del eminente Dr. Lunardi en pro de Honduras. Él quiso ir más adelante y más profundamente en el estudio e investigación de nuestro problema arqueológico. Fue el iniciador y organizador de la Sociedad de Antropología y Arqueología, que tiene como importante dependencia la Universidad Popular, la cual ha venido dando importantes conferencias, principalmente el Dr. Lunardi, en el Salón de Actos de la Biblioteca y Archivos Nacionales. Posteriormente a la fundación de dicha sociedad, abrió en su residencia un Centro de Estudios Mayas, con los alumnos que voluntariamente quisieron concurrir de los cursillos de arqueología y antropología impartidos en nuestra Universidad Central por los científicos doctores César Lizardi Ramos y Paul Kirchhoff. Proporcionó materiales y equipo científico, facilitó libros de consulta, sirvió las clases, desarrolló activa propaganda para atraer alumnos y despertar su interés científico. Y de tal forma logró organizar, con elevada vehemencia, sincera abnegación y noble altruismo, un grupo de jóvenes estudiantes que probablemente, con los conocimientos adquiridos, queden iniciados o entrenados para realizar en el porvenir estudios y trabajos de gran envergadura. Y finalmente, en un gesto magno de suprema nobleza, dio en depósito a nuestra Escuela Nacional de Bellas Artes, dirigida por el ingeniero López Rodezno, para uso perpetuo, su valiosa colección de preciosos objetos arqueológicos.

CONTENIDO CIENTÍFICO, IDEOLÓGICO Y HUMANO DE HONDURAS MAYA

El autor de esta obra posee una vasta ilustración sobre la historia de las culturas del mundo. La vida prehistórica y colonial de América le es familiar en sus aspectos más destacados. Y en tratándose de Honduras, donde ha asentado su labor como apóstol de Cristo y misionero ilustre de la ciencia desde hace ocho años, es dueño de una profunda erudición histórica y científica que muy pocos hondureños poseemos. Esa erudición es prácticamente insólita en cuanto a nuestra prehistoria y a los períodos de la conquista y colonización, por estar especialmente basada en el conocimiento y análisis que ha realizado por varios años de una abundante y auténtica documentación.

Por otra parte, el Dr. Lunardi, al adentrarse en el estudio de un tema histórico o arqueológico, no se sitúa sistemáticamente en áreas particulares para hacer sus inducciones y deducciones en busca de la verdad o de la luz clara que ha de conducirlo a ella. El científico y el estudioso se hermanan en él en una sola unidad, y es así como el infatigable investigador se traslada inteligentemente a los dominios de otras ciencias para dar mayor fuerza convincente a sus teorías e hipótesis y coronar con éxito sus afanes y búsquedas en el vasto panorama de la humanidad y a través de sus múltiples actividades. De este modo, el contenido científico de este trabajo adquiere el carácter y relieve de los grandes esfuerzos mentales y de las obras eminentemente serias y trascendentales.

La ideología perseguida por el ilustre autor salta a la vista: hacer luz diáfana en el conocimiento de los hechos humanos que han precedido a la génesis de la cultura de los hombres; servir con desinterés y abnegación la evolución progresista del país donde vive, sirviendo al mismo tiempo la grande y bella causa de la civilización universal; ser útil a sus semejantes con el trabajo mental, fecundo y creador de bienes imponderables y de profundas satisfacciones espirituales; ser actuante sincero y contribuyente decidido y amplio en la obra de la evolución y perfeccionamiento humanos; cultivar su mente, elevar su espíritu y acumular conocimientos y experiencias, para ofrecer generosamente todo ese hermoso caudal al torrente impetuoso de las grandes superaciones humanas. Hacer el bien por el bien mismo. Ser rotario sincero en la gran causa de la fraternidad y de la convivencia de los nobles ideales. Todo ese bello y superior idealismo palpita en la obra meritísima a que se refiere este prefacio, y sus hondas y trascendentales proyecciones beneficiarán grandemente la cultura científica de nuestra juventud.

Alguien podrá encontrar que no es completa la obra Honduras Maya. Como obra humana y producto de la inteligencia finita del hombre, está expuesta a la imperfección, y aun en las obras más grandiosas se encuentran imperfecciones. Pero tal situación es inherente a las limitaciones del pensamiento y a la relatividad de sus complejas concepciones. La ciencia se ha venido formando por grados, por jornadas parciales y sucesivas, por esfuerzos distantes y aislados, que el tiempo, la fuerza de la civilización y la solidaridad humana han reunido pacientemente, ordenándolos, clasificándolos y coordinándolos, hasta constituir grandes bloques científicos o unidades completas aceptadas por la generalidad.

Esta obra tiene la especial importancia de representar, por sí sola, el primer intento serio y trascendental de estudiar nuestros problemas etnológicos y arqueológicos en sus lineamientos generales, y de aportar la más copiosa documentación sobre el tema, así como las primeras teorías derivadas de ella. Otros esfuerzos cooperativos vendrán posteriormente, de nuestros hombres científicos y de nuestra juventud estudiosa, que se enlazarán estrechamente con la obra del Dr. Lunardi. Y he aquí la importancia más destacada que consideramos en el presente trabajo: servir de cimiento firme y duradero para la estructuración futura del grandioso edificio de nuestra arqueología nacional.

FUENTES DE CONSULTA

Tanto la historia como la prehistoria no se inventan ni se da vida arbitrariamente a los hechos que las estructuran. Quizás en la segunda de estas ciencias haya algún campo para la especulación, la conjetura o la hipótesis, a base de indicios, huellas materiales o ciertas manifestaciones del arte y de la inteligencia humanas; pero en cuanto a la primera, es absolutamente imposible afirmar cosa alguna de la vida del hombre que no esté respaldada por el testimonio auténtico e irrefutable y por la evidencia objetiva de los hechos ocurridos.

El diligente investigador Dr. Lunardi no ha descuidado ni un momento tan importante detalle, tanto en la presente obra Honduras Maya, como en la vasta labor histórica que ha realizado en los libros y folletos que ha publicado, así como en la gran cantidad de estudios que han visto la luz pública en la prensa del país y extranjera.

Los primeros cronistas de crédito que escribieron durante los comienzos de la conquista —Antonio de Herrera, Juan López de Velasco, Gonzalo Fernández de Oviedo, Bernal Díaz del Castillo, Fernando Navarrete, Diego de Landa, entre otros— han sido consultados por el autor. Reales cédulas, ordenanzas, testimonios, expedientes, capitulaciones, contratos, informes y solicitudes han sido cuidadosamente estudiados, seleccionados, analizados y criticados antes de ser admitidos como pruebas documentales. Cartas históricas de virreyes, gobernadores, obispos y otros personajes sobresalientes de la conquista y de la colonización han sido igualmente examinadas con inteligencia e imparcialidad para usarlas con confianza como fuentes válidas de consulta.

Asimismo, una copiosa bibliografía de autores selectos sobre diferentes ciencias ha prestado su valiosísima cooperación en la estructuración científica de sus obras históricas. Y en tratándose de Honduras Maya, tanto el documental escrito como el material epigráfico, las piezas cerámicas, los objetos de jade, los vasos de mármol, de alabastro, de piedra, terracota y barro, las armas de obsidiana, roca y piedra, los juegos y bailes, las costumbres y tradiciones y, en una palabra, todos los elementos esenciales que entran en su composición y estructura, merecen el más amplio crédito y confianza, porque —con excepción del documental escrito— todo el restante material ha sido reunido por el propio autor, quien personalmente visitó los lugares prehistóricos, hizo reconocimientos, practicó excavaciones, descubrió objetos arqueológicos y, después de estudiarlos, analizarlos y relacionarlos, dedujo de ellos las teorías e hipótesis que juzgó procedentes. Solamente los estudios, observaciones y experimentaciones sobre los colores en la cerámica le ocuparon más de seis meses.

LOS JUICIOS, LAS TEORÍAS Y LAS HIPÓTESIS

Con motivo de que, a fines de 1945, se proyectaba la celebración en varias ciudades de Honduras, y principalmente en la gran ciudad prehistórica de Copán, de la Primera Conferencia Internacional de Arqueólogos del Caribe, y después de que el Presidente de la República, Dr. y Gral. Tiburcio Carías Andino, resolvió auspiciar dicho notable evento científico, se impuso la necesidad de que Honduras ofreciera a dicho congreso una información general sobre los diferentes problemas etnológicos, arqueológicos, filológicos y folklóricos del país, que pudieran tener relación con los puntos del temario del congreso y sirvieran de orientación en las deliberaciones.

Y fue el generoso Dr. Lunardi quien, con el espíritu patriótico con que pudo hacerlo un hondureño y con su vehemente amor al estudio y a la ciencia, se hizo cargo de tan enorme y delicado trabajo, empezándolo con una serie de artículos desde 1945 hasta la reunión del congreso, con los cuales dio forma a la primera parte de Honduras Maya, que presentó en folleto en la inauguración de las sesiones. Pasado el congreso, el Dr. Lunardi prosiguió con el mismo entusiasmo inicial y la paciencia admirable de un benedictino, escribiendo en series de artículos las otras dos partes de su estudio, hasta terminarlo casi en el mismo momento en que era entregado a las cajas tipográficas para su impresión.

Nosotros no tenemos nada que decir de los diferentes juicios, teorías e hipótesis que el autor expone con serenidad y lógica, después de los profundos estudios que realizó y del trabajo intenso de investigación, análisis y crítica que se impuso para llegar a ellos. No tenemos nada que criticar, porque respetamos la enorme autoridad que se conquistó al entregarse entero, con toda la fuerza de su voluntad y erudición, a la magna jornada científica de estudiar a fondo el problema maya de Honduras y darlo a la publicidad durante más de dos años.

¿Que hay quien sonríe maliciosamente poniendo en duda lo que el Dr. Lunardi afirma, con estudios y pruebas, de que toda Honduras es maya? Esa es cuestión de ellos. Y si la ponen en duda, ¿por qué no la combaten científicamente y demuestran el error? Pero esa actitud de incredulidad no tiene importancia, ni resta seriedad ni mérito a las razones y argumentos con que el Dr. Lunardi apunta la estructura medular de su notable estudio.

Las hipótesis de Honduras Maya quedan sentadas sobre sólidos cimientos. Se basan en hechos elocuentes que existen en el mismo suelo hondureño, en antecedentes valiosos relacionados con la etnología centroamericana, y constituyen desde hoy una piedra angular que servirá de punto de partida para nuevos descubrimientos arqueológicos, estudios e investigaciones que exalten más la grandeza de nuestros ancestros, así como para nuevas teorías e hipótesis que confirmen las del Dr. Lunardi: que Honduras fue un gran centro de cultura maya, que irradió sus luces y civilización en un amplio radio de influencia, como lo hicieron las grandes ciudades de la cultura clásica del Viejo Mundo.

Pedro Rivas
Tegucigalpa, D. C., 8 de noviembre de 1947

TERCERA PARTE:
ARQUEOLOGÍA DE HONDURAS

I. DESCUBRIMIENTO DEL "AGUA VIRGEN" Y DE LAS 13 PILAS EN TENAMPÚA

1.- EL PROBLEMA DEL AGUA

Tenampúa, con su nombre, quiere significar "El Cerro Poblado": de *tenan*, que significa población, y *puuc*, que significa cerro.[1]

En tiempos pasados hubo algunos que dudaron de que Tenampúa hubiese tenido población fija, porque decían que no se encontraba dónde pudo estar el agua. Pero, en varios escritos míos sobre Tenampúa, he demostrado que tenía agua de sobra.

2.- LAGUNAS, POZOS Y BAÑOS

1.- Efectivamente, yo encontré que en el lado norte, un poco hacia el oeste, había una laguna de más de 100 metros de largo por más de

---

[1] Tenampúa, cerro escarpado al S. E. de la aldea de Flores, S. E. del valle de Comayagua, con una altura sobre el nivel del mar de 710 m —altura de Flores—, formaba parte de la importante población de Guajiquiro que ocupaba todo el sur del valle; gente en parte campesina y en parte serrana, como todavía lo es después que se retiró a las montañas, cuando abandonó Tenampúa, en donde se había fortalecido, al acercarse el ejército guiado por Montejo. Desde entonces Tenampúa fue abandonado, pero después sirvió de fortaleza en las varias revoluciones de estos últimos tiempos. Muchos han escrito fantasías sobre Tenampúa; así han querido encontrar inscripciones —que no lo son—, subterráneos que comunicaban con la otra parte de la montaña, fortaleza contra huestes imaginarias, por causa del muro de defensa de varios metros de espesor que fue hecho en la parte N. E., con hacinamientos de piedras, contra los españoles de Montejo y tiene la misma hechura que los muros de defensa de Lempira en Cerquín y Coyocutena; y finalmente algunas cuevas de poca importancia. Los tiestos sacados de Tenampúa son de la misma naturaleza que los del valle, como también los montículos y el juego de pelota, acaso de los más antiguos, porque, hecho con lajas sin labrar, posee solamente los dos montículos paralelos, sin el montículo u oratorio en la parte norte, y es conforme a los otros dos juegos de pelota del valle que son más simples todavía; mientras los otros juegos de pelota de Honduras poseen un montículo al frente de las paralelas en la parte norte, formando una T. El montículo central posee como un núcleo de piedras de río, sentado en el suelo y cubierto de tierra de basureros hasta su altura. Poseía dos escaleras de piedra en los lados. Es posible que contenga una sepultura.

50 de ancho, y de hondo casi tres metros; un depósito de barro, que es bueno para hacer ollas, queda allí todavía en lo que era el fondo del lago, para demostrar que tenía una base impenetrable que no dejaba filtrar el agua, a pesar de que todo el recipiente del lago era de piedra arenisca. Este gran tanque abrió una salida en el lado norte y se desaguó. La boca del desagüe se puede ver todavía, y es de espesor de más de 10 metros.

2.- Además de este gran tanque, había otra laguna en el centro de la meseta, un poco al oeste del montículo central; es de fondo bajo, y su resto puede verse todavía, porque en pequeña cantidad conserva el agua casi todo el año.

3.- Existen todavía dos grandes pozos redondos, hondos más de 2 metros, cavados en la roca arenisca, cuyas bocas son casi de 20 metros de diámetro. Están en la parte occidental de la meseta y, cuando llueve, lo que sucede con frecuencia, reciben el agua de toda la punta de la planicie.

4.- Como los mayas vivían siempre cerca del agua, y especialmente después de haber jugado a la pelota les gustaba bañarse; habiendo yo observado cuidadosamente el patio del montículo central, que está rodeado de un encierro cuadrado que contenía habitaciones en todo el rededor, encontré que el ángulo sudeste, desde la mitad de la base sur del montículo, en donde se encuentra una fila de piedras, hasta la mitad del mismo montículo en el lado este, el piso es fuertemente inclinado. En este punto debió existir como un baño de agua, que pudo ser corriente, y llevada desde la laguna central, que está más alta. Sería posible encontrar canales de conducción de agua; porque canales de conducción y de desagüe existen en varias partes, en el sur y en el este de la misma meseta.

5.- Otro baño debió existir abajo de los cuatro montículos del borde sur de la meseta, en donde se observan filas de piedras talladas que son restos de construcciones, en que parece que había un baño y bancos de piedra, con terreno en declive, en cuya región debió existir algún patio para reuniones de fiestas religiosas o de entretenimiento.

3.- TENAMPÚA, CENTRO DE VIDA RELIGIOSA

Los que he descrito eran los seis lugares en que yo sabía o suponía que existía el agua, tanto para las necesidades de la vida como por cuestiones rituales en tan importante sitio, centro de vida maya dentro del valle de Comayagua. Y ya había descrito esto otras veces anteriormente: que Tenampúa era un sitio importante, pero no como fortaleza inexpugnable, como la encontró, por vía de excepción, el adelantado Francisco de Montejo, gobernador de Honduras, a fines de 1538, cuando decidió ir al asalto de este lugar en donde se habían reunido y fortalecido los Guajiquiros del sur del valle de Comayagua. Sitio importante sí, como uno de los tantos centros de vida religiosa y social del mismo valle, lo dice el mismo Adelantado, escribiendo al Emperador el 1.º de junio de 1539, en su primera carta de esa fecha, escrita desde la ciudad de Gracias a Dios. Dice así:

"...dijeron como yo había pasado adelante, e que iba derecho al pueblo donde mataron a los cristianos, que se llama Guaxerequi (Guajiquiro), que tenían en él un peñol, el más fuerte de toda aquella tierra. Yo me fui derecho a él, y un día antes de que llegase, lo desampararon y no osaron esperar; y visto el peñol, que era la cosa más fuerte que se ha visto, que si tuvieran tiempo de cortar un cuchillo de sierra que estaban cortando, era imposible tomarse, porque tenían dentro agua y leña y sementeras y muchos bastimentos: tenían doscientas y veinte casas grandes y ciertas tempas (edificios públicos) y adoratorios."

4.- AGUA Y SEMENTERAS

Ahora bien: Montejo dice claramente que en Tenampúa había no solamente sementeras —y nótese que lo dice en plural—, sino que afirma también que había agua en abundancia capaz de mantener a una población de 220 casas.

Por lo tanto, son legítimas mis afirmaciones, si se anota también que todas las montañas en derredor estaban cubiertas de densos pinares, lo que hacía que en Tenampúa lloviese con mucha frecuencia más que ahora, que las montañas están desboscadas y peladas. Además, ahora también llueve en Tenampúa más que en el valle, porque las nubes se paran allí con más frecuencia, por estar este cerro muy cercano y ligado a las altas montañas del oriente del mismo valle.

5.- TENAMPÚA ENIGMÁTICO

Hasta ahora los pocos estudiosos que han dedicado sus cuidados en descubrir el enigma de Tenampúa no conocían ningún manantial de agua, fuera de una quebrada que está casi al pie del cerro en la parte del norte, en uno de los caminos que llevan hacia arriba. Tampoco don Carlos D. David, morador de Flores, cazador asiduo del venado en Tenampúa y sus alrededores, conoció ningún manantial.

6.- EL AGUA DEL VENADO

A principios de marzo de este año de 1947, don Carlos David acompañó a la señora Doris Stone, que iba con el señor Samuel Lothrop y con el gobernador de Comayagua, coronel don Gregorio Sanabria. Estando ya en la meseta, un muchacho le dijo a don Carlos David que en la quebrada había agua. Entonces la curiosidad hizo que todos fueran a ver el agua, y encontraron en la quebrada una piedra desnuda cubierta de lodo y de hojarasca y una pequeña poza de agua. El gobernador hizo que don Carlos sacara una parte de las hojas caídas y, limpiando la piedra, don Carlos encontró dos pequeños hoyos llenos de lodo, y Doris Stone, desde la orilla del barranco, sacó una fotografía.

Esto era todo lo que se sabía, hasta el momento en que el coronel Sanabria me habló de las pilas encontradas.

7.- DESCUBRIMIENTO DE LAS PILAS Y DEL MANANTIAL

Yo llegué a Tenampúa a las 9 a. m. del día 31 de marzo de 1947, con el propósito de ver las que se decían "pilas".

Acompañado de don Carlos David, bajé la ladera y me encontré con la gran piedra de la quebrada, cubierta de hojarasca. Mientras bajábamos, hallamos varios restos frescos de lo que había dejado el venado al pasar por un caminito, que seguía muy estrecho, hasta saltar sobre la piedra de la pila de agua.

Las que con sorpresa descubrimos después eran las pilas de los mayas y del venado, nombre que le queda muy a perfección.

Don Carlos se puso a limpiar la pila grande de abajo y las dos que había encontrado antes.

Como yo sospechaba que allí había algo más, acaso algo que debía tener figura de una cara[2], no quedé satisfecho hasta ver toda la piedra limpia, cosa que costó no poco, porque se debieron cortar

---

[2] En agosto de 1931 yo descubrí en las ruinas de San Agustín, en Colombia, unos canales, tazas y cabezas esculpidas en un manantial de agua viva. Véase Lunardi, El macizo colombiano; Lunardi, La vida en las tumbas, Río de Janeiro, 1934.

bejucos que allí tenían sus raíces y chupaban esa agua, y sacar raíces, barro y una gran cantidad de hojas secas.

Cuando toda la piedra salió al desnudo, comenzamos entonces a sacar tierra de los varios hoyos que sucesivamente aparecían en una línea horizontal, algunos muy pequeños, como de 5 centímetros de diámetro, otros de 10, otros de 15 centímetros. De esta manera descubrimos y limpiamos 10 hoyos más, con lo que resultaron, contando la pila grande, de 1 metro de ancho, en total 13 hoyos o pilas.

Estaban así representados los 13 regentes protectores de la noche y del año. [3] Más abajo, después de otra cascada, se encuentra que la piedra que forma el lecho ha sido labrada, resultando una pila cóncava de cerca de dos metros de diámetro, la que puede dar cabida a mucha agua.

8.- LAS TRECE PILAS DE LOS MAYAS

Lástima que de lo alto, desde los lados de la quebrada, han caído piedras que han llenado esta y la otra pila superior, dejando abierta solamente una pequeña parte, con agua suficiente para los venados sedientos que vienen allí a beber cada mañana y cada tarde. También la pila grande superior está trabajada y cavada en la pura piedra.

Las otras 12 pilas u hoyos, como se quieran llamar, son cavidades más o menos hondas, las más grandes de casi 20 centímetros y las otras de unos 5 centímetros. Todas comunican unas con otras por medio de una ranura hecha a mano, y unas están en nivel un poco superior que las otras.

9.- EL "AGUA VIRGEN" DE LOS MAYAS

Todos los hoyos están bajo el nivel de un filtro natural y horizontal de piedra arenisca que ocupa allí todo el ancho de la quebrada. No es un chorro que sale, sino una humedad que, aumentando insensiblemente, se concentra en las doce pilitas, las cuales, cuando se han llenado, dejan que el agua baje a la pila grande, y desde esta, a la pila más abajo.

---

[3] En los libros de Chilam Balam se encuentran los trece años figurados con coronas como reyes. Efectivamente, se llamaban Ahau, o sea Señores: eran señores de la noche, del día, de los años y de las trecenas de los años, etc., y eran trece. Trece también eran los cielos.

Esto observé ahora, que es verano y solamente habiendo llovido la noche anterior. Pero en invierno, cuando la filtración es mucha, también el agua que recogen las pilas debe ser mucha.

Los mayas descubrieron aquel manantial, labraron allí las 13 pilas y debieron conservar aquel lugar muy limpio, para tener todo el año agua naturalmente filtrada y muy buena y fresca para beber.

Además, los mayas necesitaban el **"AGUA VIRGEN"** para sus ceremonias religiosas, como en el "bautismo", según lo dice Landa: "Esta agua la hacían de ciertas flores de cacao mojado" —debe ser majado, o sea, machacado— "y desleído con agua virgen, que ellos decían, traída de los cóncavos de los árboles y de las piedras de los montes". Y en otra parte, tratando de la fiesta de los sacerdotes, médicos y hechiceros, dice: "desleían en su vaso un poco de cardenillo con agua virgen, que ellos decían, traída del monte donde no llegaba mujer". Esta debió ser el "agua virgen" que usaron los mayas de Tenampúa.

Este manantial se encuentra a unos 100 metros bajo la superficie oriental de la meseta de Tenampúa. La quebrada nace precisamente en la superficie de la parte oriental, hacia el ángulo sudeste en donde se forma una hondonada, y el agua que de toda esa región de la meseta viene a dar allí, baja con vehemencia por la quebrada, cuyo lecho es de pura piedra arenisca; y la que se filtra a través del suelo va a reunirse en pequeña parte en aquel manantial, que los mayas descubrieron y que desde el tiempo de la conquista se había perdido de vista.

Precisamente, ahora se ha vuelto a descubrir.

10.- LAS FUENTES SAGRADAS

En toda la América, las fuentes eran objeto de gran veneración, porque el agua era la cosa más apetecida y deseada, y los mayas representaban el agua con un joyel, cuyo jeroglífico divino llamaban **Muluc**, porque para ellos era preciosa el agua, siendo cosa divina, y por lo mismo representaban a la lluvia con el jeroglífico también divino **Cauac**, pintando las gotas de agua en modo figurativo.

11.- EL NÚMERO 13

El número 13 era sagrado también para los mayas. Comenzando por los 13 numerales de los días del mes, había una cantidad de cosas que se contaban por 13, como las cuatro trecenas de los portadores del año que formaban la rueda del calendario de los 52 años.

Ya que trece eran los cielos, se contaban trece regentes protectores de la noche; y en la noche era la humedad del sol nocturno la que hacía producir las plantas, y por lo tanto a ellos se dirigía la veneración.

No nos maravillemos, pues, si 13 son las pilas que encontré, porque el número 13 era el número más sagrado para los mayas, y el haberlo aplicado a las pilas del agua demostraba una gran veneración hacia el manantial que daba agua buena para beber ellos y los venados, a los cuales de seguro allí les tendían lazos para cogerlos.

El venado era animal sagrado para los mayas; pero lo cazaban y lo comían, porque con él, como con el agua, también sagrada, recibían la vida los mayas de Tenampúa.

Comayagua, Tegucigalpa, Pascua de 1947.

II. VASOS MARMÓREOS MAYAS EXCLUSIVOS DE HONDURAS

1.- VASOS DE ESQUÍAS

En Esquías, región del río Sulaco, afluente del Humuya y región de indios antiguos, inclusive los hicaques, encontré en 1941 la existencia de un vaso de mármol blanco decorado, de forma cilíndrica, midiendo, sin las tres patas cúbicas, 10 centímetros de altura y 23 de diámetro exterior.

Las asas, igualmente que en los numerosos vasos de Olancho y la Mosquitia, y en los otros vasos marmóreos casi todos, tienen cabeza como de tigre, con bigotes laterales y orejas, descansando sobre dos brazos humanos; la parte inferior del cuerpo, no terminada, repite en otros vasos la misma cabeza de arriba; el centro del cuerpo está ocupado por espirales que terminan en el frente en figura de lengua bífida, y se repiten en forma de eses o serpientes de dos cabezas en casi toda la mitad del vaso que forma la banda inferior.

La mitad superior del vaso está ocupada por un dibujo de estera que corre en derredor, interrumpido en los dos centros por dos cabezas que imitan el conocido glifo **Ahau**, descansando sobre dos brazos.

La estera y el **Ahau** recorren también en los vasos grabados de Olancho y en los pintados de Copán, del valle de Comayagua, del lago de Yojoa y de la costa norte, y aun en los vasos de Nicaragua y de Nicoya, todas regiones mayas por excelencia.

La estera y el **Ahau** sugieren la idea del principio del año o del principio del siglo, cuando todo se renovaba, comenzando por los vasos; y los vasos de mármol pueden haber señalado el principio de una nueva era.[4]

Por la apariencia, el vaso no está terminado, sino solamente dibujado y esgrafiado, faltando la ejecución artística definitiva, como se ve en otros vasos. El mármol no es tan fino y blanco y contiene venas grises.

2.- EL VASO DE MÁRMOL DE COMAYAGUA

En el mes de marzo de este año de 1947, el señor coronel Gregorio Sanabria, escarbando en unos bajos montículos en las cercanías del gran montículo frente al Canquigüe, en terreno San José de lo de Baca, medido en 1838, junto con cadáveres de cráneo dolicocéfalo y frente aplastada, ancha y alta, y junto con pedazos de vasos tipo cera perdida (Usulután), alfarería anterior a la Acrópolis, en Copán, encontró cinco pedazos grandes y cinco pequeños de un vaso marmóreo cilíndrico, de forma alta, cuyos dibujos en fino bajorrelieve son volutas o espirales, faltando las partes más importantes. Se ven también dos ojos, dos brazos separados y una boca. El estilo es igual al del vaso de Esquías, pero la ejecución es mucho más acabada y finísima. El mármol es blanquísimo y de cristalización, al parecer, sacaroide, muy diferente al del vaso de Esquías.

3.- VASOS MARMÓREOS QUE HAN SALIDO DEL ULÚA

Por publicaciones hechas, se sabe que existen en varias partes de los Estados Unidos una veintena de piezas de vasos marmóreos hondureños y, por las descripciones dadas, se presentan, en forma alta

---

[4] La estera, cuyo nombre era Pop, significaba señorío y potestad, porque sobre la estera se asentaban los señores y reyes. Significaba también el principio del año, porque el primer mes del año maya se llamaba Pop. Ahau significa Señor; con Ahau terminaban todos los períodos y los siglos; el Ahau se figuraba con una cabeza con corona, y tiene gran significado en la figurativa mítica maya.

o baja, más o menos iguales a los descritos arriba. Se debe lamentar que no se diga el lugar exacto de donde fueron sacados.

4.- VASOS DE PIEDRA Y DE BARRO IGUALES A LOS DE MÁRMOL

Exceptuados los variados vasos de forma cilíndrica baja o alta, de piedra, lisos, sin dibujos, que encontré y fotografié en varias partes de Honduras, especialmente en Guarita, valle de Sensenti, Olancho y en otras partes; además de uno sacado de las ruinas de El Dorado, sobre el río Paulaya, y el otro bellísimo, con grabados de glifos calendáricos, existente en el Museo de Copán, se han encontrado numerosísimos vasos mayas de piedra o de barro, cuya forma y dibujos son iguales, más o menos, a los de mármol. Algunos de ellos se pueden ver en los museos y en muchas publicaciones mayas: unos los dan las ilustraciones de Doris Stone (*Peabody Museum*, IX, 1, 1943); otros, más sugestivos, fueron encontrados por Spinden en 1924, en montículos de grandes poblaciones mayas antiguas arrasadas por las modernas bananeras.

En una excavación hecha en el río Plátano —entre el río Negro y el Patuca—, región maya antiguamente floreciente, riquísima de poblaciones y de montículos repletos de antigüedades, encontró Spinden vasos de piedra y de barro, cilíndricos, con dos asas y decoraciones iguales a las de los vasos de mármol descritos (*Herbert J. Spinden: The Chorotegan Cultural Area*, Congress Inter-American, Göteborg, 1924).

Spinden, siguiendo su teoría, atribuye estos trabajos a los chorotegas; pero pueden estar relacionados con los mayas, sin salir del laberinto en que se han metido los del embrollo chorotega.

Para desembrollar esto, se debe entender que los chorotegas no eran más que los mayas milperos, o sea los campesinos, los agricultores de las llanuras; mientras los chontales eran los mayas serranos, más rústicos, lo mismo como sucede en nuestra civilización.[5]

---

[5] Chorotega significa, según la palabra, milpero o milpa de la llanura, o llanura de los milperos o de las milpas. Chor, Chol, Col es milpa o milpero. Tega o Teca, en todo el sur de Honduras, significa llanura. En los Anales de los Cakchiqueles se encuentra la forma Taca. Es, pues, natural que los artistas de las capitales y de las ciudades más importantes

5.- UN VASO DE TERRACOTA DEL VALLE DE AGALTA-OLANCHO

Por todos, describiré aquí un vaso de terracota finísima, proveniente del valle de Agalta, lugar de Tonjagua, donde hay grandes montículos de alfarería primitiva.

Mide 22 centímetros de altura, 22 de diámetro, con un anillo basal de 4 centímetros, calado, con los consabidos dibujos escalonados de montañas y nubes. Es de forma cilíndrica y el borde de la boca es saliente y liso. Inmediatamente abajo, e igualmente sobre la base, corre una cinta grabada con dibujo de estera en forma de cordón; en el centro de los dos cuadros están dos cabezas de **Tlalocques**, figurados en la forma primitiva maya, númenes del agua y de la lluvia torrencial, de grandes ojos no redondos, adornados de tres grandes bigotes que terminan en volutas, con señales de barbas como dientes y una lengua bífida debajo; sobre la cabeza, una especie de diadema como una grande A que termina con volutas; a los lados y debajo, tres cuadros de volutas que simulan piernas y cabezas. Los grandes cuadros laterales, ocupados por dobles volutas verticales, simulan serpientes de dos cabezas. Las dos asas están formadas cada una por tigres o dragones de doble cabeza, con entremedio de cola enrollada.

El barro es finísimo, mezclado con fina arena blanca; bien cocido, sonoro, delgado, de espesor de 5 milímetros. En el fondo, como imitación de la calabaza, es cóncavo. La hechura, cocimiento y rodillo basal indican una grande antigüedad, similar a la alfarería tipo Usulután.

6.- MÁRMOL Y ALABASTRO, Y DE DÓNDE LO SACABAN

Se suele hacer cierta confusión entre el mármol y el alabastro. Los vasos que dieron argumento a este trabajo no son de alabastro, sino de mármol. Aunque los dos materiales son carbonatos de calcio, el mármol representa una cristalización más antigua y compacta que la del alabastro, que puede provenir de las estalactitas y estalagmitas de las cavernas y es de formación más reciente.

En todo caso, para descifrar el origen del material de estos vasos no son necesarios filones o canteras; bastaba al maya encontrar una

---

trabajaban con más finura que los campesinos, y mucho más que los rústicos serranos.

buena pieza rodada en las quebradas, en los ríos o en las laderas de las montañas, ya que piezas pequeñas de mármol se encuentran todavía en varias secciones del valle de Comayagua.

La reducida cantidad de las piezas, y el destino que probablemente se les daba, de renovación de una era, explicaría en parte la reducida cantidad de vasos de mármol que se ha encontrado en Honduras.

7.- SI COLÓN ENCONTRÓ VASOS DE MÁRMOL O DE PEDERNAL

Se ha escrito que Colón, en la Guanaja, encontró vasos de mármol y que el historiador Herrera habría dado noticia de ellos. La noticia no es exacta. Herrera copió de Las Casas, y este copió de Fernando Colón, quien acompañó a su padre en el descubrimiento de Honduras. Ninguno de ellos, como tampoco Bartolomé Colón, habla de los vasos de mármol. El que habla de ellos es Pedro Mártir de Anglería, quien, al tratar de las mercaderías, refiere que traían hachas de piedra amarilla, transparente y brillante, y después, al hablar de los vasos, dice que traían algunos elaborados del mismo mármol, con la cual palabra se refiere seguramente a la piedra amarilla.[6]

No he encontrado en el Diccionario de Motul la palabra que se refiere al mármol o al alabastro; pero, en el Diccionario de Pío Pérez,

---

[6] Pedro Mártir de Anglería, Dec. III, lib. IV, en latín, dice: "...nundinarias merces ille ferebat, aurichalcea tintinnabula, novaculas, cultellosque ac secures ex lapide flavo, diaphano, lucido, genere quodam lignitenaci manubiatos: utensilia etiam, coquinariaque vasa et fictilia, arte mira, e ligno partim, partim ex eodem marmore laborata." La última parte de este período no es muy clara; sin embargo, la traducción exacta dice así: "Él traía objetos de mercadería, campanillas de latón, navajas, cuchillos y hachas de piedra amarilla, transparente y brillante, con mangos de madera dura; y también utensilios y vasos de cocina y de alfarería, de arte maravillosa, elaborados en parte de madera y en parte del mismo mármol." Esta última palabra, mármol, unida a la palabra mismo, la liga íntimamente a lapide flavo, piedra amarilla que había citado más adelante. No era, por lo tanto, mármol blanco el que había visto, sino lo que se llama pedernal, transparente, muy común en Honduras, más fácil de trabajar que la obsidiana, del cual se encuentran a menudo cuchillos, lanzas e instrumentos cortantes que existen también en el Museo de Copán.

he visto que alabastro se decía **Zacyelbach**, por ser piedra blanca (*zac*, blanco).

8.- DIVERSAS FÁBRICAS, DIVERSOS LUGARES Y DIVERSOS ARTÍFICES

Las piezas de mármol, la finura del trabajo y la hechura, no eran las mismas en cada vaso; por lo tanto, diversos eran también los artistas.

Además, el arte de los vasos de mármol es el mismo que se encuentra en los vasos grabados de alfarería de Olancho y de los pintados de Copán, de Comayagua, lago de Yojoa y costa atlántica. En todos estos se representaba en la faja superior la **estera** y el **Ahau**.

De mucha antigüedad deben ser los pedazos de vaso de mármol del valle de Comayagua, puesto que se encontraron con piezas de alfarería Usulután, y otros del tipo Chicanel, Tzacol y Tepeu. Y son de diversa hechura que el vaso de Esquías, y por lo tanto de diversos maestros. Todos son cilíndricos, con asas representando animales simples o dobles, y los más con esteras y con volutas.

9.- SI LOS ARTISTAS FUERON HOMBRES O MUJERES

Yo pienso que los artistas de los vasos de mármol fueron mujeres y no hombres. Los argumentos que dicen esto son los siguientes:

Ante todo, los artífices de todos los vasos de todos los tiempos, en todo el mundo, siempre han sido mujeres, y esto subsiste todavía en Honduras.

El mármol es bastante blando y no ofrece dificultad. Las mujeres pudieron hacer los vasos de piedra lisos, ya que, como las hachitas, se debieron hacer por rozamiento o fricción, con arena y agua.

Mucha menor dificultad ofrece el mármol, y el vaso casi solamente esgrafiado de Esquías, de mármol blanco con venas, por lo tanto más duro que el de Comayagua, indica que el trabajo artístico seguía la misma pauta que el vaso de terracota de Agalta.

El vaso de Comayagua indica que el refinamiento y la alisadura de las volutas y demás dibujos no se hizo probablemente con escoplo o hachitas y martillo, sino que después de esgrafiado y desbastado se ha moldeado por frotamiento o rozamiento, usando agua, arena y algún instrumento apropiado, probablemente de madera dura.

A propósito, encontré precisamente en Tenampúa el fragmento de una pequeña gubia de piedra dura, que debió servir para trabajos de líneas cóncavas, como las de las volutas del finísimo vaso de mármol de Comayagua. Esto requiere una gran paciencia y delicadeza de mano, como la mujer artista suele tener.

10.- CONCLUSIONES

Los vasos de mármol encontrados en Honduras son mayas, no representan un arte especial ni una escuela, sino el mismo espíritu que animaba toda la vida maya. Concuerdan, por lo tanto, perfectamente con los vasos de piedra, de terracota, grabados o pintados, de toda Honduras, y acaso representan una fase de principio de nuevos siglos, cuando todo se renovaba, comenzando precisamente por los vasos. La estera, el Ahau y las volutas son comunes en todo el arte maya, y la diversidad de trabajo y de material no significa diversidad de gente, sino diversidad de tiempo, de lugar y de educación, cívica, campesina o montañesa.

Lo que parece seguro es que las mujeres, especialmente las más expertas, tanto en alfarería como en trabajos de jade y de piedras preciosas, fueron las delicadas artistas que nos dieron estos preciosos vasos marmóreos de hechura exclusivamente hondureña y maya, que de esta suerte son los únicos en el mundo.

Tegucigalpa, 20 de abril de 1947.

APÉNDICE
11.- VASOS DE HONDURAS FUERA DE HONDURAS

En mi reciente viaje a los Estados Unidos, me dediqué de una manera especial a reconocer los vasos de mármol de Honduras e identificarlos en museos y universidades, recogiendo todos los datos que me fue posible y anotando la calidad del mármol, muy diferente en muchos de ellos, y el arte y dibujos. Además, anoté también los vasos de terracota que encontré con los mismos dibujos y hechura.

SMITHSONIAN INSTITUTION. — Departamento de Arqueología Maya. Encontré la copia de dos vasos de mármol, cuyos originales existen, uno en Nueva York y el otro en Filadelfia. Además, reconocí dos vasos de terracota provenientes de **Barbaret, Helene, Bonaca, Roatán and Morat Islands**, es decir, de las Guanajas. Son vasos todos semejantes y casi iguales al de Olancho reproducido en la figura No. 3 de este estudio. La leyenda dice: **Vasos de Yojoa y Comayagua.**

FILADELFIA. — **Pennsylvania University Museum.** Reconocí cuatro vasos de mármol: uno de hechura finísima, el otro menos perfecto. Existe una hermosa monografía de G. B. Gordon, titulada *The Ulua Marble Vases*, publicada en *The Museum Journal*, marzo de 1921. En ella, Mr. Gordon refuta una publicación de Mr. Zelia Nuttall, que en la revista *Art and Archaeology*, vol. XI, nos. 1-2 (Washington, 1921), había expresado varios errores, entre los cuales este: que el material con que están hechos estos vasos es **onyx**; que este material se encuentra en Oaxaca y no lo hay en Honduras, como tampoco hay mármol; y por lo tanto, estos vasos de Honduras fueron importados de México. Mr. Gordon refuta airosamente estos errores. Principalmente, usando de las afirmaciones de Mr. Squier sobre Honduras (1870, p. 125), asegura que existen depósitos de mármol en Omoa. El propósito de Gordon era rechazar la idea que se quería introducir de que los elementos de los vasos eran elementos artísticos y religiosos mexicanos.

Los cuatro vasos fueron encontrados durante la excavación hecha en 1896-97 en el valle de Ulúa, por el mismo Gordon. Dos de los vasos son de forma de tazón alto, semejantes en forma y dibujos; con base en figuras de montículos perforados, altos respectivamente 23 y 15 centímetros; con fajas escamadas serpentinas, y uno con la estera o **Pop** en la base. Otro es un tazón alto, de 12 cm, con tres pies y cabeza de puma; el cuarto es una fuente baja, alta 4.5 cm, todo en derredor con figura de estera. En todos están las asas de puma, y las cabezas del **Chac** maya hondureño, dios de la lluvia. Los dos primeros vasos son semejantes en todo al vaso de terracota de Olancho que he citado antes; el último es semejante al vaso de Esquías, también descrito en el trabajo y en el grabado con figura No. 2. El mármol es diferente: es casi piedra con sucios rojizos y grisáceos.

NEW YORK. — MUSEUM OF AMERICAN INDIAN. En este museo hay la mayor cantidad de vasos de mármol o de piedra, y también de terracota análogos, provenientes de Honduras. Mi libreta de apuntes me da los dibujos de seis grandes vasos de terracota, "from Barbaret, Helene, Bonaca, Roatán and Morat islands", es decir, de las Guanajas. Son vasos todos semejantes y casi iguales al de Olancho ya dicho arriba. Un vaso análogo de esteatita, color gris verdoso. Cuatro vasos de mármol "of the Ulua River"; dos vasos semejantes a la figura No. 2 de este trabajo, uno en forma de taza, liso, y otro con tres patas y en forma de vaso-calabaza abultada. Uno de ellos, bajo, es de mármol blanco manchado; el otro es de piedra. Los otros dos, el liso es blanco manchado y no parece mármol, y el último es mármol blanco. Otros dos vasos altos, también de Ulúa, No. 307 B: uno es de mármol blanco-gris con manchas negras o pardas, y el otro es de mármol blanco-gris-amarillento. Las asas parecen tener la figura de un mono aullador; los dos son semejantes al vaso de terracota de Olancho de la figura No. 3 de este trabajo. Otro vaso en forma de fuente muy baja, de piedra verdosa. Otro vaso con tres patas, de piedra verdosa.

CHICAGO. — FIELD MUSEUM OF NATURAL HISTORY. No encontré cosa de provecho para este estudio.

NUEVA ORLEANS. — TULANE UNIVERSITY MUSEUM. Existen once vasos, a lo menos, de mármol no blanco puro, sino con manchas, las más de ellas grisáceas; la naturaleza del mármol es diversa en los diversos vasos. El vaso más grande es casi copia del que está en el Museo de Filadelfia, Pennsylvania University, que he descrito arriba; asimismo, otros tres tazones, con tres patas sencillas, de diversas formas y tamaños; y así también dos fuentes bajas, con la diferencia que en estos están las volutas y en el de Filadelfia está la estera o **Pop**; otras dos fuentes planas imitan las de barro, muy conocidas, con figura de ave, con cabeza, cola y alas distribuidas en cuatro partes, y muy bien distintas, aunque estilizadas; otro vaso abombado imita los de barro en forma de calabaza; finalmente, una gran fuente de mármol blanco sucio con venas y manchas grises, alta 6.5 cm, con 36 cm de diámetro superior y 25.5 de diámetro en la base.

Acerca de estos vasos publicó hace años un notable estudio, editado por el mismo museo y ahora agotado, la Sra. Doris Stone.

GUATEMALA – MUSEO NACIONAL. VASO ENCONTRADO EN UAXACTÚN

En la *Revista Honduras Maya*, No. 1, julio de 1946, pág. 61, se publicó un notable artículo de R. E. Smith, titulado *"Un vaso de mármol de Ulúa encontrado en Uaxactún."* Efectivamente, el autor ilustra unos fragmentos que fueron encontrados sobre el piso, junto con alfarería perteneciente a la fase Tepeu 3, la última fase cerámica de Uaxactún.

Este vaso, cuyos fragmentos reconstruidos he visto este año de 1947 en el nuevo Museo Arqueológico de la ciudad de Guatemala, es muy semejante al mayor de la Universidad de Filadelfia; solamente debo anotar que, según los dibujos presentados, los animales de las asas no parecen serpientes.

VASO DE MÁRMOL DE SAN JOSÉ, HONDURAS BRITÁNICA

El Dr. Smith revela también que un fragmento de vaso de mármol de Ulúa fue encontrado en San José, Honduras Británica.

12.- EL MÁRMOL BLANCO DE HONDURAS

Mucho se ha hablado del mármol blanco en Honduras, pero nadie ha presentado muestras suficientes para asegurarlo plenamente. Es lamentable que Honduras, una de las tierras más ricas de Centroamérica en minerales, no haya sido explorada debidamente, y menos aún en lo relativo al mármol.

En uno de mis viajes se me mostraron bloques de mármol de diversos colores; realmente era mármol, pero inexplotado por falta de medios de transporte.

En el curso de este trabajo me he interesado especialmente por el mármol blanco, y yo mismo he encontrado y traído muestras desde el pueblo de **La Libertad**, en Comayagua. Subiendo por la montaña, en el lado derecho, donde dicen que hay una escalera de piedras —y efectivamente existen piedras ordenadas— encontré rocas blancas que me llamaron la atención. Me costó extraer algunas astillas.

Las hice examinar por el experto de la Escuela de Bellas Artes, señor Marek, y por el ingeniero Sergio Palacios, especialista en mineralogía. Efectivamente, se trata de **carbonato de calcio puro**, con cristalización gruesa e irregular.

Otras muestras me fueron enviadas desde el camino de Esquías a Minas de Oro (Comayagua). También resultaron ser carbonato de calcio, con cristalización más fina y regular. Ninguna de las dos llega a ser mármol pleno, pero podrían ser trabajadas.

Mr. Gordon, citado anteriormente, trae el testimonio de Squier para probar la existencia de mármol en Honduras. Según él:

"Las colinas y montañas detrás de Omoa contienen una inagotable cantidad de mármol blanco, compacto y hermoso, sin defectos para objetos de adorno y estatuaria."

Esto puede deducirse también por la naturaleza geológica del país, rica en procesos de metamorfismo.

13.- METAMORFISMO Y VARIEDADES DE VASOS

El metamorfismo de las rocas, tan común en Honduras, es para mí el origen de los vasos de mármol hondureños.

Aunque no se conocen con exactitud las vetas de mármol blanco, es frecuente encontrar piedras blancas en ríos y montañas. Estas piezas rodadas, transformadas por procesos naturales, pudieron ser aprovechadas por los mayas.

Cuando encontraban una piedra apta, la labraban directamente, sin necesidad de explotar canteras.

14.- VASOS DE MÁRMOL Y VASOS DE PIEDRA

Los vasos de mármol conocidos no son uniformes en tamaño ni calidad. Existen también numerosos vasos de piedra, igualmente variados en forma y composición.

Todos ellos parecen haber sido elaborados a partir de piedras encontradas en la naturaleza, sin extracción minera organizada.

15.- LOS VASOS DE MÁRMOL DERIVAN DE LOS DE ALFARERÍA MAYA HONDUREÑA

Ya he demostrado que la forma, las asas, los motivos mitológicos y los diseños de volutas presentes en los vasos de mármol aparecen previamente en la alfarería maya de Honduras.

En el *Museum of the American Indian* de Nueva York existen varios vasos de terracota casi idénticos a los de mármol. Otros fueron encontrados por Spinden en la región del Río Tinto.

También en Copán se han hallado vasos de cerámica con volutas grabadas, muy similares a las de los vasos de mármol.

Todo esto conduce a una conclusión clara: los vasos de mármol no constituyen una tradición aislada, sino una evolución dentro del arte cerámico maya hondureño.

Tegucigalpa, noviembre de 1947.

III: CHAC Y TLÁLOC, LA FIGURA DEL DIOS DE LA LLUVIA NAHUA-AZTECA TIENE SU ORIGEN EN COPÁN MAYA

1.- UN HALLAZGO

Hace cuatro años, viajando al occidente de Honduras, cerca de la frontera con Guatemala, visité la finca "Los Potreros", en el sitio llamado El Puente, cerca de La Florida.

El nombre **Chinamite** (probablemente del maya chortí *chinamit*) indica claramente que allí existió una antigua población.

En ese lugar se halló un templete de gran belleza, comparable a los de Copán. Entre las esculturas encontré dos cabezas extraordinarias de dioses de la lluvia, similares a los llamados **Tláloc** en la tradición mesoamericana.

Estas figuras me impresionaron profundamente y motivaron las observaciones que presento a continuación.

2.- EL CIELO MEXICANO Y SUS DIOSES

En el *Códice Chimalpopoca* se relata cómo los dioses obtuvieron el maíz, elemento esencial para la vida humana.

Los **Tlaloques** aparecen como dioses de la lluvia, asociados a los cuatro puntos cardinales y a la fertilidad de la tierra.

Vivían en el **Tlalocan**, el país de la abundancia, desde donde enviaban lluvias, tormentas y fenómenos naturales.

Eran dioses fundamentales para la agricultura, por lo que su culto era extremadamente extendido.

3.- LOS DIOSES MAYAS

La religión maya presenta una gran complejidad. Entre sus principales deidades destacan:

- **Dios B**: dios de la lluvia, asociado a la serpiente y al agua.
- **Dios D**: figura anciana, vinculada al cielo y la creación.
- **Dios G**: dios solar.
- **Dios K**: asociado al viento y al movimiento.

Todos estos dioses están relacionados entre sí y con los fenómenos naturales, especialmente la lluvia y la fertilidad.

4.- COSMOGONÍA MAYA

Los mayas concebían el mundo como un sistema tripartito:

- Cielo (13 niveles)

- Tierra
- Inframundo

En el centro se erguía la **Ceiba sagrada (Yaxché)**, eje del universo.

En los cuatro puntos cardinales se encontraban los **Chac**, dioses de la lluvia, equivalentes funcionales a los Tlaloques.

5.- INFLUENCIA MAYA

La cultura maya influyó profundamente en toda Mesoamérica:
- Calendario de 52 años
- Iconografía religiosa
- Organización social

Desde Copán y otras ciudades del sur se difundieron elementos culturales que luego aparecen en Teotihuacán, Tula y otras regiones mexicanas.

La figura de la serpiente emplumada, los dioses de la lluvia y muchos símbolos religiosos tienen su origen en esta tradición.

6.- CHAC Y TLÁLOC

El **Chac** maya parece ser el que lleva, en síntesis, la figura y atributos principales de diversos dioses mayas, no bien definidos, pero que derivan sus virtudes de la naturaleza, y especialmente de los elementos necesarios y principales de la agricultura: lluvia, sol y maíz.

El Chac, como los dioses B, D, G y K, ofrece sus benéficas influencias por medio de la luz, del calor solar y del rocío nocturno, con que hacen brotar el maíz y los cereales. La lluvia, el calor solar y el rocío nocturno eran los elementos más necesarios para la vida del maya.

La figura del **Chac maya** es la misma que hemos descrito como **Tláloc** mexicano. En el Museo Nacional de México existe la Piedra de los Soles, en la cual está esculpido el Tláloc, que los dioses creadores pusieron por sol en el cielo; era dios de la lluvia y del fuego celestial, y llovió fuego con que fueron abrasados todos los hombres en la tercera edad del mundo. Su figura tiene un gran círculo alrededor del ojo, con ceja serpentiforme y dientes larguísimos de serpiente que salen de las encías bien visibles; el labio superior se prolonga atrás con un largo bigote espiral que recuerda la espiral del borde de la boca de las serpientes mayas.

Otro Tláloc existente en el Museo Etnográfico de Berlín, según Seler, tiene los ojos y la boca con dientes serpentinos, formados por dos cabezas de serpientes que se tocan y desarrollan su cuerpo formando la misma cara del Tláloc.

Spinden (1926, *The Reduction of Mayan Dates, Peabody Museum*, vol. IV, n. 4, p. 97) reproduce una serie de ilustraciones demostrando "el origen maya del Tláloc y del signo imbricado del año", *The Mayan Origin of Tlaloc and the Imbricated Year Symbol*; y con 7 figuras de Copán y 4 de otros lugares mayas, dice en el texto: "Sin duda, la morfología de los motivos del dibujo ofrece la prueba más indiscutible de que la cultura zapoteca, totonaca y tolteca dependen de la maya. En la figura 32, TLALOC, el azteca dios de la lluvia, se demuestra derivado de la maya divinidad de las lluvias anuales asociada con el imbricado símbolo del año."

Se puede añadir que este símbolo imbricado del año, adoptado en todo el arte mexicano, se encuentra abiertamente en el siglo VIII en la Escalinata de los Jeroglíficos de Copán.

Este símbolo imbricado del año, que es la figura de una A enlazada con una figura de óvalo horizontal, se ve sobre la cabeza de dos figuras de Chac de Copán, que llevan grandes círculos alrededor de los ojos, como si fueran anteojos, y labio superior grueso, terminando como bigote, además de dientes largos y lengua bífida.

Las tres cabezas de Chac que yo hallé y fotografié, una metida en el zócalo de la hacienda Miraflores, en el valle de La Venta, y la otra en la casa de la hacienda de Goascorán, a una legua de La Jigua, y la tercera fuera del montículo excavado del Potrero, son las tres, más o menos, de igual figura. Las dos primeras llevan ojos grandes solares, uno diurno, el otro negro, nocturno; los dos con un reborde debajo en forma de S o de gancho, y con tres o cinco pequeños discos; además de dientes largos y labio superior terminando en forma de largo bigote enrollado. Se acercan mucho a las figuras del dios B y dios D, con pequeñas diferencias uno de otro.

La tercera cabeza, cerca del templete, tiende más a la figura exacta del Chac, con dos grandes círculos alrededor de los ojos, cuatro grandes dientes que salen de las encías, lengua bífida colgando y reborde del labio superior que termina en bigotes retorcidos en la punta. Estas tres cabezas fueron esculpidas al tiempo de la época áurea de Copán y son del mismo estilo.

Del lago de Yojoa, en Honduras, tengo una pequeña cabeza de barro, gruesa como un puño, precisamente con las facciones antes descritas, es decir, con grandes círculos aplicados en derredor de los ojos, dientes largos y bigotes retorcidos en los lados.

Cabezas semejantes encontré, provenientes de Chalchuapa, zona pocomame de El Salvador, de idéntica hechura, ojos con círculos, dientes largos y bigotes retorcidos, en una colección privada.

Y para terminar, debo anotar que en la famosa **Tula** de la meseta de México, cerca de Teotihuacán, fotografié cabezas de Tláloc existentes en el tablero de los tigres y águilas, que tienen los mismos rasgos de las que hemos descrito: círculos grandes aplicados a los ojos, dientes largos y lengua bífida colgando.

Y como Copán y la zona maya de Honduras son mucho más antiguas que las otras, y mucho más que la de México, ya que Teotihuacán apenas comenzaba a respirar cuando Copán y la civilización maya estaban en el máximo de su esplendor, y Tula todavía estaba por nacer, se puede decir, sin temor a dudas, que el **Chac maya** es el padre del **Tláloc** de la meseta de México.

Tegucigalpa, 7 de mayo de 1947.

IV: LA MAJESTAD O VARA ALTA COMO INSIGNIA DE PODER ENTRE LOS MAYAS Y SUS DESCENDIENTES EN HONDURAS

1.- LA VARA ALTA DE LOS INTIBUCANOS

Los indígenas intibucanos, que son de los más civilizados y tradicionales de Honduras, representan la antigua tradición maya de la división de los poderes.

Los cargos se distribuyen cada año por elección, y cada cargo con su vara, más alta o más baja. La vara representa el poder: mayor o menor, según su importancia. De todas ellas, la mayor es la **Vara Alta**, la **Santa Vara Alta** o **Majestad**, que lleva el personaje de más dignidad, el Alcalde Auxiliar, antes llamado **Calel**, Cacique, Señor; llamado así actualmente porque, mientras por su cuenta el poder civil elige a un alcalde municipal que depende del poder político, este, para ser obedecido, necesita el auxilio del personaje principal que los indígenas eligen: el Alcalde Auxiliar.

En efecto, desde los tiempos de la conquista, se reconoció un gobernador o cacique propio de los indios, al cual, en realidad, los indios obedecen exclusivamente y le reconocen como autoridad por la **Vara Alta** que lleva; y a las autoridades inferiores les obedecen también por las varas que llevan, aunque sean los últimos en el cargo. Aun en los motines, le basta a uno que tenga el último cargo levantar su pequeña vara, para que todos se calmen y vuelva la tranquilidad.

2.- LA VARA ALTA Y LAS VARAS MENORES

La **Vara Alta** o **Vara de Moisés** de los intibucanos es de madera sagrada: de níspero o chicozapote (*Achras zapota*), alta 2.04 m y gruesa 2.5 cm, encimada con una cruz de oro, después que vinieron los españoles, y en ocasiones solemnes la "visten", o sea, la adornan con listones de varios colores: nacionales, de la Iglesia y de los santos. [7]

La lleva siempre el Alcalde **Auxiliar de la Vara Alta**, quien la pasa, el primer domingo de mayo de cada año, al siguiente alcalde

---

[7] La vara es de palo negro o níspero, de la familia del guachipilín. En clima frío como el de Intibucá, esta madera durísima da el palo, pero no el fruto; no se pudre nunca. Los mayas la reputaban sagrada y, esculpida o no, la usaban en la fábrica de sus templos. En México el níspero se llama "chicozapote"; pero no se debe confundir con el zapote colorado o mamey, que es el verdadero zapote, cuya madera se corrompe fácilmente.

Todas las varas, también las de los yamaranguilas (Vara Alta de 2 m), son de "palo negro". La vara del segundo alcalde es de "sangre de toro", que es el mismo níspero cortado verde, que entonces echa una savia como sangre oscura que al secarse se hace negra.

La Vara Alta estaba encimada con una cruz de plata, que se arruinó; entonces el presidente Rafael López Gutiérrez se la regaló de oro, de diez centímetros, regalando una igual, de plata, para la segunda vara, que no la tenía.

Las crucitas de Yamaranguila son de plata.

Las medidas de las varas de Intibucá son: Vara Alta: 2.04 m; grosor superior 0.035; inferior 0.02. Vara segunda: 2.96 m; grosor superior 0.02; inferior 0.015. Tienen además 7 varas menores, gruesas 0.02, y altas 1.90 m con disminución hasta la última que mide 1.65 m. La vara del alguacil es gruesa 0.015, y alta 1.20 m, más tres bastones de 78 cm de largo adornados con listones. Los yamaranguilas poseen más varas menores.

elegido por la "Comunidad", que es el pueblo.[8] Y siendo de madera incorruptible, es eterna y no se cambia nunca.

Los Alcaldes de la Vara Alta son también los guardianes de los títulos de tierras. Se elige también un segundo Alcalde Auxiliar de la Vara Alta, quien lleva una vara menor, alta 2 m y gruesa 2 cm, con cruz de plata y menos adornada, o sea menos "vestida".

Un grupo de 30 hombres, quienes llevan varas más o menos cortas, según su dignidad, y con pomos de plata y una "contera" de plata abajo, elegidos también por el pueblo o "Comunidad", "forman el cuerpo de la divina Majestad" y acompañan a la Vara Alta "en la unidad de la divina Majestad".

Los principales de ellos se llaman **mayores**, y cuando el Alcalde "Auxiliar de la Vara Alta" les da una comisión, se llaman **comisionados**, y llevan una vara pequeña "vestida" con cintas, en señal de comisión, y así les obedecen.

Llaman a la Vara Alta "**la Majestad**", y también "**la Santa Vara Alta**", y aun "**Vara de Moisés**" o "**la Divina Majestad**".

Este cuerpo constituye la **autoridad tradicional** recibida de la divinidad, como se cuenta también en el *Popol Vuh*; y al jefe o señor se le llama **auxiliar**, porque para obtener la obediencia de los indígenas, el alcalde político le pide su auxilio en la administración legal del municipio.

3.- LA MAJESTAD ES COSA DIVINA Y COMO TAL SE VENERA

La Vara Alta es tan respetada, que quien la lleva recibe la obediencia de todos los que forman la "Comunidad"; y a él van a decir todo lo que pasa y reciben la consigna que les da.

El Alcalde Auxiliar lleva la Vara Alta siempre que debe demostrar su poder y autoridad; cuando no la lleva, la deposita en una especie de capilla sagrada que existe en el cabildo, sobre un altar, colocándola en el centro, y las otras menores a los lados, por orden, como si fuesen las mismas personas sesionando en cabildo.

La lleva también cuando va a recibir algún personaje, o en las fiestas sagradas, cuando va a sacar o devolver al señor cura a su casa; la lleva siempre alta delante de sí, con grande respeto, y si en la iglesia

---

[8] "Comunidad", en este contexto, significa el cuerpo colectivo del pueblo indígena que elige y reconoce sus autoridades tradicionales.

tiene que cumplir algún oficio, la coloca junto al altar, como si fuese un santo.

Grande, muy grande, es la veneración que le tienen los intibucanos.

El año pasado se descubrió que delante de ellas se ponía cada día un vaso de agua pura; dijo el alcalde que solamente el año pasado se había concertado esto en el cabildo; pero el hecho tiene raíces más profundas.

Este mismo año de 1947, el 19 de enero, vi que sobre el altar de las varas había en primera fila varias grandes imágenes; pero al querer tomar una fotografía, descubrí detrás, casi escondida, una taza de agua, junto a la Majestad.

Para explicar este hecho se debe recordar que, cuando muere uno, le colocan por nueve días un vaso de agua en el cuarto donde murió, para que su espíritu sediento se refresque. Así, con esa agua se alimenta al espíritu de la Vara Alta, de la misma manera que a los difuntos se les pone sobre la tumba, todavía, agua, comida y chicha; o como a los dioses se ofrecían sacrificios de comidas, de animales y hasta de seres humanos.

4.- LA VARA ALTA DE FIESTA

La **Vara Alta** tiene otros elementos que la acompañan en ciertas fiestas. Estos elementos son: la máscara, que es de cedro, madera sagrada. Lleva dientes de hueso, boca casi cerrada y ojos agujereados, y con ella cubre su cara el "gracejo", que parece representar al espíritu de la fecundidad, porque lleva en su mano el cicoco o sonajera, y un bastón amarillo de caña brava que termina en una cabeza de animal cuadricornuto que dicen representa el "armadillo". En Santa Cruz de la Sierra llevan también, encimado en una vara, un "garrobo" disecado, animal macho de la iguana, cuya figura se ve en los monumentos mayas bajo el aspecto de dragón.

El "gracejo", siempre acompañado del pito de caña y del tamborín, sacado de un tronco de madera de cedro con piel tendida de "pecarí" o puerco de monte, hace gracias, baila moviendo continuamente el "cicoco" y hace continuos gestos con el bastón celestial, adorando finalmente a la Vara o a los santos de la fiesta. Los animales que llevan en figuras son celestiales y se relacionan con el maíz y con el nacimiento del primer hombre.

También con dos pendones rojos con crucecitas de plata bailan y veneran en turno a la Vara Alta dos hombres del "Cuerpo" que la acompañan.

Yo los vi bailar en 1940, en 1945 y ahora en 1947; al regreso de Yamaranguila, vinieron a encontrarme en el límite de la población, como hacían antiguamente con los gobernadores y grandes personajes.

5.- LOS LIBROS SAGRADOS DE LOS MAYAS HABLAN DE LA VARA ALTA

En el libro de los antiguos dioses, de los Chilanes de Yucatán (véase trad. Mediz Bolio), se lee: "En los primeros tiempos, aquí, entre nosotros, los Hombres de Majestad fueron adorados como verdaderos dioses." También Roys traduce "los jefes" (*ruling men*); se refiere a los hombres de poder, que llevaban su vara, como se percibe también en los *Anales de los Xahil*, de los indios cakchiqueles, que tuvieron un palo rojo.

En estos *Anales* (n. 16 de Raynaud) se dice: "Hay un árbol rojo, nuestro bastón, que cogimos cuando franqueamos la puerta del Lugar de la Abundancia, y por esto es que se nos llama los hombres cakchiqueles." La puerta era la de Tulán, y el bastón, aunque no era precisamente el bastón de mando, la Vara Alta, pudo ser el principio de este bastón.

Hombres pintados en vasos de Copán y de Guatemala llevan bastones de mando.

En el *Popol Vuh*, en el cap. 37 de Raynaud, se lee que los cuatro Balames quitaron a los enemigos las empuñaduras de los bastones, según la traducción de Villacorta (Recinos lo traduce por "picas"). Y en el cap. 40 (décima tradición de Villacorta) se trata de los tres hijos de los cuatro Balames que fueron adonde nace el Sol, ante el jefe Naxit, para recibir sus atributos. "Naxit terminó de darles los atributos del poder." Estos atributos los traduce Villacorta por "Majestad": "de allí les provinieron, pues, los signos de su poder y majestad"; "...alegándose cuando llegaron... de donde solamente habían obtenido la majestad de las tribus".

Ah Chami se llama el que lleva la vara del poder entre los quichés. El señor Adrián Recinos, interrogado al propósito, traduce: "Entonces vino la insignia de la grandeza y del señorío del Ahpop y el Ahpop-Camhá"; pero dice que se podría también traducir por majestad. En todo caso, en el n. 8, él mismo traduce: "Ante ellos se manifestaron las insignias de la grandeza del reino."

Siempre, pues, se habla de insignia; y aunque no se habla expresamente de la Vara Alta, que representaba el poder, sin embargo este se puede adivinar, porque todos los jefes llevaban una vara. Un maniquí llevan todas las estatuas de Copán como cetro, y en el título de Totonicapán se dice que traían también palos.

Este signo de poder no era desconocido fuera de Honduras. Entre los mayas agricultores o milperos de Nicaragua había esta insignia, como lo dice Oviedo (42,1), y dando a conocer que "los mensajeros e caudillos son creydos... si llevan un moscador de plumas en la mano (ques como entre los chripstianos la vara de justicia); y este moscador dálo el señor de su mano al que vee que mejor le servirá, e por el tiempo que le place que es oficial suyo. En las islas del golpho de Orotiña e otras partes usan unos báculos luengos de muy linda madera... Estos bordones son en lugar de los moscadores... e son como insignias del señorío..."

No faltaban insignias, en tiempos posteriores, en el Perú, Colombia y México, con bastoncitos menores, como se ve en la alfarería y orfebrería.

No nos ocupamos sino de los mayas, más antiguos y donde estaba, en el oriente, el jefe Naxit, a buscar sus insignias. Los indígenas de Honduras, conservando la "Majestad", dan testimonio de que aquí estaba la potestad, el poder, la "majestad" de los mayas y de aquí se irradió.

6.- LOS ANTIGUOS CARES Y LOS CERQUIS DE LEMPIRA

Los intibucanos, que el padre Arbolancha doctrinaba en 1570, cuya "doctrina" era llamada "de los Cares" (*Kal*, señor; cfr. Calel), eran los "Señores" que tenían continuas contiendas con los Cerquis de Lempira, también "Señores" y antes serranos. Lempira hizo la paz con ellos para combatir a los españoles, quienes después encontraron la cabeza de un español entre los Cares de Mazaguara, y estos, desde entonces, fueron tratados como enemigos.

Todos los pueblos indígenas de la antigua provincia de Gracias, los Cerquis de Cerquín y los Cares de Intibucá, tenían su Majestad, y muchos de ellos la conservan todavía.

Voy a recordar aquí algunos de estos pueblos antiguos indígenas, que conservan muchas tradiciones: entre ellos Intibucá,

Yamaranguila (Yambalamquira), Masaguara, Chinacla, Yarula, Colohete, Belén Gualcho, Cucuyagua, Concepción, Santo Tomás, San Juan del Caite (Lempira), Belén del Rosario, Dolores (?) y muchos otros. Todos ellos conservan la **Santa Vara Alta**, y otros, por lo menos, las varas menores.[9]

Estos fueron los pueblos del oriente, donde nace el Sol, donde estaba la Casa del Sol y donde el jefe Naxit dio las varas o la **Majestad** a los jefes de los quichés, que desde sus tierras altas, cerca de los volcanes de Guatemala, bajaron aquí a recibirla: recibirla del gran jefe Naxit, que reinaba en Honduras, que reinaba **en la tierra donde nace el Sol**.[10]

Tegucigalpa, 1.° de mayo de 1947.

V: HECHICEROS Y "REZADORES" EN LAS FIESTAS PATRONALES DE HONDURAS, COMO RESTOS DE CEREMONIAS Y RITOS MAYAS ANTIGUOS

1.- YAMARANGUILA

Cumplí con la promesa de asistir a la fiesta de San Isidro entre los indígenas de Yamaranguila, y el 14 de mayo llegué en avión a La Esperanza y caminé dos leguas por camino casi plano entre bosques de pinos. Ya a la vista del pueblo, me vi recibido con arcos y flores

---

[9] Además de estos pueblos, tienen Vara Alta también Agalteca (aldea de Olanchito), Santa Elena —el 20 de enero, San Sebastián, usaban la partesana, con que jugaban—, La Campa, La Iguala, Lepaera, Aguanqueterique, Alubarén —ahora solamente banderitas—, Lepaterique —baile de los moros y cristianos—, Curarén (?), Erandique, barrio de Gualmaca (Lempira), patrón San Sebastián; puros indios con tres iglesias y puente por medio con los ladinos; iban a traer al sacerdote bailando; San Sebastián, San Andrés, Mejicapa, de antiguos mejicanos, no usaban vara —nótese bien— sino baile con la niña Malinche.

[10] Hasta ahora se había entendido que Naxit estaba en Chichén Itzá. Es necesario profundizar más, y buscarlo más al oriente. Efectivamente, en Honduras, y más precisamente en la región de Sulaco, en el paralelo 14° 51' 30", se comenzó a usar prácticamente la cuenta de 260 noches que hay entre el paso del sol por el cenit, el 13 de agosto, hasta el otro, el 30 de abril. Esta misma cuenta adoptaron después los mayas de las regiones fuera de Honduras, aunque viviendo en otros paralelos no podían tener la misma cuenta entre uno y otro paso del sol. Por lo tanto, la sede del gran jefe Naxit no podía ser sino Honduras.

por toda aquella población indígena que, con sus recuerdos, llega hasta el repartimiento de Gracias a Dios, hecho por don Pedro de Alvarado en 1536. Estaba encabezada por los dos "alcaldes de Vara Alta" y los regidores con toda la municipalidad, quienes después me acompañaban siempre cuando iba o regresaba de la iglesia, según es su costumbre.

El pueblo, situado en medio de bosques de pinos que a lo lejos se levantan en altos y peñascosos cerros, está abierto al aire y al sol, a 1,750 metros de altura sobre el nivel del mar, con clima frío, que lo libra de sabandijas y animales peligrosos. Allí no hay tigre. Por lo tanto, su nombre, Yambalamquira (*Yam-balam-quira*), que literalmente significa "gente en medio de tigres", se debe volver en sentido figurado: "gente en medio de balames", siendo los balames los antiguos sacerdotes o brujos.

Y efectivamente, todas esas eran poblaciones en que abundaban y abundan todavía los brujos, algunos de ellos en oficio de "rezadores". Gente de antigua cepa maya, era señora de las montañas en la región llamada de los Cares (señores), hoy departamentos de Intibucá y de La Paz; los españoles los conocieron como serranos y los geógrafos posteriores como "chontales" en sentido de rústicos y bozales, como lo son todavía, en general.

Por testimonio del historiador oficial Antonio de Herrera, abundaban entre ellos los hechiceros o brujos, llamados malos cuando procuraban males a la gente, y buenos cuando eran oradores y rezadores o curaban, y eran tenidos por sabios.

Los Cares, al tiempo de la conquista, estaban en guerra con los Cerquis guiados por Lempira, quien hizo con ellos las paces para ir contra los españoles.

2.- RESTOS DE CULTO MAYA

Me encontré inesperadamente asistiendo a una de las más interesantes ceremonias indígenas de antiguo culto maya cristianizado, que persiste, a pesar de los esfuerzos de los misioneros franciscanos y mercedarios para sustituirlo con las ceremonias cristianas en la fiesta de San Isidro Labrador, para pedir buenas lluvias y buenas cosechas el 15 de mayo de cada año.

Los restos del culto maya les quedaron tan íntimamente ligados y tan bien ocultos, que casi ni ellos lo comprenden en muchos casos, ni puede descubrirlo sino un ojo muy penetrante, acostumbrado y conocedor de las cosas mayas y de las ceremonias de la Iglesia católica.

Los últimos dos obispos prohibieron llevar en procesión la imagen del santo en las "carreras de patos", por causa de la borrachera consiguiente y de cierta manera bárbara de arrancar la cabeza a los patos; y solamente para poder darme cuenta del alcance de esa ceremonia, cuando me vinieron a pedir permiso para llevar también al santo, indiqué al párroco que lo permitiera por esta sola vez, y quedaron contentos.

3.- BREVE RESEÑA DE CEREMONIAS MAYAS CONTADAS POR LANDA

El obispo Landa conoció a los indios mayas de Yucatán poco después de la conquista. Yucatán estaba muy íntimamente ligado con Honduras por el Golfo Dulce y por el río Ulúa. En la relación de sus fiestas nos hace saber que siempre, ante todo, hacían la ceremonia de la purificación, o de "echar al diablo", por medio del humo del incienso y de oraciones, añadiendo también las ofrendas.

Llevaban al ídolo en procesión hasta uno de los puntos cardinales que le tocaba —en nuestro caso, las imágenes de los santos—, y llevaban también otra imagen "del demonio", y las ponían frente a frente —en nuestro caso, la "Vara Alta" y tal vez la máscara, que llaman "diablito"—. Limpiaban muy bien el camino y lo adornaban con arcos.

El Bacab del sur pertenece al cargador del año Kan, que significa maíz maduro, el amarillo en color; al del oriente le pertenece Muluc, con significado de joya, agua, que es la joya mejor del maya, con color rojo.

En estas ocasiones, para aliviar las miserias y pedir abundancia de comida por medio del agua y lluvias fecundantes, ofrecían cabezas de patos a la imagen del dios —sustituida ahora por la imagen de San Isidro— y carreras de zancos —sustituidos por los caballos—, ofreciendo abundante chicha, lo que hacen todavía colocando nueve cántaros enfrente del santo; hacían bailes, ofrecían oraciones, predicaban, sacrificaban una gallina, llevaban flautas, tambores, banderas. Todo esto, resumido, en general.

4.- LA FIESTA DE SAN ISIDRO LABRADOR

La fiesta de San Isidro Labrador se celebra en Yamaranguila el 15 de mayo, precisamente poco después de haber pasado por segunda vez el sol por el cenit. Los mayas de la América Central, especialmente los de Honduras, conocían bien este paso del sol, porque comenzaban entonces las pequeñas lluvias y las labores agrícolas, de las quemas, que acostumbran todavía, y de la siembra del maíz con que se terminaba el año agrícola maya de 260 días.

El año comenzaba en julio o agosto, con el primer día del mes Pop, cuando pasaba por el cenit el sol por primera vez y venía el tiempo de las grandes lluvias, que hacían brotar el maíz y dar su fruto; después, el doblar las mazorcas en las plantas, cosecharlas y ponerlas en las trojes o silos, con fiestas, bailes y borracheras.

Era necesario para los mayas pedir a los dioses buenas lluvias, buenos tiempos, buenas cosechas y alejar los males que podían sobrevenir. Para esto se preparaban con oraciones, penitencias y regocijo, y según Landa, estos duraban los tres meses que había entre el fin del año —segundo paso del sol, en abril o mayo— y el principio del año nuevo, Pop —primer paso del sol, en julio o agosto—.

La Iglesia también ordena en este mismo tiempo oraciones y súplicas para el mismo fin. La diferencia es que esta pide a Dios y a los santos de la religión cristiana, mientras que los pueblos mayas lo pedían a sus dioses, y a los Bacabes y Chaces, seres protectores de los cuatro ángulos de la tierra y del cielo, que nuestros indios confunden con los ángeles de los cristianos.

5.- LA PROCESIÓN Y LAS CARRERAS DE PATOS

Como los mayas hacían sus sacrificios, ofrendas y oraciones llevando a la imagen del dios en procesión hasta el punto cardinal conveniente al protector del año, terminando con una gran borrachera; asimismo, los naturales de Yamaranguila, y todos los naturales de otros pueblos también, entienden sus fiestas cristianas, las que todas terminan con borracheras, sin haber podido la Iglesia, especialmente por la escasez de clero, poner remedio al mal.

Para legitimar la costumbre, cuentan que cuando Adán y Eva comenzaron a arreglar su milpa de maíz —la sementera—, Dios les ordenó poner nueve vasos de chicha y sacrificar un jolote (pavo), regocijándose con comerlo, beber y bailar.

Para hacer la ofrenda de las cabezas de los patos a la imagen de San Isidro, la llevan en procesión hasta El Calvario, que está al sur (cfr. Kan, según hemos dicho), en donde hay tres cruces, y de allí la llevan al ángulo del mismo lugar, donde hacen una capillita, en el punto sudeste (cfr. Muluc).

Proceden los alcaldes de la "Vara Alta" —alto bastón de mando que representa la autoridad divina; la llaman "la Majestad" y la veneran más que a un santo—, sigue la imagen llevada bajo baldaquín o palio, precedida por un arco adornado de flores y de paños, y seguida por el pueblo, hombres y mujeres, con mucho orden y cantando himnos cristianos, especialmente el "Alabado al Santísimo Sacramento del Altar", que en esta ocasión no hace al caso.

Acompañan, en estas fiestas, a la "Vara Alta", la segunda vara menor, y las otras varas que llevan los regidores y los demás oficiales que forman el cuerpo de la autoridad para la comunidad indígena. La precede el "gracejo" con la máscara de cedro, llevando el bastón con una figura de armadillo —animal celestial maya— y la "maraja" o sonaja (*cicoco*), también de sentido simbólico de fertilidad. Va el tambor, la flauta sagrada y las dos banderillas rojas.

En toda la procesión el gracejo —que parece simbolizar al "demonio" o espíritu contrario— hace gestos y levanta en el aire su bastón.

6.- LA SALIDA DE LA IGLESIA

Los dignatarios de la "Vara Alta" y sus acompañantes van a la iglesia y, por primera cosa, se arrodillan ante la imagen y rezan oraciones cristianas, según lo han enseñado los señores curas; pero el "rezador", que es el principal, dirige el rezo y hace su plegaria pidiendo por todas las necesidades. Antes, se purifica dando incienso al lugar y a la estatua y rezando.

El "rezador" es efectivamente la persona más importante en las fiestas. Él es el intelectual, quien reza y pronuncia los discursos. Los vecinos intibucanos le llaman "auctor". Al comenzar la fiesta distribuyen la chicha y el alcalde de la "Vara Alta" es el primero que bebe; toma el huacal con la mano izquierda, con la derecha lo bendice, lo mismo que hace el sacerdote sobre el cáliz para consagrar, y lo bebe; y todos los demás del círculo hacen lo mismo. Liban en honor de la "Vara Alta" y le hacen reverencia. Viene el "auctor" y pronuncia el discurso que no se entiende. Es un discurso antiguo, lo repite siempre, y cuando uno muere lo enseñan a otro que le debe seguir. Es en mal castellano y dura media hora. Antes de pronunciarlo se hinca tres veces ante la "Vara Alta".

7.- DE LA PUERTA DE LA IGLESIA HASTA EL CALVARIO

Frente a la puerta de la iglesia se detiene el santo, al cual hacen siempre corte de honor los "hombres de la majestad" o de la "Vara Alta". Entonces comienza el baile sagrado. Primero la máscara, con el tambor y el pito —en Yamaranguila ya no usan el pito o flauta—. El baile es un paso adelante y atrás, y en zigzag, poniendo, en cada paso, la punta del pie detrás del otro pie plantado, y alternando así los pies. Al final se inclinan y arrodillan ante la estatua, tocando el tambor, y el que lleva la máscara agitando la sonaja y haciendo gestos con el bastón, especialmente tirándolo verticalmente al aire por tres veces o por cuatro veces, según los casos.

Sigue después el baile de las banderitas rojas, en la misma forma. Parece que la máscara, que representa al demonio y da gritos a veces, significa que también el demonio se inclina ante el poder del santo. En este caso el demonio parece representar al espíritu contrario.

La procesión sigue ordenada hasta las tres cruces de El Calvario, colocadas hacia el sur. Aquí se detiene la procesión y se repite el baile, y después el santo es llevado al ángulo suroeste, en su capilla postiza.

Aquí le ponen a los pies los patos, rezan, inciensan y ruegan con el "rezador", que pide al santo muchas cosas.[11]

8.- EL LUGAR DEL SACRIFICIO

En el norte de la gran plaza están colocados dos palos, uno frente a otro. Las dos varas y los acompañantes se colocan según los puntos cardinales, en dos filas de norte a sur; el rezador, la Vara menor y otros inferiores, se colocan en la fila occidental mirando al sol en el oriente; la "Vara Alta", la máscara, el tambor, la banderita y otros, en la fila oriental con la cara hacia el occidente. Los que llevan los patos

---

[11] La imagen de San Isidro, labrada en madera, tiene unos 50 cm de alto, en figura de noble caballero antiguo, con su saco y sombrero, guiando un carro tirado por dos bueyes.

esperan que dos ayudantes hayan colocado la cuerda para amarrar los tres patos por las piernas, con la cabeza hacia abajo.

Los patos son tres, porque es "función chiquita". Por San Francisco y Santa Lucía se ponen seis patos.

9.- LA ORACIÓN DEL "REZADOR"

El "rezador" comienza:

"Con el permiso de Nuestro verdadero Formador y Criador, Nuestro verdadero Señor, a todos los santos, a todas las vírgenes —son Santa Lucía y Virgen Dolorosa—, a todos los ángeles, a todos los abogados, son los representantes del Rey de los Cielos por nosotros, la Santísima Virgen, a todos los abogados, a las cuatro esquinas del mundo bendecirá Nuestro Señor, a las cuatro divinidades santas de todo el mundo" —son los cuatro puntos cardinales, donde residen los Bacabes y los Chaces que dan buenas cosechas y buenas lluvias—; "con el permiso de San Isidro, con el permiso de San Francisco de la Conquista y San Francisco de Asís, le pedimos para toda la nación para que haya buena salud y buena ancianidad para los niños y niñas chiquitos y grandes. Le pedimos a San Francisco de la Conquista, que conquistó con Nuestro Señor de los Cielos reinando cielo y tierra con su libro de sabiduría" —la imagen pequeña, que es la más antigua que tienen de San Francisco, lleva un libro en la mano—, "de hincos y credos y avemarías. Padre Nuestro" (rezan). "Son las que representan al Rey de los cielos ante el Rey Nuestro Señor de los Cielos, pidiendo para toda esta nación para que haya niños de buena sabiduría, de buena pluma esta nación. Un buen ciudadano de todo el pueblo, de buena pluma, buen tintero, para que haya buena ancianidad. Siempre Virgen María es la que representa ante el Reino divino de los cielos, San Isidro y San Francisco, pidiendo buenos niños y niñas de esta nación para que haya buenos maestros de esta nación, de hincos y credos, de rosarios, para que haya buenos alcaldes de esta nación. Le pedimos siempre, Virgen María, de buena ciencia, de buena sabiduría, de todos los ciudadanos, de niñas y niños. San Francisco representa al cielo por toda esta nación, pidiendo por todos los niños y niñas chiquitos y grandes y millonarios de toda esta nación. Bendeciráis Nuestro Señor de los Cielos y la Santísima Virgen, Nuestra Madre de los cielos, para todas las aldeas y caseríos de todo el pueblo, y bendecirá la montaña virgen y la montaña santa" —son los cerros—, "bendecirá para que haya buena salud para niños y niñas de toda la nación. Siempre Virgen María, le pedimos su bendición.

De todos los santos apóstoles y ángeles" —son los representantes que mandan las lluvias— "del Reino de los Cielos, bendecirán para toda esta nación, todas las imágenes de la Iglesia santa bendecirán imágenes y vírgenes para todo el pueblo.

Le pedimos a los verdaderos ángeles: regarán buen invierno, buena tormenta para todos los trabajos de toda la nación. Vendrán ellos trabajando, ¡de qué altura, de qué se entrañan del alto cielo! Vendrán del alto, del coeternal, del verdadero Santísimo; vendrán con el permiso del divino Señor de los cielos, vendrán a regar buena tormenta, buen invierno para toda la reina agricultura y trabajos, con la licencia del verdadero Señor.

Con el permiso de Nuestro Señor y Eva y nuestro padre Adán, San José y María, para dar esta primicia a la santa tierra, a la madre tierra, una hora de incienso, una hora de avemaría le damos con el permiso de todos los santos apóstoles, para que aumente la suerte y para todos los años, para todos los meses del pan divino, del sustento divino de todos los días, para que haya de todos los alimentos de todos los días del blanquito, amarillito, zapalote y rosadito" —son cuatro clases de maíz que tienen los colores de los cuatro puntos cardinales—; "del frijolito y pipianes, chilacayote, ayote, maicillo, trigo blanco, trigo cristal, trigo amarillo, arroz, café, cañales, yucales, patasteras, camoteras, granadilleras, naranjales, duraznales, membrillares, papales, repolleras, limales, limonales, mangales, matasanos, aguacatales, anonos, coyolares, zapotales, paternas" —es la fruta llamada "paterna"—, "papayales. Son los doce frutos del Espíritu Santo" —confunden con los dones del Espíritu Santo— "formados de Nuestro Señor de los cielos."

He recopilado aquí poco de lo mucho que dice el "rezador" o "auctor", sin respetar la gramática ni el sentido, sino diciéndolo precipitadamente, con cara de inspirado, levantando la mano al cielo, con los dos primeros dedos en cruz o como cuando se persigna, siguiendo conceptos desconectados entre sí, pero que forman un conjunto que se concreta a pedir toda clase de bien.

Terminado el rezo, pide permiso para bendecir, y con los dedos cruzados traza en el aire tres cruces, y convida a cada uno del círculo, comenzando por el que lleva la "Vara Alta" hasta el último muchacho, a trazar las mismas cruces bendiciendo los patos, pidiéndole antes permiso para bendecirlos. Cuando ponen los nueve cántaros de chicha, los bendicen también.

Tegucigalpa, D. C., 19 de junio de 1947.

10.- LAS CARRERAS DE PATOS

Con la misma o con menos solemnidad, hacen las carreras de patos en todas las poblaciones indígenas, en sustitución del antiguo sacrificio que hacían de animales o de gente, para pedir en sus necesidades o en sus fiestas.

Comienzan las carreras. Son dos, tres o más a caballo. Desde un punto lejano cada uno emprende la carrera, y pasando cerca del primer pato procura con la mano arrancarle la cabeza. Sigue el otro a caballo y hace lo mismo hasta que han pasado todos, y entonces, desde la otra parte, en sentido inverso, repiten la carrera. A veces, de primera, arrancan una cabeza; otras veces cuesta arrancarla hasta intentarlo muchas veces. Al que arranca la cabeza le dan un vaso de chicha y lo tienen por más valiente. Al punto disparan un cohete y recomienzan las carreras para arrancar la cabeza al segundo pato, y así siguen hasta el último. Las cabezas serán depositadas al pie del santo.

Entretanto, el alcalde de la "Vara Alta" y sus acompañantes se colocan nuevamente en fila como antes. El "rezador" comienza nuevamente a pedir licencia para hablar: pide por todo y a todos los santos como antes; nombra ahora especialmente a los mayordomos, mayordomas y alcaldes, como hacían los antiguos; pide la bendición para el trigo blanco, etc., "como la luna, como el sol, vendrá a iluminar"; pide para que haya todo bien con la licencia de Nuestro verdadero Formador... la Santísima Virgen... bendecirá Moisés... las vírgenes... las cuatro divinidades santas de todo el mundo... trigo... caballos... niños y niñas... levantará la verdadera nube para que haya buen invierno, buena tormenta...

Finalmente traza en el cielo de nuevo la triple bendición y dirige a los otros, uno por uno, para que hagan lo mismo.

Terminado esto, el "rezador" va al alcalde de la "Vara Alta", le pone delante su palma de la mano y se la da a besar, y después besa la del alcalde, besando o haciendo venia a la vara. Cada uno repite el beso de las palmas de las manos, diciendo: "Bendito y alabado sea el Santísimo Sacramento del Altar." Repiten la triple bendición a los patos, y finalmente comienza el baile, en la misma forma que se ha descrito en la puerta de la iglesia, ante la "Vara Alta", a la cual va la reverencia, lanzando al aire el bastón tres veces el que lleva la máscara.

11.- LA OFRENDA AL SANTO

Los mayas, al descabezar al animal o al arrancar el corazón del pecho de la víctima, con la sangre todavía fresca, untaban la cara del ídolo a quien honraban.

En estas carreras los patos son las víctimas del sacrificio, y las cabezas, en lugar de untar con ellas la cara del santo, se depositan a sus pies.

Terminado, pues, el rezo y la bendición, se bajan los tres patos y sus cabezas se entregan, primero al mayordomo de la fiesta, la otra al alcalde de la "Vara Alta" y la tercera al mayordomo de San Francisco.

Así van a la capilla y depositan las cabezas a los pies del santo; lo inciensan e inciensan también la "Vara Alta", y cada uno huele el incienso. Se reza nuevamente y se saca el santo de la capilla, delante del cual se efectúa nuevamente la danza.

12.- EL RETORNO

Se emprende en procesión el retorno hacia la iglesia. Las mujeres van cantando: "Bendito, bendito, bendito sea Dios; los ángeles cantan y alaban a Dios", mientras de vez en cuando el "rezador" canta con voz de mujer sin hacerse entender, porque, me dijo, era latín; y el gracejo de la máscara da algunos gritos y echa al aire el bastón, hasta que llegan a la puerta de la iglesia.

Aquí, nuevo baile en la misma forma que antes, y llevan el santo a su sitio.

Ahora hacen nueva venia al santo y comienzan a rezar el rosario cantado, que es oración católica añadida por indicación del párroco. En esta forma, sin más ceremonia después del rosario, que de suyo no le pertenece al ceremonial que hemos descrito, terminan el "regocijo", como lo llaman ellos, en su manera de expresarse, los indígenas naturales de Yamaranguila.

13.- CONCLUSIÓN

Las carreras de patos son comunes en toda Honduras, entre los indígenas, en las fiestas de los santos patronos.

En la fiesta de San Isidro de Yamaranguila, que he descrito, faltaron los nueve cántaros de chicha para beber y emborracharse, según se lo mandó el Señor a Adán y Eva, como dicen ellos, por su tradición. En Honduras se ha prohibido la chicha, o bebida fermentada de maíz, arroz, azúcar u otra sustancia fermentada embriagante. Solo se permite el "guaro" o aguardiente; pero esta no es bebida religiosa para los indios.

No hay, pues, ninguna duda de que la fiesta, así como la he contado, contiene una gran parte de rito cristiano, enseñado por los misioneros y los curas, y otra gran parte, que no aparece en su totalidad, de rito y culto veladamente pagano de los antiguos mayas, como se puede verificar compulsando la relación del obispo Landa y lo que dice también el historiador de la corte, don Antonio de Herrera (cfr. *Dec. III, l. 8, c. 7*), acerca de los ritos y hechiceros de Honduras.

Efectivamente, tanto las danzas, la "Vara Alta", los puntos cardinales citados en el discurso como dioses —son los Bacabes y los Chaces de los mayas—, los colores de los mismos puntos cardinales nombrados con las cuatro clases de maíz que se pide, los varios sitios en donde se desarrollan los hechos, relacionados con los puntos cardinales; la capilla provisional del santo colocada en el ángulo, como sitio del sostenedor del cielo (Chac), o del Bacab favorable, entre el oriente y el sur; la orientación como se colocan las personas en el punto del sacrificio de los patos; el arco en la procesión, que sustituye los arcos que los mayas preparaban en el camino que esta recorría; el orador, las oraciones y lo que en ellas se dice y se pide; el repartimiento de los patos sacrificados entre los principales, y muchas otras cosas, descubren elementos del antiguo culto maya, que no ha desaparecido, aunque no aparezca en pugna con el rito cristiano, a lo menos en muchas de sus partes. Además, el rito antiguo ha sido transformado, y solamente por inveterado apego a supersticiones antiguas que ocultamente se cultiven y continúen por "rezadores" hechiceros, a los cuales los mismos "antiguos" daban el nombre de "malos", puede en la práctica encerrar alguna vez un sentido reprobable.

Esta oración la saben muchos y la repiten en cada pueblo indígena, y la aprenden los que tienen más facilidad para "rezadores". Pregunté al "rezador" de Yamaranguila y me contestó que San Isidro y San Francisco lo inspiraban. En Intibucá pasa como oración misteriosa; el "auctor" es uno solo, y cuando muere enseñan a otro.

Todos creen que son la continuación de los antiguos, y el "rezador", en efecto, dice algunos conceptos de cómo "desde antiguos tiempos... reinamos en este valle de lágrimas" —son palabras de la *Salve Regina*—... "que se hace esta fiesta desde antiguos tiempos." Prosigue diciendo —el "rezador" de Intibucá— que "hay las dos estaciones, verano e invierno, en este mundo, en este valle de lágrimas, en donde vivimos, en donde reinamos" —se refiere tal vez a los antiguos cuando realmente reinaban, y puede ser concepto de la primera oración— "pidiendo a todos los divinos patrones estas carreras, estas anuales que sirven para regocijo de fiesta de nuestros patrones."

Se nombran también a los ángeles que vienen en doce meses... los doce frutos del Espíritu Santo —probablemente aquí se den a entender los antiguos trece patrones cargadores o protectores de la noche, entre los mayas—.

No se debe olvidar que tanto en la iglesia como aquí, delante del santo, se consumen velas, llamando a la memoria la grasa que entre los orientales y entre los quechuas y aymaras del sur se gasta encendiéndola en los sacrificios. Tampoco falta el "chilate" —ahora prohibido por la autoridad—, bebida dulce con cacao, que los embriagaba y los encendía en el regocijo de la fiesta, hasta llegar a matarse.

Se debe también advertir que en los "rezos" que hacen de ordinario en las milpas matan al pavo cortándole la cabeza con cuchillo de madera y derramando toda la sangre, dándola a beber a la Madre Tierra, por los beneficios que nos proporciona.

Pero, sin duda alguna, las "carreras de patos" hechas en esta forma, como las he descrito, sin que se den cuenta quienes las ejecutan como simple "regocijo", constituyen un acto puramente religioso que encierra en sí el antiguo sacrificio maya hecho a sus ídolos por la gente maya.

Tegucigalpa, D. C., República de Honduras, 26 de junio de 1927.

VI. ENFERMEDADES DE LOS MAYAS Y EL DOLOR EN LAS FIGURAS DE BARRO DE HONDURAS

1.- PATOLOGÍA Y ARQUEOLOGÍA MAYA EN HONDURAS

No son pocas las figuras de barro que se encuentran en el suelo de Honduras, en todas partes. Muchas provienen de asas de vasos, otras de patas y también de adornos que llevaban los recipientes en la alfarería maya. Pero una gran parte de ellas, pequeñas o grandes, son piezas sueltas y aisladas que representan seres celestiales y terrenales superhumanos, o bien exvotos hechos a los dioses mayas para obtener bienes y prosperidad en la vida, o la curación de ciertos males.

Muchas representan la vida natural, alegre o triste; hay guerreros, sacerdotes, gente del pueblo, señores o pobres. En la alfarería maya de Honduras se distinguen también, con mucha frecuencia, el dolor y la enfermedad. Este aspecto de la vida de un pueblo ya ha sido estudiado en el Perú, en la arqueología de aquella parte de América del Sur. No sabemos que haya sido abordado en América Central, mucho menos en la arqueología maya, y por esto mismo se comenzó a estudiarlo desde el año pasado con un artículo que encargamos al eminente doctor Henry D. Guilbert, quien escribió importantes conceptos sobre la patología representada en una cabecita de barro encontrada cerca de Potrerillos, en las márgenes del río Ulúa. Dicho estudio se publicó en el número 1, página 73 de la revista *Honduras Maya*, de la Sociedad de Antropología y Arqueología de Honduras.

2.- OTRO CASO PATOLÓGICO NOTABLE

En el presente estudio se trata de una cabeza de barro cocido, más grande que la publicada en aquel artículo, que representa el mismo caso patológico, pero en el lado derecho de la cara. Está mutilada en el cuello y debió estar unida a una parte del cuerpo. Desde el mentón hasta la parte superior del cráneo mide 13 cm; la anchura de la cara (diámetro bicigomático) es de 9 cm.

La cabeza muestra la deformación craneana anteroposterior propia de la gente maya, alargándose notablemente hacia el vértice y produciendo un aplanamiento de la frente y de la región occipital.

Las cejas están completamente rasas y toda la cabeza rapada, exceptuando una línea de cabellos cortos que va desde la frente hasta la coronilla. Esta forma de llevar el cabello fue descrita en 1529 por Gonzalo Fernández de Oviedo, quien, refiriéndose a los chorotegas de Nicaragua, los describe así:

"Son gente de buena estatura y más blancos que loros: traen rapadas las cabezas de la mitad adelante y los lados por debajo, y dejan una coleta detrás de la coronilla…"

(Se conserva esta cita por su valor documental).

La nariz de este individuo es evidentemente maya, según los tipos conocidos en la arqueología. Las orejas perforadas llevan como aretes cilindros alargados de jade, piedra o, más probablemente, de madera. Según el examen de numerosas representaciones del área maya, esta forma debió corresponder al pueblo común o campesino, que muchas veces no llevaba adornos finos como los de obsidiana o jade, propios de las clases altas.[1]

Dentro de cada oreja hay un orificio que parece haber servido para pasar una cuerda y colgar la cabeza, pues no parece haber sido un pito, aunque al soplar produce un leve silbido.

3.- EL JOVEN MAYA DOLIENTE

La cabeza que se reproduce en la figura número 1 pertenece a un hombre joven, pues sus facciones son propias de la juventud y conserva todos sus dientes. Es, sin duda, un joven maya, ya que sus incisivos centrales están limados en forma de T (o IK), símbolo del soplo o viento, asociado a Kukulcán, dios del viento. Esta práctica era una costumbre religiosa ampliamente documentada en Honduras, especialmente en la costa norte y el valle de Comayagua.

Esta cabeza fue encontrada en la región de San Manuel de Theuma, en la costa norte, a orillas del río Ulúa, cerca de su confluencia con los ríos Humuya y Blanco, zona de gran importancia arqueológica.

4.- EL TUMOR DE LA BOCA Y EL DOLOR INTENSO

El rostro del joven expresa un dolor intenso. Los ojos aparecen fuertemente afectados; la boca está torcida hacia arriba en el lado derecho, al igual que el ala izquierda de la nariz.

El doctor Guilbert diagnosticó que se trata probablemente de un quiste dentario o un absceso:

"Este individuo tenía un abultamiento en la región del canino superior derecho… Se observan claramente las alteraciones faciales: desviación nasal, deformación del ala nasal y la posición típica del paciente, con la boca entreabierta."

También se considera la posibilidad de un neoplasma o una infección derivada de prácticas dentarias, como la perforación de los incisivos, lo cual podría haber provocado infecciones similares a la piorrea alveolar.

5.- LA ARQUEOLOGÍA DE HONDURAS COMO ESPEJO DE ENFERMEDADES MAYAS

En la región formada por los ríos Humuya, Blanco, Ulúa y Chamelecón se encuentra una gran cantidad de figurillas de barro, moldes y pitos, debido tanto a la calidad del material como a la intensa actividad artesanal.

Allí existieron importantes poblaciones mayas que comerciaban con Yucatán, siendo Naco uno de sus principales centros comerciales. La interpretación de estos sitios ha sido objeto de errores por parte de algunos historiadores, al confundir influencias comerciales con origen étnico.

6.- OTRAS FIGURAS DE DOLIENTES

En todas estas regiones aparecen representaciones del dolor en la alfarería maya. Algunas figuras muestran individuos con dolor de muelas o afecciones bucales, llevándose la mano a la boca; otras se tocan la cabeza, indicando cefaleas.

Muchos pitos representan a personas cargando a enfermos o a individuos gritando con la boca abierta, como en un estado de sufrimiento intenso.

Una estatua del lago de Yojoa representa a un personaje ricamente ataviado, con tocado, joyas y manto de plumas, claramente maya. Sin embargo, su expresión revela dolor: ojos semicerrados y boca abierta, como si gritara o llorara.

Otra figura femenina, encontrada en las Vegas del Guanacaste, aparece sentada con las piernas cruzadas, llevando las manos al vientre, lo que sugiere dolores de parto o afecciones intestinales.

En Copán se ha documentado una cabeza de un anciano con el rostro deformado y la boca abierta, posiblemente representando una enfermedad bucal similar a las ya descritas.

7.- ENFERMEDADES Y REMEDIOS

Para cada enfermedad los mayas tenían sus remedios, que se proporcionaban por sí mismos o con ayuda del sacerdote, del curandero y del hechicero. Muchos remedios se usaban mezclados con ceremonias religiosas, supersticiones o engaños, del mismo modo en que todavía lo siguen haciendo hoy las gentes del campo. En general, se usaban remedios del reino vegetal, pero no faltaban los del reino animal y aun del mineral.

Las plantas, sobre todo, eran las que curaban. Ralph L. Roys, de la Tulane University de Nueva Orleans, ha publicado, en la *Publicación No. 2*, lo contenido en varios libros mayas de Yucatán, del siglo XVII, bajo el nombre de *The Ethno-Botany of the Maya*.

Limitándome a la parte de los dientes y de la boca, encuentro una receta que lleva el número 385 y se refiere a las "encías sumamente inflamadas". Para esta dolencia la medicina maya prescribe lo siguiente:

"Para el que sufre de las encías, tómese la raíz tuberosa de la raíz leñosa del *haaz-maax* (chicle-mamey), y la raíz de la *Tournefortia volubilis, L.*, y la raíz del *ic-bach* (chile chachalaca), y la raíz del *Heliotropium parviflorum, L.* (rabo de mico), y la raíz del *zoh-bac* (algodón-chachalaca), y la raíz del *max-ak* (chile de parra). Todas estas raíces deben molerse con una piedra. Deben hervirse, añadiéndose entonces cinco pimientos del *Capsicum frutescens, L.* (chile silvestre). Estos deben calentarse, y el paciente debe tenerlos en su boca, envueltos en algodón y aplicados a las encías. Con esto se restablecerá."

"Este es el síntoma de la enfermedad infecciosa de los dientes del hombre. Hay una sensación desagradable en el diente. Es como si se hubiese comido una ciruela verde de Yucatán (*Spondias lutea, L.*); es como si el viento pasase por dentro del diente. Debe haber allí mucho dolor y puede moverse dentro de la encía, como si el diente quisiera salir. El remedio que se da cuando no se extrae el diente es el siguiente: tómese la *Macroscepis obovata, H. B. K.*, la *tzotzel-ak* (*Ipomoea pentaphylla, L.*), cuyo otro nombre es *tzotz-icim*. Con un pedazo de trapo viejo se aplica a la encía que está supurando; será aplicado al diente. O también la raíz del *Heliotropium parviflorum, L.* (rabo de mico), molida y tibia, se aplica a la encía. O también la hoja de la *Jatropha aconitifolia, Mill.* (chaya), tostada, se frota sobre todas las encías. O se tienen en la boca las puntas tiernas hervidas de la *Spondias purpurea, L.* (ciruela morada).”

Tegucigalpa, 4 de septiembre de 1947.

“PARA CUALQUIER DOLOR EN LAS ENCÍAS DEL HOMBRE”

La *Plumeria rubra, Jacq.* (flor de mayo roja) se hierve con vino y se aplica muy caliente. Si hay infección con pus en las encías, se disuelve alumbre y se hace tener en la boca. O también se hierve la raíz de la *Caesalpinia pulcherrima, L.* (flor de camarón) y se hace tener en la boca. El remedio no es malo. O también, como remedio, el zumo de la *Bursera simaruba* (L.) Sarg.

Todos estos remedios servían para infecciones en las encías; para los dientes cariados había otros remedios, como los siguientes:

“Palpitación en el diente del hombre”: “Se toma la raíz del *Pithecolobium unguis-cati* (L.) Mart., que se encuentra en el este; la raíz de la *Mimosa hemiendyta*, Rose & Rob.; la raíz del *chim-tok* (quiebra hacha; es astringente). Estas deben ser machacadas con una piedra y exprimidas en una calabaza para extraer el zumo. Añádase un cristal de sal y téngase en la boca. Se escupe dos o tres veces y el hombre se restablecerá por sus mismos medios.”

Remedio para un diente cariado: “El remedio es la *Rauwolfia heterophylla, Willd.*, o *chacmum*, como la llaman. Mójese la corteza de sus raíces y comprímase la masa entre la encía y el diente cariado. El zumo de esta mata es bueno si se comprime dentro de la cavidad del diente; es decir, esta *Rauwolfia heterophylla* retorcida. El remedio para el *gnawing maggot* (gusano que roe) en el diente del hombre es la *Salvia coccinea, Juss.* Todo el líquido debe aplicarse en él. Su flor es roja. Deben ser machacadas su raíz y su hoja, desde el pecíolo. Entonces debe comprimirse dentro del diente cariado para remediarlo.”

Medicina religiosa: Como medicina había también combinaciones de actos mezclados con las creencias religiosas y con la cosmogonía y teogonía mayas. En la religión cristiana se recurre a los santos para obtener alivio. Los mayas recurrían a los espíritus poderosos de su religión, especialmente a los trece guardianes del cielo y a los nueve del mundo subterráneo. Por ejemplo, para ciertas enfermedades de los dientes se debía aplicar un remedio trece o nueve veces, según la calidad del paciente, como lo refiere la receta No. 387 del libro de Ralph L. Roys, contenida en los antiguos recetarios del siglo XVII, de "Sotuta, f. 27 v.; Judío, p. 25; Nah. No. 90". Esta receta la cita Morley en su último libro. Aquí aprovechamos la bella traducción española de Adrián Recinos y el breve comentario de Morley.

"Se toma el pico de un pájaro carpintero y se sangran un poco las encías con él; si se trata de un hombre, trece veces, y si de una mujer, nueve veces. La encía debe ser herida ligeramente por el pico del carpintero. Se toma además un pedacito de un árbol herido por el rayo, se raspa con una espina —o piel— de pescado[1] y se envuelve en algodón. En seguida se aplica sobre el diente. Por este medio sanará."

Añade Morley: "Es posible que esta sangría de las encías produzca algún alivio en el dolor de muelas, pero las 'trece veces' si se trata de un hombre, y las 'nueve veces' si se trata de una mujer, son, sin duda, supervivencias rituales, pues trece y nueve son los números más sagrados entre los antiguos mayas; el primero corresponde al número de los dioses del cielo y el segundo al de los dioses de las regiones infernales. Y en cuanto al 'árbol herido por el rayo', es superstición lisa y llana." (*La civilización maya*, trad. de Adrián Recinos, México, 1947).

A esto que dice Morley añadiré yo algo interesante que tiene relación precisamente con las creencias religiosas acerca del rayo. Lo haré en el siguiente capítulo.

8.- LO QUE TOCABA EL RAYO ERA SAGRADO Y SALUDABLE

En la receta anterior se alude al remedio del árbol herido por el rayo. En efecto, todo lo que el rayo tocaba era sagrado y saludable. En un trabajo mío, titulado *El rayo y su culto en los Andes*, mostré cómo el culto del rayo estaba extendido en toda la región andina; se levantaban pequeños adoratorios en el lugar donde había caído, y los hombres tocados por el rayo formaban entre sí una comunidad o congregación de hechiceros dedicados especialmente al ejercicio de la medicina, porque por el contacto con el rayo adquirían un poder divino: los hombres se volvían sacerdotes y las cosas se hacían divinas.

No se trata de una superstición, sino de una verdadera teogonía que los mayas siguieron en su religión y su culto. Tres eran y son las manifestaciones: el relámpago, el trueno y el rayo; estas tres manifestaciones están reunidas en un solo ser, y así lo entendieron los mayas, y lo tomaron como herencia los pueblos derivados de ellos. En Honduras también tenemos, tanto en la costa como en Cerquín, el recuerdo de manifestaciones triples, como "Quelepa" o piedra del tigre, cerca de Gualcince, de forma triangular, que servía para sacrificios.

Una supervivencia de ello son las hachitas de pedernal que el pueblo llama "piedras de rayo" y a las que atribuye virtudes sobrenaturales.

9.- LOS DIOSES DE HONDURAS Y LA COMITZAHUA

En el *Popol Vuh* hay varias alusiones a la tríada de seres sobrehumanos.

En cuanto a la Comitzahua de Honduras, el cronista Herrera conservó lo que encontró en las relaciones de esta provincia de Cerquín, recogidas en tiempos muy cercanos a los hechos de la conquista. Dice:

"decían los viejos... que había llegado a ella (la provincia) una señora, que llamaban Comizahual, que significaba Tigre que vuela, porque era muy sabia; y estos indios estimaban mucho el tigre, así le aplicaron este nombre; decían que era blanca, como castellana, y sabia en el arte mágica; y que hizo su asiento en Cesalcoquín, la tierra más fértil de la provincia, adonde estaban las piedras y caras de leones, adonde idolatraban; y la piedra grande, de tres puntas, que en cada una tiene tres rostros disformes; y dicen algunos que aquella señora les llevó allí por el aire, y que en virtud de la piedra vencía las batallas y extendió su imperio. Y que tuvo tres hijos, y que no conoció varón; y que viéndose vieja, les repartió las tierras, y dio buenos consejos para el buen tratamiento de sus vasallos; y que mandó sacar su cama de casa, y vino un relámpago con truenos, y vieron un lindísimo pájaro volando, y como nunca más apareció la señora, creían que era ella el pájaro, y se iba al cielo; y desde entonces hasta que llegaron los castellanos solemnizaron aquel día con gran fiesta. Luego repartieron estos tres hermanos la provincia de Cerquín, y la gobernaron con policía y buenas costumbres, y fue la gente valiente y guerrera; y como la Comizahual era mágica, hacía muchos encantos, y así dio a entender a la gente lo que quería de religión y supersticiones."

Entre los muchos ídolos que adoraban, había uno que llamaban el Gran Padre, y otro, la Gran Madre; y a estos pedían salud.

Es posible que precisamente estos fuesen parecidos a los que en Yucatán se llamaban Itzamná e Ixchel.

Seguramente a los españoles no les fueron revelados todos los secretos de la teogonía por los mayas de Cerquín, y ellos solo fragmentaria y confusamente pudieron alcanzar algo de las creencias y ritos de Honduras. Parece que el Gran Viejo y la Gran Vieja son los dioses más antiguos y poderosos; del Gran Viejo se tienen representaciones en todas partes, especialmente en Copán, y probablemente en los vasos de Yojoa y de Comayagua. No se excluye que representen en Honduras lo que en Yucatán eran Itzamná e Ixchel.

Comitzahua tiene algún parecido con Ixchel en unión con Itzamná demiurgo, es decir, con las leyendas de Kukulcán-Chuchulchán-Gucumatz-Quetzalcóatl, y sus respectivos hijos, de la leyenda de origen maya, pasada a otros pueblos donde se asentaron los mayas más antiguos.

Efectivamente, se puede descomponer el nombre de Comitzahua, no en Coamizagual, nombre vuelto en forma mexicana por el español mexicanizado que mandó así la relación al Rey, sino en COM-ITZA-HUA. Otra descomposición puede ser Com-Itz-a-hua, en que entra *itz* como forma de *uitz*, punta de montaña. No doy aquí la explicación del nombre, por ser solamente hipotética. Pero puede añadirse que se cuenta que el mismo Itzamná decía de sí: "Yo soy sustancia celeste y en mí está el rocío de las nubes, el llanto de los cielos".

Según Cogolludo, los indios creían que existía un Dios único, sin figura, incorpóreo, que llamaban Hunab Ku. Este tenía un hijo: Un-Itzamná, a quien por otro nombre llamaban Kinich-Ahau, o sea el Señor Sol, o literalmente: Señor cara de Sol, refiriéndose a la imagen;

o Señor ojo del Sol, como a algo menos material. Dice Cogolludo que este fue hombre, inventó los caracteres que servían de letras a los indios y lo adoraban como a Dios. El padre Beltrán de Santa Rosa, según Plancarte, refiere que el primero que halló las letras de la lengua maya e hizo el cómputo de los años, meses y edades, y lo enseñó a todos los indios de esa provincia, fue un indio llamado Hinchahau, y por otro nombre Itzamná. Aquí, con los dioses de Honduras, estamos ante algo más valioso de lo conocido hasta ahora.

Tegucigalpa, 11 de septiembre de 1947.

10.- LOS ANESTÉSICOS DE LOS MAYAS

Los mayas sabían usar varios anestésicos, vegetales y animales. Primero, para que cese el dolor en un diente, está la siguiente receta, que lleva el número 388:

"Pulveriza el hollín que está pegado al fogón y envuélvelo en algodón en rama; si se trata de un diente quebrado, aplícalo. La pulsación cesará. O también raspa con una espina de pescado el diente de un caimán o lagarto, envuélvelo en algodón en rama y aplícalo a ese diente, y con este medio cesará la palpitación. O también la *Zuelania roussovias, Pittier* (tamay, o 'liquidámbar de esta tierra'): desmenuza su corteza, añade sal y, envuelto en algodón en rama, aplícalo al diente que palpita. Por este medio sanará. También el *mucceh* (encantamiento o fuego del venado): toma su raíz y, machacada, aplícala donde duele el diente para calmarlo."

Las dos recetas siguientes, números 389 y 390, son como una sola receta para anestésico.

No. 389. "Hay una iguana que es amarilla debajo de la garganta. Agujerea su boca, átala y quémala viva sobre un plato plano hasta reducirla a ceniza. Estas cenizas de la iguana se usan como ungüento. Pónganse luego las tenazas y el diente saldrá sin dolor. Haz antes la prueba con el diente de un perro, antes de sacar el diente del hombre con las cenizas de la iguana de garganta amarilla."

No. 390. "Si no puedes sacar el diente del perro, toma una iguana de garganta oscura. Quémala viva, lo mismo que has hecho con la iguana de garganta amarilla. Emplearás las cenizas de la misma manera. Sacarás el diente del perro antes de hacer la operación, y después sacarás el diente del hombre. No sentirá dolor."

También la receta No. 392 es la "medicina" para sacar un diente.

"La medicina es esta: mata una serpiente de cascabel y córtale la cabeza. Toma vinagre y, cuando hayas sacado su colmillo, tómalo y agárralo con dos dedos. Entonces ponlo sobre el diente que duele y tira de este con cuidado con la punta de los dedos, pero no toques los otros dientes que no deben salir. Será extraído sin dolor."

Esta receta advierte que debe tenerse cuidado con el veneno del diente del cascabel, aunque diluido en el vinagre junto con el colmillo. Porque si es bueno para que el diente malo salga, haría salir también los que se tocasen con los dedos que han agarrado el colmillo del cascabel.

La receta 398 sirve "para el dolor de un molar"; es un anestésico. Dice así:

"Para extraerlo sin dolor, toma la *Acacia farnesiana, L.* roja oscura; hiérvela con vino y tenla en la boca. Entonces hierve la parte roja oscura de una naranja y tenla en la boca para calmar el dolor. También, si te produce alivio de la palpitación del diente, toma cuerno de venado y redúcelo a polvo muy fino. Después caliéntalo con vino y tenlo en la boca. Si no hay alivio, toma jugo de cebolla en la boca. Luego quema el cuerno de venado y aplica la ceniza a la encía. Toma la ceniza con una hoja de *Lippia graveolens, H. B. K.* (orégano) y frota sobre la encía y todo el interior de la boca. Si el diente está flojo, o si lo están todos los molares, el caso es más serio. Entonces hierve el orégano, y si quieres extraer el diente, aplica excremento de cerdo a la cavidad que duele. Luego saca la pus y deja también que sangre."

Remedio para el dolor de encías: "La hiel —u otra parte amarga— de la rana debe aplicarse al diente molar del hombre y así puede sacarse sin dolor."

En el texto original existe discusión filológica sobre si el término maya alude a "espina de pescado" o a "piel de pescado". He conservado una fórmula flexible en el cuerpo del texto, por tratarse de una variante importante para la interpretación del remedio.

11.- TEMPLOS Y DIOSES DE LA MEDICINA

Por las noticias que nos ha conservado Landa, sabemos que había dioses de la medicina y que eran invocados en las enfermedades; y por los datos que recogieron los primeros españoles que vinieron a Honduras, se sabe que los ritos y la religión eran análogos a los de Yucatán.

Por lo que toca a Landa, cuenta que al principio del año hacían una estatua de "Kinich-Ahau-Itzamná" (Itzamná, Ojo del Sol), a quien adoraban y a quien, con oraciones y sacrificios, rogaban que no les viniesen los males que temían, especialmente desmayos, entumecimientos y males de ojos.

Celebrada la fiesta del año nuevo, había otra fiesta para la cual se preparaban en el mes Uo "los sacerdotes, los médicos y hechiceros, que era todo uno". Primero los sacerdotes, con sus libros, "invocando con sus oraciones y su devoción a un ídolo que llamaban Cinchau-Izamná (Kinich-Ahau-Itzamná), del cual dicen fue el primer sacerdote, y le ofrecían sus dones y presentes, y le quemaban con la lumbre nueva sus pelotillas de incienso; entre tanto desleían en su vaso un poco de cardenillo con agua virgen, que ellos decían traída del monte donde no llegase mujer, y untaban con ello las tablas de los libros para su purificación...". Entonces, el más docto de los sacerdotes leía los pronósticos del año.

"Al día siguiente —al séptimo día del mes Zip— se juntaban los médicos y hechiceros en casa de uno de ellos, con sus mujeres, y los sacerdotes echaban al demonio; hecho lo cual, sacaban los envoltorios de sus medicinas, en que traían muchas niñerías y varios idolillos de la diosa de la medicina que llamaban Ixchel, y así a esta fiesta llamaban Ihcil Ixchel (Cilich-Xchel), y unas pedrezuelas de las suertes que echaban y llamaban Am, y con mucha devoción invocaban con oraciones a los dioses de la medicina que decían Izamná, Citbolontún y Ahau-Chamaez... Hecho esto, cada uno envolvía las cosas de su oficio y, tomando el envoltorio a cuestas, bailaban todos un baile llamado Chan-tun-yab...".

El mismo Landa recuerda a la diosa Ixchel como protectora de las parturientas (cap. 32): "Para sus partos acudían a las hechiceras, las cuales les hacían creer sus mentiras y les ponían debajo de la cama un ídolo de un demonio llamado Ixchel, que decían era la diosa de hacer las criaturas".

Por lo que se ve, tanto Itzamná como su esposa Ixchel eran dioses de las enfermedades y de la medicina.

12.- TEMPLOS Y DIOSES EN HONDURAS

Si examinamos a fondo las creencias y la religión, sobre los pocos testimonios escritos que dejaron de Honduras los españoles de la

Conquista, se descubre que estas creencias estaban íntimamente ligadas con las de Yucatán y con lo que ha descrito el obispo Landa.

López de Salcedo, estando en Trujillo hacia 1527, "halló que en toda aquella tierra había tres ídolos principales, que en sus templos eran adorados: el uno, a cuatro leguas de Trujillo; el otro, en un pueblo, a treinta leguas; y el tercero, en una isla, a quince leguas de la villa. Tenían forma de mujer, y eran de piedra verde marmórea, en los cuales tenían toda su devoción, y encomendaban sus negocios y haciendas, para que los guardasen de los malos tiempos y adversidades; y, sin estos, tenían otros ídolos y adoratorios, adonde hacían sus sacrificios; con cada uno de los tres principales templos estaba una persona que llamaban Papa, que no se podía casar, y traían el cabello tan largo que le llegaba a la cintura, y consigo tenía a los hijos de los caballeros para adoctrinarlos...".[1]

En Cerquín reinaba la señora Comitzahua, cuya leyenda tiene mucha relación con Itzamná y su esposa Ixchel, con los tres hijos que tenían relación con el trueno y el relámpago, y la piedra de los sacrificios, triangular, con caras de leones. El león era muy venerado en Cerquín, y en toda Honduras. Y la señora Comitzahua era blanca, como castellana.

Ya sabemos cuán religiosos eran los mayas en general, y los mayas de Honduras lo eran mucho.

El joven maya cuya cabeza hemos reproducido, en su dolencia, debió de haberse dirigido a los dioses de la medicina: a Itzamná; pero el templo principal era de una diosa mujer: con toda probabilidad, de Ixchel; y más que en las hierbas que hemos descrito, debió de haber tenido fe en la diosa que, junto con su esposo, dirigía el bienestar de los hombres.

Tegucigalpa, 18 de septiembre de 1947.

VII: EL CALABAZO Y LA JÍCARA, VASOS SAGRADOS

1.- JÍCARA Y CALABAZO, VASOS SAGRADOS DE LOS MAYAS

El calabazo y la jícara son vasos sagrados de los mayas antiguos.

De la jícara se sabe, por el *Popol Vuh*, que cuando los señores de Xibalbá, lugar de ultratumba, sacrificaron a los divinos Hunahpú, enterrándolos en el Juego de Pelota de los Sacrificios, cortaron la cabeza del principal, Hun Hunahpú, y la colocaron en medio del árbol del camino. Este árbol dio inmediatamente frutos iguales a cabezas de muertos, frutos que conocemos con el nombre de jícaras, guacales, tarros, totumas, güiras e hibueras; este último vocablo, de las Antillas, dio nombre a las costas de Honduras.[2] El árbol se llama también calabacero, habiendo usado los antiguos españoles este nombre indiferentemente para denominar la cucurbitácea *Lagenaria* o la *Crescentia cujete*.[3] Después, cuando la joven hija del jefe de Xibalbá fue curiosa a ver esos frutos, la calavera le escupió en la mano, y nacieron los dos gemelos Hunahpú y Xbalanqué, los cuales vencieron al Guacamayo-Sol, símbolo de antigua gente y antiguos ritos, y dieron origen a la nueva rama de los maya-quiché de Guatemala, que, desde México, desde Tula, adonde habían emigrado, volvió hacia el Oriente y se estableció en Guatemala.

Eran vasos sagrados también las calabazas, y en el mismo *Popol Vuh* se cuenta que, después de establecidos en el nuevo territorio de Guatemala, los hijos de los Hunahpú, ya multiplicados en muchas tribus, tuvieron luchas entre sí y vencieron a sus enemigos con cuatro grandes calabazas llenas de avispas y de abejas.[4]

También el *Chilam Balam de Chumayel* se refiere a las abejas sagradas que beben la miel de las flores como en jícaras de colores de los cuatro puntos cardinales.

2.- LOS VASOS EN LOS USOS Y COSTUMBRES MAYAS

De ordinario, los cronistas hablan de las plantas en relación con las costumbres de los indios americanos. Algunos de ellos se refieren en particular a los vasos.

He aquí a Fernández de Oviedo, que se expresa muy claramente al respecto. En el Libro VII, capítulo VIII, trata "De las calabazas que hay en esta Isla Española y en todas las otras islas y Tierra Firme", y dice: "Calabazas en las Indias es cosa muy común, así como lo es en Castilla y en otras partes de España, y de las mismas, largas y redondas o ceñidas, y de todas las maneras que las suele haber. Siémbranlas los indios y cuidan de ellas con especial atención, no para comerlas —que no las comen—, sino para tener agua en ellas o llevarla, cuando van camino o andan en la guerra. A lo menos en Tierra Firme, en la provincia de Nicaragua, ningún indio anda paso sin una calabaza de agua, porque es tierra seca y tarda en llover allí...".

Y de las jícaras, en el Libro VIII, capítulo IV, "Del árbol llamado higüero", dice: "Higüero es un árbol grande, como los morales de Castilla, y más o menos. La fruta que lleva son cierta manera de calabazas redondas, y algunas prolongadas; y las redondas son muy redondas, de las cuales los indios hacen tazas y otras vasijas, para beber y otros servicios...".

Estos testimonios muestran con claridad la importancia cotidiana de estos recipientes en la vida indígena.

3.- PINTURA Y COMERCIO DE LOS VASOS MAYAS

En 1586, el padre franciscano fray Alonso Ponce, pasando por regiones pocomames de El Salvador, ocupadas recientemente por indios pipiles y mexicanos, anotó datos preciosos acerca de la alfarería y de los vasos vegetales. En el tomo II de su *Relación*, páginas 321 y 323, relata lo siguiente: "llegó a un bonito pueblo llamado Ahuachapán... Hácense en aquel pueblo tinajas, cántaros y cantarillas y jarros de barro colorado, muy bueno todo y muy curioso... llegó a otro pueblo grande llamado Chalchuapa... había en aquel pueblo muchos árboles de jícaras...".

Describe después cómo de aquellas frutas se hacían escudillas, cazuelas, tazas y vasos en que bebían chocolate y otras bebidas del cacao; y añade que algunas de estas jícaras eran muy curiosas, rayadas y pintadas, y que se estimaban mucho en México.

El padre carmelita Antonio Vázquez de Espinosa también ofrece datos interesantes sobre el mismo punto, en su *Compendio y descripción de las Indias*, habiendo pasado por Ahuachapán en 1613 y en 1620. En el capítulo XIII, tratando de la provincia de Guatemala, cuenta que "de esta sierra y montaña nacen muchos arroyos de agua caliente... en esta agua echan las indias de Ahuachapán el barro para la labor de su loza, y se cuaja por encima del barro una nata colorada como grana con que dan fino color a sus vasijas...".

De la misma manera habla también el obispo Landa (cap. XLIX) acerca de los mayas de Yucatán: "Hay un árbol de cuya fruta, que es como una calabaza redonda, hacen los indios sus vasos, y son muy buenos, y háenlos ellos muy pintados y galanos...".

Tegucigalpa, 15 de mayo de 1947.

4.- LOS VASOS SAGRADOS EN EL USO RELIGIOSO

Oviedo, al escribir sobre el interrogatorio que hizo a los indios de Nicaragua el padre Bonilla, refiere que después de quemado el señor difunto, "cogen la ceniza de todo ello y échanla en un librillo o urna, esto es, olla o vaso, y entiérranlo en la ceniza delante de su casa... Cuando lo quieren quemar, pónenle allí pozol —que es de maíz cocido— en una higüera —que es una taza de calabaza o como calabaza es la higüera— y se lo atan al cuerpo y lo queman con el cuerpo...".

5.- LOS VIEJOS CONFESORES DE LA CALABAZA SAGRADA

En el mismo interrogatorio descrito por Oviedo, se revela que los indios confesaban sus pecados. Entonces se les pregunta: "¿Esa confesión la hacéis delante de cualquier viejo?". Y responden: "No, sino a uno que está diputado para esto y trae por señal al cuello una calabaza; y muerto aquel, nos juntamos a cabildo y hacemos otro, el que nos parece más bueno, y así van sucediendo".

6.- LA JÍCARA, CAMINO DEL SOL

Cuando el *Chilam Balam* quiere explicar el curso del sol, aprovechando las ideas nuevas de la época, encuentra magnífica la figura de la jícara, y he aquí cómo dice: "Así es como se ve en toda la extensión del país la marcha del sol. Coge para caminar una verdadera jícara alargada y entra a ella por la parte más grande, que es la orilla de la tierra. Así es el *Kahlay* del sol, como se sabe aquí en esta tierra".

Esta traducción es del yucateco Mediz Bolio y difiere mucho de la inglesa de Ralph L. Roys. Es posible que ninguna de las dos sea exacta en puntos secundarios.

7.- CÓMO LLAMABAN A ESTOS VASOS LOS MAYAS

Parece que Ralph L. Roys, citado antes, no ha identificado sino las plantas útiles y medicinales, y no todas aquellas con que se hacían los vasos. Sin embargo, todavía quedan en Yucatán algunos nombres que persisten.

Chu es el nombre del calabazo, que en Honduras llaman tecomate, con nombre mexicano o quizá quiché, según Barberena. Tiene la forma de un ocho, es decir, está ceñido en medio del cuerpo;

con él llevan agua los trabajadores, y parece que se llamaba el calabazo de los peregrinos.

Buleb llaman en Yucatán a un jarro que se fabrica con barro. Chhob llaman a un plato de barro. Chhooy llaman al cubo, y Chheneb-it a la bacinilla moderna; antiguamente usaban retazos de jícaras grandes, según Pacheco Cruz. Kuum era la calabaza para comer; era la *Cucurbita moschata* o *Cucurbita pepo*.

Otra vasija de barro que utilizaban antiguamente a manera de taza o plato se llamaba **lac**, según el *Diccionario de Motul*, "y tómase por cualquier plato o escudilla". El mismo diccionario pone cum: "olla en que algo se cuece o se calienta agua". La voz luch, según el *Diccionario de Motul*, significa "jícara o calabaza de árbol, antes o después de cortada, y el árbol que la lleva", y también vaso en general para beber. Es la *Crescentia cujete*, descrita también por Ralph L. Roys, según las antiguas descripciones.[5]

Reproduzco aquí la frase del *Popol Vuh* según la traducción de Adrián Recinos, que dice: "Llevad la cabeza y ponedla en aquel árbol que está sembrado en el camino, dijeron Hun-Camé y Vucub-Camé. Y habiendo ido a poner la cabeza en el árbol, al punto se cubrió de frutas este árbol que jamás había fructificado antes de que pusiesen entre sus ramas la cabeza de Hun-Hunahpú. Y a esta jícara la llamamos hoy la cabeza de Hun-Hunahpú, que así se dice".

8.- LA COMIDA DE LOS DIOSES Y DE LOS DIFUNTOS

En todo el mundo, pero especialmente en América, se han usado vasos de cualquier clase, en forma natural o en vaso de barro, para ofrecer bebidas y comida a los dioses y a los muertos. Actualmente también se acostumbra poner un vaso de agua a los difuntos, y comida se lleva a su tumba; y en Intibucá se pone cada día un vaso de agua ante la Majestad, o Vara Alta, que es la más alta expresión del mando, emanación divina entre los intibucanos civilizados.

Numerosos son los ejemplos que pueden traerse. Basta recordar todos los objetos y vasos preciosos encontrados en las tumbas riquísimas de Monte Albán, en Oaxaca, pero especialmente lo que se ha encontrado y se encuentra en Honduras, principalmente en las bases cruciformes debajo de las estelas de Copán.

Oviedo (Libro XLII, cap. V) cuenta que oyó decir al cacique de Lenderí, en Nicaragua, que del volcán de Masaya salía una mujer muy vieja con la cual los caciques hacían sus consejos secretos para saber si harían la guerra a sus enemigos, "si había de llover y cogerse mucho maíz, y qué tales habían de ser los temporales y sucesos del tiempo que estaba por venir, y que así acaecía como la vieja lo pronosticaba". Y echaban allí en sacrificio hombres, mujeres, muchachos y muchachas.

Y continúa diciendo: "A par de la boca de esta sima de Masaya estaba un gran montón de ollas y platos y escudillas y cántaros quebrados y otras vasijas, y algunos sanos y de muy buen vidriado o loza de tierra, que solían llevar los indios, cuando allí iban, llenos de manjares y diversos potajes, y los dejaban allí, diciendo que era para que la vieja comiese, y por complacerla y aplacarla...".[6]

Tegucigalpa, 22 de mayo de 1947.

9.- JÍCARAS Y CALABAZAS ANTIGUAS Y MODERNAS

Desde los tiempos más remotos, como se ve por lo que he tratado en los capítulos anteriores, la calabaza y la jícara han servido de vasos para todos los usos, tanto a los pobres como a los ricos. Aun actualmente, en los campos, entre montañas, en los pueblos pequeños y en las grandes ciudades, especialmente en todos los mercados y en las casas, se ven estos vasos: en ninguna cocina, rica o pobre, faltan; y las mujeres y niñas, yendo al mercado o a la fuente, cargan siempre una o dos calabazas para agua y para llevar comidas; y el obrero y campesino, como también el viajero y el mercader, lleva terciado su tecomate con el agua que siempre le acompaña.

Así hicieron los mayas antiguos; así hacen los modernos, tanto los de sangre antigua maya como los mestizados con españoles o mezclados de diversa manera.

10.- FORMAS VARIADAS DE CALABAZAS Y JÍCARAS

Como se ha visto por las descripciones dadas por los cronistas, la jícara puede ser de forma grande o pequeña, esférica, achatada o alargada, tomando la forma de un huevo, y se divide en dos partes en forma redonda o alargada, o se le quita solamente una parte superior.

Como la jícara no puede quedar en pie por no tener ninguna parte llana, siempre ha necesitado de un soporte, que más comúnmente es un rodillo o rodete sacado de otra jícara, como base redonda.

Este dato vale para conocer que no toda la loza es precolombina, ni toda la que se encuentra en un lugar es propia del lugar, sino que alguna fue traída desde lejos; y esto debe tenerse en cuenta en arqueología, contando además con que los mismos españoles, fuera de la vía de comercio, llevaban objetos de una a otra parte de América.

Este mismo es un dato muy importante, porque desde tiempos antiguos, remotísimos, desde Huehuetenango, la capital de los mames, pasando por todo El Salvador, hasta Nicaragua, y por todo Honduras, se encuentran vasos mayas con su soporte pegado. Es decir, cuando la jícara dio su modelo para que se hiciera en cerámica, entonces las tazas se hicieron ya con su soporte o rodillo pegado, que imitaba al de la jícara vegetal.

Bastaría ver el bellísimo vaso grabado de Guastatoya, cuyo soporte parece estar invertido, y los vasos que se encuentran en el valle de Comayagua y en El Jaral, al suroeste del lago de Yojoa.

Debe decirse que no todos los vasos de barro, polícromos o no, llevan soporte; acaso los más antiguos no lo llevaban, y en el valle de Comayagua algunos que se han encontrado y existen en el Museo de Comayagua o en mi poder son sin soporte, y apenas se sostienen. Además, todos los cántaros para llevar agua, aun los modernos, son sin soporte.

Para ellos se hallan en las cocinas modernas unos tablones sostenidos con cuatro patas, llevando en su plano cuatro huecos en forma de calota, para sostener los cántaros: costumbre maya que ha llegado hasta nosotros. Y para que se vea que es costumbre maya, existe en el Museo de Comayagua un rodillo artístico de piedra, que servía para sostener vasos; por lo que se ve, la costumbre de los vasos redondos. Además, en este año de 1947 se ha encontrado cerca de Comayagua, en el lugar llamado Las Vegas del Biscuital, un tablón de piedra verde, con cuatro patas bajas y cuatro huecos en forma de calota, que son del mismo tamaño del soporte de piedra descrito arriba, artístico, con dos cabecitas de león en los extremos, y de la misma forma de los tablones de las cocinas modernas. Evidentemente servía en una casa rica como soporte de cántaros de forma esferoidal, semejantes a las grandes jícaras vegetales.

11.- FORMAS VARIADAS DE CALABAZAS

También la calabaza está descrita por los cronistas como teniendo formas variadas. Entre nosotros observamos estas formas cada día, especialmente lejos de las grandes ciudades, entre la gente del campo, que cultiva las calabazas en sus formas más caprichosas. Las hay grandísimas y las hay muy pequeñas, de forma esférica o redonda achatada o muy alargada; en forma de pera o de corazón; con la parte superior de igual tamaño y figura que la inferior, o con la parte superior más pequeña, o que se va adelgazando en un cuello retorcido; o estas mismas formas con una estrechura en el medio que divide la calabaza en dos partes muy distintas, en forma de ocho; y estas, grandes y pequeñas, con el nombre mexicano de tecomate, para amarrarlas y llevar agua en el camino. Estas mismas figuras se encuentran lisas, con un plano perfectamente redondeado, o divididas en lóbulos más o menos estrechos o numerosos, longitudinales, de manera que su figura, proyectada en un plano, se ve como un círculo formado por tantos arcos pequeños.

Seguramente, y de modo especial, los pobres usaron mucho más las calabazas naturales que las ricas formas reproducidas en cerámica. Los vasos vegetales se perdieron; los de fino barro se conservaron, en los templos abandonados, en las casas de los ricos y muy especialmente en las tumbas, al lado de la cabeza o a los pies del cadáver, pues en la vida de la tumba se creía que se tenían las mismas necesidades que en la vida sobre la tierra, y así le colocaban cerca del cuerpo sus bebidas y comidas preferidas, que, según los casos, iban cambiando y renovando periódicamente para que el difunto no se quejase y no se vengase de los que no le servían como era necesario.

Tegucigalpa, 27 de mayo de 1947.

12.- LOS VASOS MAYAS IMITARON EN SU FORMA LA JÍCARA Y LA CALABAZA

Al considerar los vasos mayas que se encuentran en todo el territorio de Honduras, y aun los de toda el área más típicamente maya, desde Huehuetenango de los mames, Yucatán, Guatemala, El Salvador, Honduras y Nicaragua, se observa inmediatamente que todos ellos, aun los que menos lo parecen, tienen la forma de la jícara y de la calabaza en todas sus variedades.

Es cierto que dichos vasos representan las fases más antiguas y las más recientes, como los que al tiempo de la conquista, desde la isla de Chira, llevó recién hechos a Santo Domingo el cronista Fernández de Oviedo; mientras que las fases más antiguas se encuentran frecuentemente en el valle de Comayagua, mezcladas con las más modernas, a flor de tierra.

Tomando como ejemplares los vasos que se hallan en el valle de Comayagua, en El Jaral y alrededor del lago de Yojoa, en la costa norte y en Olancho, puede decirse que están representadas todas las fases existentes en Uaxactún, desde el tipo Mamom, y siguiendo Chicanel, Tzacol y Tepeu.

Es imposible, en un breve trabajo, describir todo lo que se encuentra y se puede encontrar en la alfarería de Honduras. Esta región, genuinamente maya, no ha sido todavía examinada, pese a los estudios superficiales hechos hasta ahora y a las pocas excavaciones piratas que han sido efectuadas a escondidas. No se conoce todavía Honduras, y es necesario estudiarla.

Sin embargo, todo lo que aparece revelado hasta ahora muestra que en la primera fase Mamom se modelaban vasos grandes y pequeños, sin patas, como también en la fase Chicanel, que aparece en el valle de Comayagua con numerosísima alfarería decorada en el estilo de Usulután o de color perdido o de cera perdida. En estas dos fases, los vasos grandes y pequeños imitan a la jícara y a la calabaza en sus formas más sencillas, especialmente las esféricas. La forma *luch* (tecomate) está representada con el cuerpo inferior entero, cortado inmediatamente un poco más arriba de donde comienza el segundo cuerpo, inmediatamente sobre la estrechura del cuello, formando así el cuello del vaso esferiforme, sean estos cántaros u ollas.

Los tazones, platos y fuentes están representados por calabazas de diversas formas apropiadas, especialmente las de base ancha. Para los tazones se ha cortado el vaso en el punto en que comienza a ensancharse el cuerpo de la calabaza. Los platos y fuentes se forman por el vaso cortado apenas sobre la base de una calabaza muy alargada, de forma completamente cilíndrica. Con ese fruto se han compuesto dos vasos cilíndricos con una base plana: uno bajo, el plato; el otro alto, el tazón o vaso alto cilíndrico.

La forma Tzacol, más decorada y más rebuscada aun en sus formas, reproduce, sin embargo, todavía más la calabaza, añadiéndole en ciertos vasos un ruedito en la base y en la circunferencia, más arriba de la base. Aparecen las grandes fuentes, reproduciendo las calabazas de enormes proporciones y con base cóncava. Aparecen las patas, o sea los vasos trípodes con patas bajas, y las calabazas redondas y achatadas, apenas abiertas por encima y sin cuello, y también las esféricas y sin cuello.

Se hace más evidente el deseo de que los vasos, ordinariamente esféricos, tengan un soporte. Este soporte puede ser un ruedito, que después se transformará en un ruedo más grande y más alto, especialmente en las tazas en forma de jícara, dándoles un aspecto muy elegante e imitando a los ruedos vegetales o asientos que servían de base móvil. Pueden ser también patitas cónicas o cilíndricas, que se transformarán en patas cuadriláteras, primero más bajas y después más altas, y en patas que toman figuras de animales, humanas o de grandes bolas con pezuña. Esto aparece en Copán, también con la decoración estilo de Usulután de la fase Chicanel.

En la fase última, Tepeu, se ven todos los tipos, especialmente los de las grandes calabazas y los soportes de patas altas con figuras diversas.

De Olancho es un gran vaso cilíndrico grabado con numerosas volutas, con asas que representan dos monos aulladores, con anillo basal en todo el ruedo, muy bajo y encalado; la base es plana, pero en el centro del fondo se ha reproducido la concavidad que tienen de ordinario las calabazas con asiento no esférico.

En casi todos los vasos que no son esféricos ni representan a la jícara y al guacal o morro, se ve reproducida la concavidad en forma de corte semiesférico, de la misma manera que la tienen muchas especies de calabazas.

Hay casos en que las fuentes o vasos bajos reproducen en la parte más ancha de su cuerpo esferoidal los lóbulos alargados que se ven en el melón y en ciertas especies de calabazas, muy elegantemente imitados.

13.- TODAS FORMAS MAYAS

Todas estas formas son típicamente mayas.

En otras partes de América, especialmente en el Perú, se han reproducido todas las variedades de frutas y de animales conocidos; en la América Central, el maya ha reproducido solamente las variadas e innumerables formas de la calabaza y de la jícara, y solo por excepción, como parece, ha imitado en el vaso al animal en forma de pato para uso doméstico, y después lo ha transformado en zapatón con cabeza, alas y cola apenas visibles.

Cuando la alfarería comenzó a brillar en el suelo maya y la gente más acomodada y las mujeres artistas quisieron vasos más estables y duraderos, y encontraron el barro adecuado y los colores de tierra apropiados, comenzaron a fabricar sus vasos con arte sublime, pero sin desechar las formas usuales de la vida común: las formas de la calabaza y de la jícara.

Los más humildes se quedaron con los vasos más cómodos, baratos y accesibles: los vasos vegetales que encontraban con abundancia en la misma naturaleza; incluso los decoraban y los comerciaban, acaso junto con la alfarería.

Los vasos más ricos, en todo tiempo, se llevaron a los dioses y a los muertos de alta condición; los más sencillos sirvieron para los más humildes. Las calabazas y las jícaras sobrevivieron en el arte de los indígenas, quienes, aun después de perder el nombre de mayas, continuaron demostrando que pertenecían a la misma familia, con sus costumbres y con sus vasos primitivos, símbolo de la antigua gente maya.

Tegucigalpa, 5 de junio de 1947.

VII: LA ALFARERÍA MODERNA DE TIPO MAYA EN HONDURAS

1.- LAS MUJERES HONDUREÑAS, ARTISTAS ALFARERAS

En todo el mundo, con pocas excepciones —especialmente en los tiempos modernos y desde que en alfarería se usa el torno—, las mujeres han sido y siguen siendo las delicadas artistas del barro, conociendo todos sus secretos para manejarlo y plasmarlo con maestría.

Su sentido estético y simétrico suple al torno; no lo necesitan, ya que en un momento pueden formar un vaso perfectamente redondo o esférico sin necesidad de medida. Solo cuando van a colocar las orejas del vaso, los dedos les sirven de metro infalible, sin equivocarse en un milímetro.

Los tiempos han cambiado, y los mercados modernos no requieren vasos de lujo, pues estos llegan de fábricas que los producen en masa. Sin embargo, las mujeres hondureñas aún muestran su arte en la forma y la pintura, aunque vendan sus obras a bajo precio, pese al trabajo y dedicación que les cuestan.

En la pequeña aldea de San Agustín, en las montañas de Olancho, antes de descender a Tonjagua en el Valle de Agalta, vive una mujer completamente ciega. Es alfarera por naturaleza, de un arte tan exquisito que, solo con el tacto, puede copiar cualquier modelo y reproducirlo perfectamente. Para hacer figuras de animales, los palpa con cuidado y luego los modela sin ayuda de la vista. Yo mismo he recibido de ella pavos y patos perfectamente logrados, con todos sus detalles.

Estas son las artistas alfareras de Honduras, que incluso sin la vista saben crear verdaderas obras maestras.

Así lo hicieron también antiguamente las mujeres mayas.

2.- LUGARES DE ALFAREROS DESDE LOS TIEMPOS MAYAS

En toda Honduras se encuentra fina alfarería maya. Se ha dicho que llegaba de fuera por comercio, como si Honduras hubiera sido siempre una tierra sin vida artística.

La tradición de las mujeres alfareras no surgió de pronto en tiempos modernos; viene desde épocas muy antiguas, cuando existían grandes centros de producción que abastecían regiones enteras y difundían sus modelos a lugares lejanos.

Ejemplo de ello son los vasos de Comayagua en forma de jícara con cuerpos de animales, o la alfarería de paredes finísimas y decoraciones tipo Usulután, encontrada en Copán y en el Valle de Comayagua.

Esa alfarería no fue obra de una sola fábrica, sino de una época.

3.- COSTUMBRES MAYAS

Es un grave error afirmar que los mayas desaparecieron por completo. En gran parte, tras su dispersión, volvieron a reunirse en pequeñas poblaciones bajo la guía de misioneros, conservando muchas de sus costumbres.

Costumbres que aún perduran:
- comer con tortilla,
- el uso del totoposte,
- dormir en esteras,
- casas de bahareque con techo extendido,
- el tablón para cántaros,
- el cultivo del maíz con palo sembrador.

Todo esto demuestra la continuidad cultural maya hasta nuestros días.

4.- LUGARES DE ALFARERAS MODERNAS

El Valle de Comayagua conserva aún fama de buena alfarería. Los centros actuales son vestigios de antiguos núcleos productores.

Hoy destacan: San Antonio, Yarumela, Ajuterique, Copán, La Campa, Guajiquiro, Opatoro, Ojojona, Yoro, entre muchos otros.

En casi todos estos lugares observé personalmente el trabajo de las alfareras, quienes modelaron piezas ante mí, permitiéndome comprobar su técnica y arte.

Tegucigalpa, 3 de julio de 1947.

5.- LA PREPARACIÓN DEL BARRO

La alfarera sabe preparar el barro adecuado según su composición natural. Puede ser calcáreo, arcilloso, ferruginoso o caolínico.

La variedad del barro determina el tipo de trabajo y el resultado final.

6.- EL BUEN BARRO SE CONOCE AL TACTO

El barro puede ser blanco, gris, amarillo, rojizo o negro.
Al cocerse:

- el gris produce tonos grises,
- el amarillo, rosados,
- el oscuro, tonos indefinidos,
- el blanco, piezas claras.

El arqueólogo debe conocer estas diferencias para identificar el origen de las piezas.

7.- EL TRABAJO DEL BARRO

En algunos lugares, el barro se usa directamente. En otros, se prepara:

- se seca al sol,
- se humedece,
- se deja "madurar" o "podrir".

Cuanto más maduro, mejor es para el trabajo.

8.- LA MEZCLA DE ARENA

La arena se añade según el uso:

- más arena para ollas de fuego,

- menos para recipientes de agua.

Antes de mezclarla, se cierne cuidadosamente.

9.- CLASES DE BARRO Y ARENA

Existen barros con mica que brillan como oro o plata. También hay arenas claras, negras o brillantes que aportan efectos decorativos.

10.- COMBINACIONES VARIADAS

La mezcla de barro y arena determina el color final:

- barro claro + arena blanca → tonos claros,
- barro oscuro + arena negra → tonos cenicientos,
- técnicas de humo → color negro.

11.- EL PATEO DEL BARRO

En Cololaca amasan la mezcla de barro y arena como se hace con la masa de pan; en Guajiquiro planchan la mezcla con una pequeña piedra para que el barro salga fino. En La Campa tienen un método muy especial. Al momento de mezclar el barro con la arena, escogen una piel de vaca y la asientan en el suelo. Sobre ella echan una cantidad de barro igual a la de arena, sacándolo del lugar en donde se ha "podrido" por unos tres días.

Entonces, con el pie izquierdo firme sobre el suelo y fuera del cuero, van trabajando el barro con el pie derecho, pateando el barro y la arena que están sobre el cuero, dando una vuelta alrededor de este para lograr una buena mezcla, añadiendo agua si la necesita.

El pie derecho hace las veces de las manos, y con él palpan y sienten cuándo la mezcla está perfecta.

Efectivamente, la alfarera siente que la mezcla está bien hecha cuando el barro revienta bajo su pie, o sea, cuando, llenándose de aire, explota bajo la presión.

Tegucigalpa, D. C., 10 de julio de 1947.

12.- EL BARRO EN MANOS DE LA ARTISTA ALFARERA

A la alfarera le gusta hacer vasos que luzcan su arte. Hay barro blanco, y le gusta hacer con él loza blanquita; lo hay oscuro, al que llaman "colorado", y sirve para hacer tejas que salen rojas.

Hay barro negro, más fuerte, que da loza más resistente, de color negro algo pardusco, tendiendo al gris.

Al barro le mezclan arena para que las ollas tengan resistencia. Si no se la mezclan, las ollas se rompen y no pueden hacerlas, ni se levantan bien las paredes. La arena hace que las ollas dejen pasar el agua y suden; así, para ollas de filtro les ponen mucha arena, pero para ollas que sirven para cocinar les ponen poca. Para cántaros, ollas, jarros y platos, se echa poca arena, para que no dejen pasar el agua.

13.- OLLAS Y JARROS

Los nombres que de ordinario dan a los vasos dependen del uso a que están destinados, de su tamaño y de su forma.

Así, por ejemplo, para cocer las tortillas de maíz usan el comal, palabra nahua con que designan un vaso redondo y grande, muy aplanado, con dos orejas en los lados. La sartén, más pequeña que el comal, tiene casi la misma forma, pero es un poco más honda; tiene un mango, más o menos largo, y una oreja del otro lado del borde; sirve para freír. El cántaro tiene la forma de una gran jícara, o mejor, de un tecomate cortado sobre el cuello, cuyo borde puede ser liso o volteado hacia afuera; tiene dos orejas arriba de la parte esferoidal y sirve para acarrear y conservar el agua de la casa. Siendo redonda su base, necesita un rodillo o el tablón para asentarlo. Las alfareras modernas evitan esta necesidad haciéndole en la base un asiento casi imperceptible, plano, para que se asiente solo. De ellos se toma el agua con una pequeña jícara o se "cantean", o sea, se doblan, para que de la boca salga el agua que se necesita. Los hay de varios tamaños, mayores y menores.

La olla es semejante a un cántaro cortado más abajo, para tener una boca mucho más grande, y tiene orejas horizontales en el borde, el cual es liso y volteado hacia adentro. La taza y el tazón tienen la forma de una jícara cortada en la mitad de su cuerpo; una más grande, otra más pequeña. La fuente es redonda, grande y aplanada, con paredes cortas, inclinadas hacia afuera, y más altas o más bajas, según el tamaño de la misma fuente. El plato es más o menos de la forma común moderna, es decir, redondo, con fondo plano y paredes inclinadas hacia afuera, más altas o más bajas según el tamaño; la escudilla tiene paredes más levantadas. La tinaja es de la forma de una calabaza alargada y cortada arriba del cuello; la tinajita es de menor tamaño y de la misma forma.

El jarro es como una tinaja, mayor o menor según la necesidad; pero difiere en los bordes, porque los tiene volteados hacia afuera. Si es para hacer café, posee en el borde una sola oreja y, en el lado opuesto, un pico para derramarlo; si es para cocer frijoles, entonces no tiene pico, sino dos orejas colocadas en el borde.

El porrón es de la forma del cántaro, más bajo y esférico; posee un mango que va de un lado a otro, volteado hacia arriba, y uno o dos picos que le salen de la parte superior del cuerpo.

Otros vasos hacen las alfareras que no se pueden contar todos. Sin embargo, debe contarse entre ellos la batidora, de la forma de una olla, pero con borde liso y sin vuelo hacia ninguna parte, y con base aplanada y redondeada en los cantos; es grande, de una altura de 50 centímetros y con boca de diámetro igual a la altura. Este vaso se usa para batir la miel hasta que granee y echarla a los moldes.

Otro vaso muy grande es el cántaro que sirve para echar en él caldo de caña y medirlo, porque en él caben al menos tres cántaros comunes, pero de los de tamaño más grande. Su borde está volteado hacia afuera.

Otros cántaros grandes los hacían en Oromilaca para hacer chicha —bebida fermentada hecha de maíz, arroz o de otro grano o fruta—, y ahora se usan para guardar o conservar granos. Caben en ellos nueve o diez "medios" de café o de grano, y cada "medio" es de más de una arroba, porque es de 36 libras, mientras la arroba es de 25. Su tamaño alcanza casi un metro y medio de alto y un ancho igual. Los hacían usando el método de los rodillos, es decir, formando rollos de barro que añadían y aplastaban, levantando así las paredes paulatinamente. Tanto este vaso como el anterior "cántara caldera" son de la misma forma que los otros cántaros, con la boca volteada hacia afuera. Las orejas de los "cántaros calderos" son semejantes a las de los demás, pero proporcionadas; las de los de Oromilaca o "chicheros" son horizontales, muy gruesas y grandes.

Entre los otros vasos pequeños puede contarse el lavamano, grande o pequeño, con forma de tazón, base aplanada y orilla volteada hacia afuera. Se ocupa para muchos quehaceres, especialmente para lavarse.

Otro vaso, en forma de tazón alto y con un solo mango vertical, es llamado nica en La Campa, y sirve como vaso para la noche, llamado en otras partes bacinica o bacinilla, y tiene pegado en la base un rodillo. En Olancho y en otras partes usaban y usan todavía vasos en forma de huacal, con tres patas, para el mismo uso, especialmente entre la clase pobre, llamándolo "huacal de..." ese uso; y, a falta de barro, usan cáscaras de calabazo, huacalitos y también la cáscara de un armadillo.

Estas formas hacen pensar en los vasos antiguos mayas. En general, las formas han pasado de generación en generación, y las de los vasos actuales no difieren mucho de las de los antiguos habitantes de Honduras: los mayas.

14.- DANDO INICIO AL TRABAJO

Cuando la mezcla del barro está a punto, la alfarera toma con las dos manos la cantidad de barro que sabe suficiente para el tamaño del vaso que va a construir; lo ablanda y lo plasma poco a poco hasta reducirlo a una pasta muy obediente a su mano y hasta sentir en sus dedos que la pasta está a su gusto.

Entonces, si debe hacer una sartén, un jarro o cualquier cosa pequeña, va redondeando la pasta en sus manos y poco a poco le da la forma.

Si es cosa más grande, toma una hoja de plátano o cualquier hoja dura que no se pegue al barro, u hojas de tusa frescas o secas, y sobre ellas coloca la bola de barro y comienza a darle vueltas, haciéndole un hueco en el centro, agrandándolo cada vez más y procurando subir poco a poco las paredes, siempre más delgadas cuanto más suben. Así, poco a poco, construye su olla.

Esto en invierno, en La Campa; porque si es verano, riega arena en el suelo, y sobre ella asienta el barro con que debe hacer la olla.

Si las ollas son grandes y varias, por ejemplo seis, patean la cantidad de barro que les sirve hasta que esté en su punto para amoldarlo. Lo hacen como un gran rollo y lo dividen en partes, según el número de ollas que quieren hacer. Toman un pedazo y le meten la mano dentro por uno de los lados; es la mano derecha la que meten hasta muy dentro, y si la olla debe ser grande, le entra hasta todo el antebrazo.

15.- ARMANDO LA OLLA

Desde que se ha puesto la bola sobre la hoja y se le ha metido la mano para hacer el hueco, ya se va "armando" la olla. Se trabaja con las dos manos, la derecha dentro y la izquierda fuera; ambas trabajan para hacer subir las paredes, afinándolas cada vez más y llevándolas hacia arriba como si fuese un vaso de paredes rectas. Si el barro está muy blando, solo lo asientan y lo dejan que se "macice", o que se haga más duro y compacto, hasta el otro día. Así se ha "armado" la olla.

En todo caso, para no perder tiempo y dejar entretanto secarse el vaso que ya se ha armado, se prepara otra pelota y se asienta de la misma manera otro vaso, hasta dejarlo "armado" también.

Cuando el que se ha armado se ha secado un poco, entonces se comienza a "darle el vuelo"; o sea, se "talla" la olla, o mejor, se le da el "talle", es decir, la forma que se desea. Esto significa que, a las paredes rectas, les da nueva forma y las labra de manera que se vuelven esféricas y cóncavas, mientras el asiento se conserva todavía algo plano.

Para labrar el vaso, bañan de vez en cuando la mano y van adelgazando las paredes, a la par que las levantan todavía y las van cerrando hacia arriba, haciendo la boca del vaso cada vez más estrecha y levantando siempre más las paredes con trabajo desde abajo.

Llegado a cierto punto del trabajo, se deja nuevamente para que se seque más y tome consistencia.

Debe notarse aquí que tanto en Opatoro como en Guajiquiro y Santiago Póstoa (Santa Bárbara), se arman los vasos, dejando de hacer el fondo para el final.

Tegucigalpa, 17 de julio de 1947.

16.- RASPANDO Y AFINANDO EL VASO

Hasta ahora se ha dado una forma definitiva al vaso y se le ha dejado descansar. Cuando el barro ha tomado una consistencia tal que la boca no se pandea y está bastante duro, recomienza el trabajo.

Primero se debe raspar por fuera con una cuchara de morro o jícara, y se alisa con un olote, o hueso de mazorca de maíz, quemado, y con agua, todo alrededor, sin tocar el asiento. Este trabajo se **llama alujar,** y debe distinguirse que "alujar" es con olote y "alisar" es con piedra.

Enseguida se hace lo mismo por el lado interior, teniendo bien en cuenta que los instrumentos son diferentes de los que se han usado fuera, pues se raspa con una cuchara más pequeña, y el olotillo debe ser más pequeño y redondo, acondicionado a la redondez interior del vaso.

Aquí debe notarse que en Yamaranguila se "alisa" con un palito de pino; en Copán se alisa con la mano bañada en agua; y en Candelaria, en la aldea de San Ignacio, cerca de Camasca, se usa, para "alujar", un hueso de mango.

Debe también tenerse presente que tanto en Copán como en San Ignacio y Cololaca se levantan las paredes con rollos de barro añadidos poco a poco.

En Cololaca se levantan los vasos pequeños como en La Campa, entre las manos, sin asentarlos en el suelo.

17.- INSTRUMENTOS CON QUE TRABAJAN LAS ALFARERAS

Las alfareras trabajan principalmente con las manos: estas son sus instrumentos primeros y más necesarios. Para raspar el vaso cuando ya está armado y duro, usan ordinariamente, y con especialidad en La Campa, dos cucharas: una grande para afuera y otra pequeña y redondeada para raspar las paredes por dentro. Estas cucharas son de morro —especie diversa del fruto del jícaro, y de forma redonda—, pero en La Campa usan también cucharas de hierro, mandándolas a hacer expresamente.

Para "alujar" usan dos olotes —huesos de las mazorcas de maíz— quemados por encima: el olote que sirve para afuera es largo y recto; el que sirve para adentro es corto y ovalado. "Alujar" significa emparejar la superficie que ha quedado raspada.

Una jícara o guacal sirve para contener el agua necesaria para trabajar.

Usan también una piedrita lisa para alisar la olla después de dado el color.

Los intibucanos usan: dos marlos finos para "jalar" el barro hacia arriba, estirándolo de manera de darle forma al trasto; un pedazo de madera de ocote o pino para "alujar" la superficie, manejándolo hacia arriba; cuando está arreglado y seco, se le pasa un cuchillo para que quede parejo el borde; y una varita para medir el nivel donde poner las orejas.

Exceptuando este último instrumento, que también es usado en Opatoro, los otros sirven a las alfareras de Yamaranguila.

18.- CUMPLIMIENTO DEL VASO Y COLOCACIÓN DE LAS OREJAS

Cuando el vaso está "levantado" y "alujado", y también terminado en el borde y en el asiento, que suele tener una pequeña parte plana para asentarse, se colocan las orejas.

Ante todo se termina el borde. Si se quiere que tenga una orilla en la boca, se le añade un rodillo, se plasma la orilla, se alisa si esta es simple, o con los dedos se le da la forma que se desea, por ejemplo si debe ser rizada, en zigzag o fruncida. A veces se le coloca también un rodillo en el asiento.

Si debe ser un jarro, se le hace un pico, y tendrá una sola oreja, como suelen tener también algunos de los vasos nombrados anteriormente.

De ordinario los vasos tienen dos orejas. Estas pueden ser redondas, planas, aplastadas en el medio, con bordes laterales o en forma de doble cuerda retorcida; en fin, pueden ser de múltiples maneras, según el gusto artístico de la alfarera.

Para colocar las orejas se usan varios métodos. El más ordinario es hacer dos agujeros, uno sobre otro, perforando el vaso con el dedo índice o con el olote, desde adentro. Entonces se hace un rodillo, se colocan las dos extremidades en los dos agujeros y se remachan por dentro y por fuera. Hecho esto, con las dos manos abiertas y colocando los dos pulgares en la oreja puesta, toman la medida para colocar exactamente simétrica la otra.

Si se trata de colocar la oreja en el borde, le sacan al borde un pedazo de barro, y allí la remachan.

En Intibucá y en Opatoro, para medir el centro de las orejas, usan una varita. En San Nicolás, la mujer que hizo el vaso midió tres veces cuatro dedos desde la primera oreja puesta. Esto lo hacen también en La Campa, en donde usan varios métodos de medir con los dedos.

19.- SE TERMINA LA HECHURA DEL VASO Y SE PONE LA TAPADERA

Puestas las orejas, si es verano, el barro se seca en seguida y se sigue trabajando; si no, se espera al otro día. Cuando ya está seco el barro, se le da vuelta al vaso sobre una tabla y se le raspa el asiento hasta dejarlo redondo, alujándolo con el olote. Nuevamente se raspa por dentro hasta dejarlo delgado. La forma queda perfectamente esférica, sin defecto. El borde es liso y sencillo.

Si se le pone una tapadera, entonces le colocan un borde, haciéndolo con un rollito de barro y trabajándolo hasta dejarlo perfecto.

Los bordes, como ya se ha dicho, son variados: responden a una forma ya establecida, o también al gusto de la alfarera, la cual, con los dedos, les da formas de diversos dibujos, o como de cintas onduladas o picadas.

El asunto del color es más complicado, porque varía según los diversos lugares.

En donde hay dificultad para encontrarlo o comprarlo, los vasos se dejan al natural, sin color. También en La Campa, en donde dan color a muchos vasos, sin embargo, dejan muchos de ellos sin pintar. Este asunto es de gran interés para poder juzgar también acerca de los vasos antiguos.

En La Campa reciben el color rojo de los naturales de Santa Cruz, dándoles en cambio la loza. Los de Santa Cruz no fabrican loza buena. Antes, el lugar de donde lo sacaban era libre; pero ahora tiene dueño y lo deben comprar para revenderlo. El color rojo de Santa Cruz, que es un barro colorado, es muy oscuro y bello, y tiene pepitas brillantes. Este color hace pensar en el rojo oscuro y bello de los vasos antiguos mayas de Copán. Sin embargo, en los alrededores de La Campa existe buen barro y buenos colores.

En Intibucá sacan la piedra que les da el color rojo de una veta o mina que está en el bosque, muy lejana. La baten y hacen como una pasta con agua.

En San Ignacio (Camasca) usan la tierra roja de la mina de San Juan, en Agua Caliente, cerca de Santa Lucía y Magdalena, en el encuentro de dos quebradas. Es un ocre rojo, es decir, arcilla con óxido de hierro.

Las alfareras de Cololaca usan una tierra roja que se encuentra en el camino de Gracias, en un punto que llaman "Tierra Nácar", en el camino que debe ser el de Tomalá, comprándola. Toda esa cordillera es tierra colorada, y así la usan.

En Ojojona usan un color que, con palabra indígena, llaman tagüite; es un ocre rojo.

En la Villa de San Antonio parece que usan un óxido de hierro o tierra colorada.

La alfarera de Opatoro me dijo que compraba el color rojo a una señora que lo trae desde un día de camino, cerca de ocho leguas de distancia. Puede ser de Intibucá, pero lo hay en varios lugares. Las alfareras de Guajiquiro encuentran la tierra con que dan el color en el camino de La Paz, hacia el Valle de Comayagua.

Yo mismo he encontrado este color entre las piedras del río, y se presenta con la forma y dureza de una piedra, porque la superficie está endurecida por el agua; pero, si se estruja o frota un poco con agua, suelta el color rojo y se deshace. Es un óxido de hierro.

Un color rojo muy oscuro y bello me fue dado en San Pedro Sula; había sido hallado en una olla encontrada en los montículos del lugar llamado "Quien Quita", en donde se fabrica alfarería.

También en el Valle de Comayagua se ha encontrado, en vasos sacados de tumbas, el color rojo con que el difunto había sido sepultado: color rojo oscuro como el de San Pedro Sula.

En toda la región de la ciudad de Gracias a Dios se encuentran no solamente el color rojo, sino muchos otros colores, comprendiendo el verde y el anaranjado, colores que actualmente usan como pinturas y que seguramente los mayas usaron para sus vasos. Son arcillas; y he visto yo mismo estos colores en toda Honduras, uno al lado del otro, pasando del blanco al negro, al rojo, al amarillo, al verde, al oscuro, inmediatamente, sin graduación de color.

Tegucigalpa, 24 de julio de 1947.

21.- LA APLICACIÓN DEL COLOR

La alfarera, en general, deshace el color en agua y lo aplica con la mano; hay varias maneras de deshacerlo y de aplicarlo. En La Campa, antes de aplicarlo, lo cuelan con un lienzo y lo aplican con un trapo o bien con la mano. A veces dibujan flores, pajaritos y líneas cruzadas o angulares sin darles un significado. Las pintan con un pincel de cerdas de cola de caballo, o también con una pluma y aun con el dedo. En San Ignacio también se aplica el color con los dedos. En Cololaca pintan los vasos con una pluma de gallina y con gran maestría. La tierra roja desleída la baten con clara de huevo para que no se despegue.

En Yamaranguila ponen el color en agua a destilar, y así la pasta se deshace. Entonces con la mano la "vaneyan" —es decir, la untan— , o sea, le echan el color solo por encima.

En Intibucá baten el color con agua y hacen una pasta, aplicándolo con la mano. El color queda brillante sin necesidad de otra sustancia.

En La Campa hay alfareras que dan color a toda la olla; otras las hacen dibujadas; otras las pintan por dentro y por fuera; otras las pintan solamente por mitad en la parte superior, dejando la parte inferior al natural; y esto sucede también en otros lugares.

En general, se da color al vaso cuando está todavía algo húmedo y no seco del todo; porque la pintura, siendo arcillosa, se combina con la arcilla del vaso y, al cocerse, se hace una sola cosa y no se destiñe.

22.- SE ALISA EL VASO

Dado el color, cuando se ha secado y no se arrolla bajo la piedra de alisar, entonces se alisa con ella. En Cololaca alisan la alfarería antes de pintarla con pluma de gallina; por esto mismo tienen necesidad de poner en el color clara de huevo para que no se destiña. De ordinario se alisa después de dado el color. La piedra de alisar es una pequeña piedra de río, perfectamente lisa y lustrosa. Con ella tapan todos los hoyitos y uniforman toda la superficie. En otras partes lo hacen con huesos de fruta; por ejemplo, en la Villa de San Antonio alisan con la semilla del zapote o níspero, que contiene ácido cianhídrico, alisando hasta que el vaso toma lustre.

La alfarera de Opatoro usa primero una pequeña piedra blanca y después repasa y lustra con otra de color amarillo oscuro.

23.- SE SECA EL VASO A LA SOMBRA

Dado el color y alisado el vaso, cuya superficie queda perfectamente lustrosa y brillante, se pone a secar a la sombra, sin que le dé el sol y al resguardo del viento.

Debe añadirse que los cántaros para agua, después de haberlos coloreado, los pintan con un pincel, dibujando en ellos flores con barro blanco. Salen así vasos de dos colores.

Los platos los hacen con la raspadura de los otros vasos, porque es barro más fino y fuerte, y dicen que dura más.

Los de Guajiquiro los dejan secar cuatro días. Los de Opatoro los dejan secar tres días, antes de ponerlos al fuego, lo mismo que en Cololaca; en Candelaria los secan en cuatro días en invierno y en veinticuatro horas en verano.

24.- CÓMO QUEMAN LAS OLLAS

No siempre las alfareras queman la olla inmediatamente cuando está seca: muchas circunstancias se lo impiden, como el hecho de quemarla en horno y tener que esperar a que haya cierto número para cocer. Por ejemplo, la alfarera de San Nicolás quema las ollas quince días después de que se han secado. En todo caso, antes de quemarlas las deben preparar.

Así, antes de quemar los vasos, los ponen por dos días al sol para que se calienten; pero se les debe dar viento, porque si se enfrían y luego se cuecen, revientan. En San Nicolás les basta ponerlos al sol un solo día. En Opatoro, Guajiquiro, Candelaria y también en La Campa, en invierno, cuando no hay sol fuerte, calientan la olla con el mismo fuego antes de cocerla, de una manera o de otra; especialmente poniéndola sobre brasas o acercándole el fuego poco a poco.

Algunas alfareras queman en horno. Las más, al aire libre, del modo siguiente. Tomemos como modelo La Campa.

25.- CUANDO SON MUCHAS OLLAS

Se toma aquí el caso de que no se quemen en horno, en el cual siempre se deben acomodar de tal manera que el fuego y el calor circulen entre todas y cada una, para que se cuezan, de la misma manera como se hace con los ladrillos y las tejas.

Cuando están asoleadas las ollas y bien calientes en todas sus partes, para quemarlas, cuando son muchas, se "arman", o sea, se colocan sobre un estrato de carbón y de piedras grandes, de tal manera que les sirvan de apoyo y de respiradero. Se ponen cuatro muy separadas y "embrocadas", es decir, boca abajo; en las orillas, por fuera, entre una y otra, se ponen ollas de igual tamaño, "canteadas", es decir, puestas oblicuamente, con trastos pequeños por dentro; en los intersticios se colocan ollas más pequeñas, y sobre todas se van poniendo ollas grandes "embrocadas" encima. Todo queda armado en forma de montón esférico.

26.- LA HOGUERA

Hecho el montón, se cubre todo con madera seca de ocote o pino, de ramas delgadas, hasta cubrirlo entero.

Le ponen fuego con pequeños ocotes encendidos y dejan que se encienda la hoguera, sin tocarla.

Cuando se ha quemado la leña y se ve toda la loza encendida como una brasa, entonces está cocida; y si queda algún palo todavía encendido, lo alejan con una vara, para que no ahúme ni manche la loza; además, quitan toda la brasa encendida con una vara larga. La dejan enfriar sin tocarla y finalmente la levantan.

La quema de muchas ollas puede durar una hora.

27.- CUANDO SE QUEMA UNA SOLA OLLA

Cuando se quema una sola olla, o también unas pocas más, siempre se pone "embrocada" sobre un estrato de carbón o de madera seca, y sostenida sobre tres o cuatro piedras blancas; la cubren con madera delgada y seca y le ponen fuego. Todo de una vez. En media hora, o menos, está quemada.

En La Candelaria, para cocerla, le ponen leña cerca para que le dé el humo, y así la calientan poco a poco; y cuando está bien caliente, la rodean de fuego. Si la ponen al fuego antes de calentarla, se quiebra.

En Guajiquiro, para quemarla, ponen unas tres piedritas, y antes calientan las piedritas con fuego, formando como una hornilla con sus ventiladores; cuando está caliente, le ponen otro fuego y encima del fuego la ollita. Entonces comienzan a poner alrededor cáscaras de ocote hasta que quede cubierta, y cuando todos los ocotes se han quemado del todo, la olla está cocida. La operación demora más o menos media hora, según el tamaño de la olla.

En San Ignacio, para cocerla, en horno o al aire libre, hacen una camita de leña: arropan la olla con la leña y le pegan fuego; cuando está consumida la leña, está cocida la olla.

En Yamaranguila ponen la olla sobre cáscaras de ocote encendido, y cuando está caliente la cubren con cáscaras y, en una media hora, está cocida.

En Opatoro, para quemarla, la ponen sobre el suelo, boca arriba, y la rodean con palitos delgados de ocote fino apoyados al tarro verticalmente y cubriéndolo; cuando remata la leña de quemarse, que es un momento, ya está cocido el tarro.

28.- CUIDADOS ESPECIALES PARA COCER ALFARERÍA

Ante todo, antes de cubrirla toda con fuego, cada pieza de alfarería debe estar igualmente caliente en todas sus partes. Si una parte está menos caliente, se revienta y se desprende. Si el vaso no está antes calentado, se rompe.

Si mientras está secándose a la sombra sopla viento, la alfarería se quiebra.

La alfarera de Yamaranguila dice: "Se quema cuando hay silencio", es decir, cuando no sopla viento, porque si no, se revienta. Esto también ocurre en La Campa y en otras partes; es uso general. Sin embargo, en San Ignacio no tienen cuidado del viento: "el barro es bueno y no se quiebra".

En Cololaca tienen cuidado del viento cuando se queman ollas, pero no importa para cántaros, porque no se quiebran.

El fuego debe ser igual en todas partes; por lo tanto, en La Campa le ponen brasas por debajo y leña abajo, a los lados y encima. Si se añade leña mientras se quema, se puede romper y se ahúma.

El fuego debe tener un temple moderado: si es demasiado fuerte, la olla se quema.

Los Lencas, pura imaginación

Ha habido quien ha querido hacer una división imaginaria entre alfarería bien cocida, atribuyéndola a los mayas, y otra mal cocida, atribuyéndola a los lencas imaginarios. Repetimos que la palabra *lenca* significa mucho pueblo, o pueblo grande, y quien no sabe aplicarla produce una gran confusión, y mejor es que calle. Porque cerca de 1680 comenzó a aplicarla inadecuadamente el padre Vásquez, y cerca de 1850 la aplicó con gran ligereza el señor Squier, quien en realidad no sabía a punto fijo lo que estaba diciendo sobre el caso. El señor Lehmann acabó por confundirlo todo, y los que lo están copiando no entienden nada del asunto. Esta es la cruda, pero pura, verdad.

Tegucigalpa, 31 de julio de 1947.

29.- EL PUNTO DE COCIMIENTO

Cuando se pone al fuego, la olla se vuelve negra; es decir, cuando el fuego comienza a cobrar fuerza y la olla comienza a cocerse; pero cuando la alfarería va llegando a su punto de cocimiento, comienza a "blanquear", término que usan para decir que se vuelve roja, encendida como fuego, y aparece como transparente. Entonces está cocida y poco a poco le dan vueltas, para que se cueza bien en todas partes, uniformemente, si es una sola, y la retiran poco a poco y la dejan enfriar cerca del mismo fuego.

Después de quemada, se pone roja. El barro blanco y el negro se vuelven rojos mientras se cuecen.

30.- EL TIEMPO

En general, se fabrica loza y se cuece, tanto en verano como en invierno, pero teniendo en cuenta las diferencias del tiempo y tomando varias precauciones.

En La Campa, las alfareras trabajan, almacenan la loza y la queman en la plaza entre las 4 y las 7 de la tarde, en verano, y desde las 11 de la mañana hasta las 3 de la tarde en invierno. Esto, cuando hace buen tiempo.

En verano se atreven a cocer mucha alfarería de una sola vez, calentándola antes al sol. En invierno, si cuecen mucha loza, esperan un día soleado para calentarla; o, si es poca, dos o tres ollas, las calientan al calor del fuego.

31.- EL COLOR DE LA LOZA

La loza se pone negra al comenzar a calentarse, y al cocerse se pone roja y blanca de fuego. Después de cocida, de ordinario queda roja o rosada.

El barro blanco, después de cocido, queda blanco. El barro oscuro queda oscuro amarillento o grisáceo.

El barro negro queda negro, algo gris; pero, según el punto de calor, puede volverse blanquecino.

Si un palo de los que entran en el fuego humea, el humo vuelve negra la olla donde lo toca, cualquiera que sea su color.

De esta manera se puede explicar una parte de la loza negra.

32.- OTRAS PARTICULARIDADES DE LA ALFARERÍA

La alfarería nueva no se puede poner a la boca o a los labios, porque se pega, por la sequedad, y se lleva la piel, como le sucedió a la alfarera de La Campa que me informó que, cuando era niña y aprendiz, se llevó varios vasos y, para acarrear más, se puso uno en la boca para llevarlo, y se le pegó a los labios y se llevó la piel.

Para la alfarería que no debe ponerse al fuego, sino sobre la mesa, a unas piezas les ponen un ruedito; a otras, sin ruedo, les hacen un asiento cóncavo, a la manera antigua maya. Los mayas imitaban el asiento de la calabaza.

La adornan con pinturas de flores.

33.- LA LUNA EN LA ALFARERÍA

En La Campa no se preocupan por la luna, ni para preparar el barro ni para cocer las ollas.

Sin embargo, y comúnmente, la luna tiene gran parte en la alfarería; aunque sea simplemente cuestión de fantasía, como se puede verificar al examinar el modo en que conciben la influencia de la luna y la diversidad con que la imaginan.

Por ejemplo, la alfarera de San Nicolás no tiene una verdadera tradición: aprendió sola, con ver trabajar a otra señora que ya murió. Ha ideado quemar en hornos, para no perder la vista en "fogonear" —calentar los ojos trabajando cerca del fuego—. Ella, estando tierna la luna, es decir, en los días inmediatamente después de la luna nueva, no saca el barro, sino que espera a que la luna tenga al menos ocho días, hasta el día en que se va y se vuelve nueva; de otra manera, dice ella, no es bueno el barro y se rompen las ollas. Para quemar no sigue ninguna regla lunar. Esto de la luna aseguró no haberlo aprendido de nadie, sino que se le ocurrió que debía ser así, sin tener experiencia ni tradición.

Otras, por lo contrario, trabajan también con luna nueva y tierna.

En Yamaranguila "se quema en todo tiempo de luna".

En Intibucá recogí el dicho de que "se trabaja en luna sazona" —luna llena—; tierna, no sirve la loza.

En San Ignacio, como se ha dicho, no se tiene cuidado de la luna ni del viento: el barro es bueno y no se quiebra.

Opatoro. Para hacer las ollas debe estar la luna en su cuarto creciente o menguante; antes o después, no; y tampoco cuando el cuarto está en su propio día. Lo mismo se debe observar en los cortes de madera y en las siembras.

Cololaca. Para cántaros no se tiene en cuenta la luna; pero, para amasar el barro de olla, se espera a que la luna esté llena. Esta diferencia se debe a que el cántaro sirve para echar agua y la olla debe ir al fuego para cocinar. Debe ser también luna llena para arrancar el barro de la veta y para trabajarlo.

La Candelaria (Joconguera). Para sacar la tierra de la veta se espera a que la luna esté buena; cuando está "tierna", o está llena o nueva, no es buena; pero sí lo es a los cinco días de vuelta la luna, unos doce días antes de estar llena y otros cinco días después de llena, hasta que se va; en estos días se puede sacar el barro.

34.- COMERCIO DE LA ALFARERÍA

Veamos ahora cuánto ganan las alfareras con su trabajo, que es del todo libre e independiente.

Ante todo se debe considerar que una alfarera casi nunca trabaja sola: en general está asociada en familia; o mejor, es una familia la que trabaja: madre, hijas, hermanas, tías. Cuando menos, son dos: madre e hija; hermanas; tía y sobrina.

Cuando se ponen a fabricar vasos, siempre los hacen en cierta cantidad, por así decirlo, en familia.

Cada alfarera, en dos días, contando que se deben sacar y terminar de un día para otro, puede hacer ocho ollas grandes, y mientras las hace, va sentando ollitas y cantaritos.

Cada olla muy grande la venden por tres reales —37 centavos de lempira o 18 centavos de dólar— y hasta 50 centavos; las más pequeñas, a 12 centavos, 8 centavos y menos aún, según el tamaño.

Esto es en verano y vendiéndolas en el mismo lugar, porque en el mercado las venden más caras.

Las alfareras de Guajiquiro venden las ollas grandecitas por un real y medio, o sea 18 centavos, y la pequeña por medio real, o sea 6 centavos. Las de Opatoro las venden en el mismo pueblo en cualquier día y no las llevan fuera a vender.

Las alfareras de La Campa, que es un pueblo distante cuatro leguas al sur de la ciudad de Gracias, van a vender su alfarería a Gracias, mientras los hombres la llevan hasta Santa Rosa de Copán; pero la mayor cantidad la venden en su mismo pueblo.

Efectivamente comercian con los de Santa Cruz de la Sierra, quienes tienen comercio con todos los pueblos y llevan su mercadería hasta Santa Bárbara y muy lejos aún. También los de Belén Gualcho vienen allí a comprar la loza y se llevan cargas de ella.

Los de Gualcho la compran con dinero; los de Santa Cruz la compran con dinero y también la cambian por color rojo.

Efectivamente, la cordillera de Gracias está llena de vetas de arcillas de colores; anteriormente, el lugar de donde sacaban la arcilla roja no tenía dueño, la sacaban libremente; pero ahora lo tiene y la deben comprar.

Los comerciantes indígenas de Santa Cruz contratan de antemano la loza que quieren comprar; entonces las alfareras de La Campa la fabrican y la tienen preparada para cuando ellos pasan, ya que esa loza está pagada de antemano con el color que ha sido entregado o con el dinero.

Como se ha dicho, el color de Santa Cruz es muy oscuro y bello y contiene pepitas menudas brillantes, como el rojo de la loza antigua de Copán. Además, siendo óxido de hierro, lo tienen por saludable y lo toman como medicina.[12]

Tegucigalpa, 7 de agosto de 1947.

35.- INCERTIDUMBRE Y CONTRADICCIONES EN LOS ESTUDIOS MAYAS

Los estudios mayas son de tan difícil alcance, principalmente porque son relativamente pocas las excavaciones hechas, y estas se han limitado casi siempre a ruinas grandiosas, con lamentable olvido del estudio del pueblo común y de sus cosas, que los esforzados estudiosos se encuentran en aprietos cuando deben decidir acerca de una cosa importante o dar una solución que se ajuste del todo a la realidad.

Esto que acabo de expresar se revela precisamente en la grandiosa obra de Morley, la última, *The Ancient Maya* (1946). Me refiero aquí solamente al capítulo XV, "Cerámica", que resulta como un compendio de los estudios más recientes sobre el particular.

---

[12] Este dato, que pertenece a las alfareras actuales, tiene relación con lo que cuenta el padre carmelita Antonio Vázquez de Espinosa en su Compendio y descripción de las Indias, al hablar de Ahuachapán: refiere que una "nata colorada" que se formaba sobre el barro servía para dar fino color a las vasijas y que era considerada provechosa para ciertas enfermedades. La observación resulta valiosa porque vincula el uso cerámico del color con creencias medicinales que parecen prolongarse en el tiempo.

En este importante capítulo se revelan problemas insolutos, incertidumbres, hipótesis no asentadas definitivamente y vacíos, por lo cual el mismo autor se siente obligado en conciencia a decir lo siguiente: "Mucha de la cronología correspondiente que aparece en esta tabla es todavía especulativa"... "Para comprobar esa teoría será necesario tener primeramente un conocimiento extenso y profundo del arte cerámico de toda la península de Yucatán y regiones circundantes. Hasta ahora, nuestros conocimientos de la antigua cerámica maya puede decirse que están en la etapa de la escuela primaria. Antes de pasar de esta a la escuela secundaria, la preparatoria y la Universidad, deberán emprenderse amplias excavaciones dentro y fuera del territorio maya y provincias circunvecinas, y los materiales cerámicos resultantes deben sujetarse a un minucioso estudio comparativo".

Estas atinadas palabras dan mucho que pensar, si se examina a fondo la definición del término "Civilización Maya", que el mismo autorizado autor usa como exclusiva en su libro, para la cual exige dos manifestaciones principales: una escritura jeroglífica y una cronología única en su género... además de "una arquitectura también única en su clase que incluía el uso de los techos en forma de bóveda de piedra salediza (arco falso)... Cualquier región en donde no se encuentran estos rasgos, no se considera aquí como parte del área de cultura maya". (Ib., cap. III.)

Por otro lado, una parte del capítulo XVII la titula así: "El maíz, piedra angular de la cultura maya".

Además, en el capítulo II se refiere a los "mayas modernos de Yucatán" y termina con las "Características físicas de los mayas de Yucatán" y las "Características psicológicas".

36.- EVOLUCIÓN Y DIFERENCIAS DE CERÁMICA DENTRO DEL MAYA

Para dar una razón acerca de las varias diferencias que se encuentran en la alfarería de una misma época maya, este distinguido autor explica atinadamente que "la alfarería la practicaban diferentes grupos, siendo algunas de las vasijas piezas de importación". Sigue también diciendo que, "una vez implantada en la mitad norte de la península la idea de hacer vasijas de barro cocido, la cerámica de Yucatán siguió sus propias tendencias locales evolutivas". Finalmente, es muy importante recoger los datos que se refieren a la decadencia del arte de la alfarería, que culminan con el siguiente juicio: "Después de la caída de Mayapán, en 1441, el centro más importante de la mitad norte de Yucatán era Maní, la última capital del estado xiú. Allí se siguió fabricando una cerámica ordinaria, roja y de tipo decadente hasta la época de la conquista española, y aun después de ella, durante el principio del período colonial; pero era un producto pesado, tosco y casi sin valor estético".

37.- EL OLVIDO COMPLETO DE HONDURAS

Según la definición del maya arriba citada, se excluye completamente a Honduras del ambiente maya, y apenas se le concede un primer puesto a Copán.

Ahora bien, las excavaciones que hasta ahora se han hecho han sido casi exclusivas de grandes montículos y de centros oficiales; y en Copán se ha olvidado la parte plebeya, el pueblo, a pesar de que, sin duda, el pueblo fue el artista, y la mujer, la alfarera. Dentro de dicha definición se ha olvidado la casa maya; y, sin embargo, a la par del maíz, la casa lo era todo para el maya.

Precisamente, en las pinturas antiguas se reproduce exactamente la casa maya, con la misma forma que ha continuado y continúa en Honduras, y con el mismo tipo de base de piedra, horcones y estacas, o con paredes cubiertas de barro y piedras —bahareque— y techo de paja. Y aun en Uxmal, el gran edificio llamado "Casa del Gobernador" tiene la forma de una casa, forma que continúa en las casas modernas de paja de esa región.

Se ha olvidado también que la alfarería maya, como lo he demostrado últimamente en diversos artículos y en la revista *Honduras Maya*, ha tomado la forma de sus vasos de los frutos naturales, la jícara (*Crescentia cujete*) y el calabazo (*Cucurbita lagenaria*). Estos vasos, de naturaleza vegetal, fueron los primeros que usaron los mayas, y continuaron usándolos y los usan todavía comúnmente en Honduras. Cuando los mayas se decidieron a usar vasos de barro cocido, sin embargo, copiaron para ellos la forma de los vasos vegetales, hasta el punto de que los mismos soportes vegetales pasaron a ser de barro y se pegaron al vaso, resultando así el reborde basal, o rodillo sostenedor del vaso en forma de jícara, que tiene base ovoidal, mientras que los vasos que imitaban la calabaza de base cóncava no necesitaron de este soporte. Y estos vasos con soporte se encuentran ya antes de que apareciera la fase Tzakol que se les asigna, porque en el Valle de Comayagua, los del tipo que se ha llamado "Usulután", o sea, de tiempo anterior a la Acrópolis de Copán, se han hallado con soporte basal, y últimamente también en Copán. De ellos tengo algún fragmento como ejemplar.

Otro título que tiene Honduras para no ser puesta en el olvido es que, al tiempo de la conquista de Yucatán por Francisco de Montejo, Honduras y Yucatán eran una sola cosa en fraternidad y en comercio, prácticamente hasta Trujillo o hasta el Río Tinto, porque una misma gente habitaba por treinta leguas de ancho a un lado y otro del río Ulúa, y esta tenía trato continuo con Yucatán; y, si no, recuérdese lo que anota Landa: que cuando mataron a toda la familia Cocom, se salvó un solo hijo porque estaba ausente comerciando en el río Ulúa.

Dejo para otros capítulos las reflexiones sobre la arqueología de Honduras; pero puede hacerse hincapié en que, de la misma manera que los mayas no pudieron surgir por encanto, sino que una misma gente incubó las manifestaciones artísticas que se desarrollaron en lo que se ha llamado impropiamente Viejo y Nuevo Imperio, así la misma gente continuó viviendo, decadente sí, pero permaneciendo maya, como lo afirman los capítulos de Morley arriba citados y lo confirma el mismo nombre que lleva la gente de Yucatán. Y no se puede negar que la gente de Honduras, desde aquel tiempo, haya continuado sobreviviendo. Si todavía no se le conoce, es porque no se le ha estudiado cumplidamente, y en los pocos meses en que se ha hecho, el estudio ha sido dañado por prejuicios de escritores antiguos, no criticados debidamente y aceptados sin más. Y, sin embargo, Honduras ofrece en los rincones menos sospechados montículos de piedra tallada del tiempo de Copán y numerosísimos montículos de piedra no tallada, anteriores a los de Copán, y ciudades enteras desconocidas, especialmente en todo el Valle de Comayagua, en el cual un hombre de buena voluntad, sin pretensiones, pero con tesón, el gobernador coronel Gregorio Sanabria, ha sacado casi de la superficie objetos numerosos de piedra y especialmente de cerámica, que no se puede negar que son del mismo estilo y hechura de la cultura que se llama maya. Y son fabricados allí mismo, porque de allí es el barro y de allí son los colores y las piedras verdes con que se han fabricado, como yo mismo lo he podido comprobar hasta últimamente con experiencias y hechos.

38.- EL CONCEPTO DE LA CIVILIZACIÓN MAYA

En este trabajo no usamos la palabra "Civilización Maya" en el sentido muy estrecho que algunos modernos quieren, restringiéndola hasta negar su existencia; ni en el sentido muy circunscrito de Morley, que la reduce al Viejo y Nuevo Imperio, o sea, la Edad Áurea y el Renacimiento del maya.

Esta restricción da la idea de un maya aparecido ya perfecto, como por encanto, y desaparecido también como por encanto: civilización que aparece como encajonada dentro de cuatro tablas, para servir de muestra en la vitrina de un museo.

Aquí, por Civilización Maya, entendemos una fuente de agua viva, que se mueve y corre y se extiende en lagunas hermosas, rodeada de bosques y viva de colores.

Entendemos que la gente maya, antes de llegar a la cima de la perfección, debió crecer, desarrollarse, aprender a vivir y a obrar. Esta gente se engrandeció y llegó a la edad áurea por su propio esfuerzo. Probablemente los baktunes, o sea los ciclos fatales, fueron los que desarrollaron y después llegaron a matar a esta misma gente, con la fatalidad de que a cada baktún todo debía renovarse: regentes, sacerdotes, dioses, culto, gente y lugar.

Así se puede explicar por qué tantas superposiciones, tantas construcciones en los templos, una sobre otra, y tantos abandonos cuando todo había llegado a la perfección. El fatalismo del año mil es muy antiguo en todo el mundo, y la gente enferma lo cree todavía y lo espera.

Naturalmente, los objetos y artefactos de los más antiguos eran toscos, y los de la edad áurea eran artísticos y bellos. Esta gente primitiva, que ha quedado todavía por estudiar, forjó en su seno la más bella civilización de América, lentamente, sí, pero siendo la originaria desde las manifestaciones más toscas y desde la invención del calendario hasta el esplendor que se admira en sus grandiosos monumentos.

Sin embargo, como ya lo hemos dicho, el conocimiento de la civilización maya está muy lejos de ser siquiera mediano. Se conocen algunos de los bellos monumentos; pero a cada rato se están descubriendo otros que arrojan luz sobre el pasado. Y faltan por descubrir todos los monumentos mayas que están regados por tierras mexicanas, aun en la misma meseta.

Falta conocer toda la parte que pertenece a la gran masa del pueblo y falta el conocimiento íntimo de la vida popular, porque es muy poco lo que nos ha transmitido el obispo Landa en su *Relación de las cosas de Yucatán*, y poco puede decirse de lo que se sabe del pueblo por las excavaciones. Poco se ha hecho en el sentido de comparar la vida moderna de los descendientes mayas con la de sus antiguos abuelos.

Por esto he emprendido este trabajo de comparación sobre la alfarería moderna en relación con la antigua, en este ambiente hondureño de tradición todavía maya.

Por maya entendemos, pues, también, a la gente que subsistió en el período de decadencia y sobrevivió a la conquista española, sea escondida en la selva y en las montañas, como aun la que fue reducida en barrios cerca de las nuevas villas y ciudades, o quedando libre y separada, protegida directamente por el Rey, en poblaciones propias, como los intibucanos.

Mucha de esta gente, viviendo en Honduras, en Yucatán, en Guatemala, en Chiapas, en El Salvador y en Nicaragua, bajo nombres diversos y diferenciándose cada día más en la lengua, hasta confundir a los mismos lingüistas, dejándolos titubear acerca de su filiación en muchos casos, y escondiendo su dialecto hasta su desaparición en los últimos días, bajo el mestizaje que lo invade, pero dejando el rastro de su lenguaje en los pleitos escritos y en los títulos de tierras.

Por el momento, no me preocupo por aclarar qué rama o qué ramas le pertenecen a Honduras dentro de la filiación o dentro de la gran familia maya.

En este trabajo se toma el maya en toda su extensión, y esto, en lugar de cerrar el paso a la luz y a la comprensión, abrirá el camino a nuevos descubrimientos y a estudios más decisivos y más seguros.

Tegucigalpa, 14 de agosto de 1947.

43.- EL ESTUDIO DE LA ALFARERÍA MODERNA ACLARA MUCHAS DUDAS

En el presente estudio me he propuesto ofrecer datos precisos sobre la técnica popular moderna en la fabricación de los vasos, para aclarar dudas acerca de la alfarería antigua.

Las alfareras modernas han conservado muchos secretos en su arte, y solamente una observación cuidadosa y minuciosa ha podido revelarme gran cantidad de los secretos que ya he descrito.

Sin embargo, tengo que hacer hincapié en algunos de mayor importancia.

Por ejemplo, se duda de si el color dado solamente con agua es durable y de si los antiguos hacían lo mismo.

Ya describí la manera de formar los vasos y de alujarlos con el olote o corazón de la mazorca del maíz.

El momento de dar el color es cuando el vaso ya está duro y se está secando; cuando está todavía verde, o sea, húmedo, no pega el color. Además, cuando el vaso está seco, no se puede aplicar el color con agua, porque se raja y se rompe.

El color general no se le puede dar con un baño, como se ha pensado; los colores con tierras cargadas de hierro y, por lo tanto, pesadas, difícilmente pueden darse por baño. La manera más fácil para dar el color parece ser aplicarlo con una pluma de ave, muy suavemente, o de otra manera igualmente delicada; entonces el color queda muy parejo y cubre bien la superficie del barro. Muchos vasos antiguos dejan ver una capa bastante espesa que parece de color de fondo, o sea, el primer color sobre el cual se pintan los otros colores, con líneas o figuras. Es un engaño. Un examen minucioso de muchas piezas de Copán, Comayagua y otros lugares, además de mis propias experiencias, me han convencido de que esa capa espesa que parece color no es sino el mismo barro negro que, al ser quemado, se ha vuelto anaranjado en la superficie y ha quedado negro por dentro por falta de calor. Cuando el calor del fuego es muy fuerte, se vuelve blanco amarillento o rosado.

Dado el primer color general, la alfarera lo alisa con la piedra fina de alisar, para prepararlo a recibir la pintura de líneas o figuras hechas con otros colores.

No todos los colores son pegajosos: los que son pobres en arcilla o alúmina no pegan; deben ayudarse añadiéndoles arcilla; los ricos en arcilla se lustran fácilmente.

44.- LAS ALFARERAS DE HONDURAS
En Honduras, cualquier alfarera es una artista primorosa. Conoce todos los secretos de su arte y sabe dominarlos.[2]

La artista alfarera de Honduras, en la alfarería moderna, ha debido limitarse a trabajar para el mercado solamente, y no para vivir del arte. Así, aunque sus vasos son llevados artísticamente en la hechura, sin embargo han perdido la tradición de la policromía. Ahora se contentan con un solo color, el **ocre rojo**, que saben dar y bruñir perfectamente. Pero esto lo hacían también los mayas antiguamente, porque los bellos vasos policromos eran para los dioses y los difuntos. A veces adornan con dibujos de flores blancas sobre el rojo, después de haber alisado este color; otras veces, sobre el color rojo alisado pegan papeles cortados en figuras de flores: al quemar la olla, se quema también el papel y queda la impresión de la flor en color blanco.

En alguna parte aplican color negro, pero cuando la olla sale de cocerse y está todavía caliente.

En fin, las alfareras de Honduras, aunque han perdido mucho de la tradición maya, sin embargo la poca que les ha quedado la están conservando bien.

La artista del barro, en Honduras, ha conservado para nosotros la verdadera tradición maya.[13]

45.- LA ALFARERA CIEGA

En el pueblito de las montañas del Valle de Agalta, San Agustín, vive una joven ciega. Esta joven es una gran artista en alfarería. Aunque ciega, hace vasos de barro perfectos con el solo tacto. Aún reproduce palomas, pavos y otros animales a la perfección; con solo tocarlos con las manos le basta para darse cuenta de su forma, y la reproduce primorosamente.

Así resulta que las alfareras de Honduras, aun privadas de la vista, son grandes artistas del barro.

46.- EL REZO DE LA ALFARERA

La niña ciega, que actualmente tiene 48 años, se llama María Trinidad de Jesús Hernández Escoto. Ella aprendió a los 13 años de edad a hacer vasos solamente mirándolos hacer, y quedó ciega,

---

[13] He omitido la larga nota polémica sobre las distinciones raciales entre "vasos mayas, chorotegas y lencas", pero conservo aquí la idea central: el autor distingue mejor entre vasos ceremoniales, domésticos y de distinta calidad de hechura, antes que entre supuestas "razas" cerámicas fijas.

aunque no del todo, porque ve como sombras y distingue, aunque no perfectamente, los colores. Me regaló tres vasos: uno grande, en figura de jolote o pavo, perfectísimo, y los otros dos como ceniceros en forma de paloma.

La alfarera ciega es muy piadosa.

Para hacer los vasos tan perfectos como los hace, imitando animales o cosas, se encomienda a la Santísima Virgen para que le dé luz y no le haga hacer cosas impropias. Toca los animales o cosas y los reproduce a la perfección.

La otra alfarera de Yamaranguila me contó algo sobre el rezo de la alfarera religiosa y buena.

Rezan para toda clase de trabajo: o van a buscar el barro o el color, o van a comenzar a trabajar la olla; la alfarera reza así:

"En el nombre de Dios, la Virgen y San Francisco —es el patrono de Yamaranguila—, que no se pierda mi trabajo".

Aquí debe observarse cómo se ha conservado la antigua preocupación de que no se pierda el trabajo.

El rezo, sin embargo, es bueno y recto y conforme a la religión cristiana.

Me dijo también:

"A las ollas no les rezamos, sino que tomamos rezadores para el trabajo de milpas —cultivos de maíz— y para todas las composturas de otros trabajos. En La Campa antes lo hacían, pero ahora no. Esto lo hacen con jolotes, refrescos, candelas, cacao, etc.".

47.- LA FIESTA DEL BARRO Y EL SACRIFICIO EN LA CAMPA. RESTOS DEL ANTIGUO CULTO DE LOS MAYAS

En La Campa quedan las mejores alfareras de Honduras, con sus antiguas tradiciones de arte y también de culto maya.

Según he descrito en el capítulo donde trato de la fiesta de San Isidro, en Yamaranguila, los mayas antiguos, y sus descendientes modernos también, hacían sacrificios de animales y aún se sangraban y mutilaban ellos mismos, o hacían sacrificios de hombres, mujeres y niños, para pedir el bien de sus personas y de sus cosas, sobre todo, buenos tiempos, buenas cosechas y mucha salud. Sacrificaban muchos animales; y también sacrificaban agua, ofreciéndola en tacitas cavadas en las piedras donde salía el agua de un manantial, como lo he encontrado yo también en Tenampúa, y lo he descrito en uno de los capítulos anteriores.

Es instintivo en el hombre el sentimiento del deber hacia Dios; Dios le ha puesto este sentimiento en la misma naturaleza para que el hombre espontáneamente lo haga, de la misma manera que ha colocado en el hombre el sentido del agradecimiento y el amor a sus padres y a sus hermanos. Así, los pintores cristianos bizantinos rezaban a la Odegetria, o sea, ante la imagen de la Santísima Virgen, Guía de los Hombres, para que los guiase bien en su trabajo, y así los buenos cristianos rezan antes de comenzar una obra.

Los mayas eran muy religiosos; no emprendían una cosa sin antes rezar al dios conveniente para emprender su obra. Así, los mercaderes y los caminantes se llevaban platillos para quemar incienso por la noche, en el lugar adonde pernoctaban. El Obispo Landa describe estas ceremonias profusamente.

Sobre todo, los que tenían siembras de maíz, o cacaotales, o al tiempo de recoger la miel, o los pescadores y los que fabricaban ídolos de barro o de madera y piedra, hacían sus fiestas y rezaban y ayunaban mucho.

Precisamente, en un vaso de Copán parece que están representados los remitentes escultores de ídolos de barro o de madera.

Los campesinos de hoy, aunque cristianos, siguen estas tradiciones, y mezclando la cruz y los santos y oraciones cristianas, con los ruegos a antiguos dioses mayas que ya no conocen, hacen sacrificios de aves, especialmente de "jolotes", o sea, pavos, y de gallos de plumas blancas, mezclando en esto muchas velas o incienso, frente a las cascadas y fuentes y lagunas para obtener buena agua, y en medio de las milpas o campos de maíz, arboledas y sementeras, para obtener buenas cosechas.

De la misma manera los mayas, y lo describe Landa, hacían sacrificios y oraciones antes de emprender el trabajo del barro.

En La Campa ha quedado un resto de estas ceremonias y lo voy a describir.

48.- ORACIONES Y PRIMER SACRIFICIO EN EL BARRIAL

El tener bueno y abundante barro para el trabajo de loza, es cosa muy importante. Algunas alfareras tienen cuidado de los cuartos de luna, antes de ir a sacar el barro.

En La Campa se hace todavía, cada año, LA FIESTA DEL BARRIO.

Allí el espíritu alfarero maya se ha quedado más intenso y compacto, aun en forma familiar y de corporación; por lo tanto, allí se encuentra conservado vivo el antiguo espíritu maya.

Recuerdan todavía las ancianas de La Campa que, de la misma manera que se le hacía fiesta al maíz nuevo, cada año, con rezos, bailes y borracheras, yéndolo a encontrar en el camino con el maíz viejo, así iban a los barriales, en donde sacaban el barro, en la noche, con el rezador, con velas o sea candelas en manojitos, para encenderlas al pie del barrial, lo mismo como hacen con los santos de la iglesia; iban con un "jolote" o pavo blanco para enseñarle el barro; el rezador, una vez llegado frente al barrial, rezaba, y le hablaba al barro mismo, como si hablara con una persona viva que lo oyese o un dios que estuviese dispuesto a escucharlo y acceder a sus ruegos.

Iba el REZADOR, solo, acompañado únicamente de dos personas, ya entrada la noche, como a las nueve, y con mucho misterio. Iba llevando el "jolote" blanco con mucho cuidado; los otros dos hombres llevaban las velas.

De antemano preparaban una cruz hecha de palos, hincada en el barro.

Al rezar, el REZADOR, y hablándole al barro, iba sacándole al "jolote" las plumas para hincarlas en el barro, alrededor de la cruz y en medio de las velas encendidas, también hincadas en el barro.

Era este el primer sacrificio que se le ofrecía al barro, y la víctima era el jolote, mensajero de los hombres, para obtener barro bueno y abundante.

49.- EL ÚLTIMO SACRIFICIO Y EL ÁGAPE SAGRADO

Los mayas tenían señalados tiempos para hacer sus ídolos y los hacían con mucha penitencia. En el mes de Mol, el mes de la Piedra Preciosa, según lo describe Landa, buscaban con mucha religiosidad la madera sagrada, el cedro, y seguramente, el barro también. Era cosa muy peligrosa no cumplir lo que era debido.

Las alfareras de La Campa, a lo menos algunas, sienten que son las continuadoras de la antigua tradición maya. Quieren cumplir con la divinidad, porque temen el castigo.

Por lo tanto, mientras el "rezador" estaba cumpliendo el primer sacrificio, procurando tornar propicio al dios del barro, en la casa esperaba la gente.

Cuando el mensaje estaba hecho y el primer sacrificio de oraciones y de plumas de "jolote" estaba cumplido, entonces volvía el "rezador" a la casa, donde la gente se había quedado esperando.

Allí entonces, con un cuchillo de madera se sacrificaba definitivamente al "jolote", degollándolo en el lado derecho, y cortándole después la cabeza para quitarle la sangre, como último sacrificio. Siempre es la cabeza la que se ofrece al Santo o al Dios a quien se está pidiendo.

El "rezador" sacrifica al "jolote" rezando largamente.

Allí están esperando los nueve vasos de chicha (porque así lo mandó Dios a nuestros padres, Adán y Eva, con el "jolote".)

Finalmente, cocinan el "jolote", lo comen y beben la chicha sagrada.

Así el dios del barro concederá a las alfareras buena loza y vida feliz.

50.- EL RECUERDO DE LAS ALFARERAS ANCIANAS

En La Campa, las alfareras ancianas recuerdan todavía todo esto. Ahora no todas lo recuerdan ni lo quieren recordar: no siguen más esta costumbre, y, si alguna lo hace, no quieren participar.

Pero hay algunas ancianas que sienten todavía el gusto de la fiesta antigua, la fiesta del barro, los rezos y sacrificios que se le hacían al barro cada año, y de la misma manera que siguen haciéndolo al maíz, pagan al "rezador" y nombran "padrinos de la fiesta". Y entre estas ancianas, unas de las primeras son las que sirven con más asiduidad y atención en la Iglesia, porque sienten, en su sencilla religiosidad, que con esto alaban a Dios y le dan gloria en su trabajo del arte del barro.

Tegucigalpa, 13 de noviembre de 1947.

VIII. LOS COLORES DE LOS MAYAS

1.- DOS CLASES DE ALFARERÍA MAYA

Por los estudios anteriores se ha visto cómo los mayas fueron maestros en alfarería, y que copiaban en el barro, de manera magistral, las formas de sus vasos más ordinarios, que eran la jícara y la calabaza.

Este uso se sigue todavía por tradición; y de la misma manera se continúan aplicando los bellos colores que ellos usaban en los vasos diarios, como son el rojo, el blanco y el negro.

Se debe comprender que la alfarería maya consistía en dos clases bien distintas. Se ha creído, juzgando con criterio imaginario, más que real, que la diferencia en los vasos de alfarería encontrados en tumbas, casas arruinadas o basureros, era producto de los mayas cuando se trataba de alfarería rica y bella, y de lencas si era de alfarería sencilla, o de chorotegas, si de alfarería bícroma. Esta división imaginaria no tiene base, porque estos nombres son mal entendidos y peor aplicados.

Una clase de alfarería finísima, riquísima y artísticamente policromada usaban los mayas para sus dioses, para sus tumbas, para sus ceremonias y aún en sus casas como ostentación de riqueza y para regalarlos en casos especiales. Pero es lo más probable que esta alfarería no era de uso diario, porque siempre se ha encontrado intacta. Mucho más, que al lavarla se desmejoraba en su lustre y en sus bellos colores.

Es verdad que las alfareras de hoy producen loza pintada de rojo que se puede lavar. Pero el rojo, óxido de hierro, se combina bien químicamente con la arcilla. Pero otros colores más delicados no resisten del todo.

Otra clase de alfarería maya era la de uso diario en las casas, tanto ricas como pobres, al lado de los vasos de calabaza y de jícara, que entre los mayas, como entre sus hijos de hoy, han siempre existido desde que Adán los creó.

Entre esta loza, que podemos llamar diaria, la hay más fina o más ordinaria, lo mismo como sucede en nuestros tiempos. Especialmente la de la cocina se distingue inmediatamente, por ser ahumada por fuera.

Es, por lo tanto, inútil discutir si una u otra loza sea de una u otra gente, mucho más que de ordinario, en un mismo lugar se encuentra loza fina mezclada con loza usada y loza ordinaria, polícroma, bícroma y monócroma, o aun sin ningún color. Y esto porque, a veces se ha excavado en una antigua habitación de ricos o de pobres y otras veces en un basurero o en montículos, cuyos residuos pertenecieron a un basurero.

Sobre todo esto, es indudable que los mayas, ricos o pobres, fueron los maestros de las formas y de los colores en sus vasos.

2.- LOS MAYAS NO USARON PEGAMENTO NI BARNIZ

Se ha dicho y repetido que, para dar un lustre tan bello y para que los colores permaneciesen bien firmes en los vasos, los mayas usaron alguna substancia pegajosa, como son jugos de plantas, o clara de huevo, o copal, o barniz, o si no los gusanitos de que habla Landa, y de los cuales he dado noticias en capítulos anteriores.

Sin embargo, nada de esto es cierto. Los mayas no usaron pegamento ni barniz. El pegamento para fijar los colores fue únicamente el agua pura.

Por las numerosas experiencias que he hecho yo mismo, reproduciendo los vasos de la misma manera como debieron hacerlo los mayas, y continúan haciéndolo las alfareras de Honduras, se observa que los colores se fijan con agua, permaneciendo pegados estrechamente al barro cocido. Pero se necesitan condiciones tales, sin las cuales no se obtiene el resultado indicado.

Ante todo, se debe saber que cualquier substancia de origen orgánico se volatiliza con el fuego y no queda nada.

Así, siguiendo una sugerencia del Sr. Coronel Sanabria, que me proporcionó un poco de carbón molido encontrado en una tumba del Valle de Comayagua, pensando que esa era la materia colorante que producía el negro bellísimo de los vasos mayas, pinté con ese color; pero se volatilizó. Lo mismo sucedió con otras substancias de origen orgánico, las que abandoné, por inútiles.

Ensayé con la clara de huevo y con otras substancias inútilmente.

Entonces me mantuve firme usando como fijador el agua, y me ha dado los mejores resultados y todas las experiencias hechas con el fijador AGUA, han salido perfectamente.

Las condiciones que se necesitan, sin las cuales no sale perfecto el vaso y los colores se destiñen y se van al lavarlos, especialmente si son húmedos o han quedado en la humedad, son algunas de las que recordaré aquí, y en gran parte ya he expuesto en los capítulos de la alfarería moderna.

Ante todo se necesita un arte perfecto y un conocimiento hondo del barro, de los colores y de todos los secretos que encierran, desde que se busca el barro para hacer el vaso hasta que se saca del horno, sin olvidar ningún detalle, porque un solo detalle, por despreciable que sea, puede costar una desilusión.

Esto lo saben bien las alfareras modernas, aunque se han quedado en atraso con los mayas, porque ya no dan sino uno o dos colores, y a lo más los colores más fáciles: el rojo y el blanco. El negro lo dan después de cocido el vaso, y todavía caliente, especialmente con substancias tánicas.

3.- LOS COLORES DE LOS MAYAS QUE HE DESCUBIERTO

Solo recientemente, y mientras estaba hilvanando estos capítulos, descubrí los propios colores que usaron los mayas en sus vasos, y también algunas de las mañas, tanto de los mayas como de los mismos colores.[14]

Efectivamente, en la ocasión en que fui a caballo a la población de La Libertad, distante unas diez leguas de Comayagua, pasando por el Valle de Maniání o del Espino, el 23 de julio de este año de 1947, y observando por todo el camino, como suelo hacer en mis viajes, para que nada me huya de lo que me interesa, y buscando especialmente el color rojo, observé vetas de esquistos verdes con superficie sedosa de talco; después una pequeña piedra que me llamó la atención, roja de una parte y amarilla clara de la otra; la recogí, me dio los dos colores, y seguí andando contento. Al rato, cerca de San Jerónimo del Espino, encontré otras piedras interesantes, rojas y amarillas. Una especialmente, roja oscura, piedra dura, que soltaba un color bello rojo oscuro. Después, pasando Jamalteca, encontré piedras bellas, rosadas, anaranjadas y de variados colores, desde el amarillo blanco hasta el rojo más oscuro, y esto, hasta La Libertad y Ojos de

---

[14] Esta referencia tiene valor documental: el autor menciona una carta recibida de Antonio Mordini, arqueólogo italiano, interesándose en el examen químico de los colores usados por los mayas en la América Central. El autor contrapone a ese camino el suyo propio: haber encontrado in situ los mismos colores que usaron los mayas.

Agua. Tanto en la ida como en la venida, recogí ejemplares bellísimos, que reducidos a polvo, me dieron bolitas de colores variados con las cuales comencé los ensayos que me han dado resultados que realmente son importantes para estos estudios mayas.

Con la ayuda de la buena alfarera de La Campa, se hizo una olla a la manera maya y se le dieron los colores como los debieron dar los mismos mayas. Con otra también se hizo lo mismo. Ensayé con todos los colores que había traído. El resultado fue muy satisfactorio, y más, algún resultado contrario a lo esperado, me sirvió de enseñanza sobre las mañas que tienen el barro y los colores, y que las alfareras conocen perfectamente.

Era el primer triunfo y la primera revelación sobre los colores mayas, que comuniqué al Sr. López Rodezno, Director de la Escuela de Bellas Artes, quien desde entonces ha tomado todo el interés sobre los colores que existen en Honduras, y al Sr. Marek, experto en cerámica del mismo Instituto, quien también se ha interesado científicamente. Desde entonces, también en el horno eléctrico del Instituto se han hecho experimentos que han servido para demostrar, una vez más, que lo que estoy escribiendo sobre este asunto está científicamente correcto. En la hornilla de la cocina, y usando leña de pino y de roble, he reproducido al natural la cochura de los vasos de los mayas y el calor que ellos podían obtener, lo mismo como lo hacen las alfareras modernas.

4.- LOS COLORES Y SUS MAÑAS

Obtenido el primer resultado, yo me di a examinar cuáles eran los colores que ofrecían menos dificultad y que resistían más después del cocimiento.

Una de las desilusiones fue el bellísimo color amarillo, que al alisarlo toma un lustre brillantísimo, y sin embargo, después de cocido el vaso se tornaba de un bello color anaranjado. Otros colores no quedaban fijos y otros se espolvoreaban después de la cochura; otros se despegaban antes de cocerlos; y otros se tornaban polvo.

Sin embargo, a pesar de que Morley afirmaba que los mayas habían sido obligados a no pasar del calor de 730° centígrados, hicimos la prueba con todos estos colores que yo tenía a la mano, en el horno eléctrico graduado en la Escuela de Bellas Artes, y los colores no se cambiaron y permanecieron muy bellos y brillantes, a los 590°, los 850°, los 1800° grados centígrados. Solamente algunos colores rojos oscuros se volvieron casi negros; pero otros colores rojos, como el de La Campa, permanecieron fijos.

De esta manera, se pudieron estudiar las mañas de los colores y las causas de estas mismas mañas. Y es que algunos son más cargados de hierro que otros, algunos tienen más manganeso, o más titanio; los que espolvorean contienen poca arcilla, o sea, poca alúmina, que es el elemento pegajoso que sirve para fijar, y muchos de los colores lo necesitan y los mayas lo usaban.

También el elemento fuego, el fuego de leña, especialmente de ocote o pino, con su oxígeno, o sea, el elemento sumamente oxidante, su carbono, el humo-carbono que despega, el vapor que sale de la leña que se quema, las resinas y otros elementos o gases que se forman quemando la leña; todo tiene influencia sobre la arcilla, sobre los colores y sobre todo el conjunto de minerales contenidos en el vaso pintado. Por de pronto, la arcilla del vaso y la contenida en los colores, y los minerales de la una y de los otros, bajo la influencia del calor, se unen. Los colores que contienen hierro se oxidan inmediatamente y se vuelven rojos, o sea, óxido de hierro, si no se defienden del inmediato contacto con el oxígeno. Así sucede que los colores amarillos, y los colores oscuros, ambos conteniendo más o menos hierro, se tornan rojos.

A pesar de todo esto, los colores que más resisten el metamorfismo que sucede bajo la influencia del fuego, son los colores BLANCO, ROJO y ANARANJADO. El blanco crema muy claro, natural o mezclado, queda amarillento. Así se explican estos colores de fondo muy comunes en los vasos mayas: el Blanco, el Nácar, el Amarillento, el Anaranjado y el Rojo. Porque estos colores eran los más fáciles de manejar y los que eran menos caprichosos y ofrecían menos mañas y sorpresas.

Sobre todo, el color anaranjado fue el que se usó más en el tiempo clásico maya y aun después, ya que era el más común y el más natural.

El azul que se ha encontrado en Dolores de Copán es el que menos resiste, y el gris oscuro-negro se torna azul-gris claro.

El negro, si se usa sin cuidado, se torna blanco.

5.- LOS BELLOS COLORES DE HONDURAS

Después de las primeras grandes pruebas, pedí colores a todas partes en donde sabía haberlos. Ya tenía algún rojo de Potrerillos y de Comayagua, amén de algún color rojo oscuro: estos habían sido encontrados en tumbas por el señor Sanabria.

Pude obtener los bellos colores del camino de La Paz a Guajiquiro, mucho más arcillosos que los de La Libertad; los de Dolores de Copán, sacados de piedras, comprendiendo el celeste que al fuego se torna blanco, todos estos sacados de piedras minerales y pobres de arcilla. Me llegaron los bellos rojos de Santa Cruz de la Sierra (Departamento de Lempira, que usan las alfareras de La Campa), con pepitas brillantes y ricos de arcilla, y que toman un lustre muy vivo; el rojo de Ojojona, sin pepitas brillantes.

Con estos, yo he tenido en mano casi todos los colores del iris, aun el verde claro que ha venido de Cane.

Viajando entre las montañas, en los cortes de las carreteras o en los derrumbes de los barrancos, yo he podido comprobar que Honduras tiene todos los colores, los más bellos, que se pueden aprovechar como tintas, y en algunas partes los aprovechan. Pero falta la industria que podría ser muy ventajosa. Sin embargo, Honduras fue la región maya que más brilló por sus colores.

Es necesario estudiar más a Honduras, y en cuanto a los colores, ir por sus montañas y sacar de las entrañas de la tierra las riquezas que tiene, buscarlas y encontrarlas, como yo lo he hecho. Como lo hicieron los mayas antiguos, los cuales, a fuerza de ensayos, triunfaron en Honduras, sobre todos los demás, en arte de alfareros insuperables.

Las dificultades eran muchísimas, cuando se piense que debían dar los colores sobre un vaso no todavía seco, ni húmedo, y así alisarlo; que si se pasaba de un punto, ya no era bueno para ser trabajado; y en vasos de dibujos complicados y de muchas pinturas, se necesitaba una rapidez y seguridad extraordinarias, para que los colores saliesen de igual intensidad y las líneas, especialmente las rectas en derredor del vaso, fuesen de un solo grosor y rectas; y esto sin haber conocido los mayas el torno; y hacer las figuras iguales; y, con todo eso, no se pasara el punto de la humedad para poderle dar el lustre tan hermoso que era el hechizo que tenían los vasos mayas de Honduras, y en especial, los del Valle de Comayagua y de Sulaco.

6.- EL ROJO DE COPÁN Y DE HONDURAS

Una bella alfarería maya que fue encontrada en las tumbas de Copán, con rasgos típicos, especialmente en el color rojo conteniendo escamitas de mica con brillo metálico gris acero, fue de repente apellidada COPADOR, porque ese mismo color se encontró existente también en ciertos vasos de El Salvador.

Acaso fue apresurado este nombre.

Porque alfarería igualmente maya, con barro diverso y con rojo brillante como el de Copán, también diverso en diversos lugares, tanto que no se puede asegurar que sea de una misma fuente alfarera, se ha encontrado en Comayagua por el Coronel Sanabria.

Se ha encontrado también en otras partes de Honduras, y yo mismo lo he encontrado. Doy solamente aquí los lugares, y más adelante proporcionaré la descripción.

Tengo piececitas de alfarería con rojo de Copán, encontradas por mí en 1940-41 en Los Liconas, en Jeto, en lo de Baca y en las Vegas del Guanacaste, en Tenampúa, en el Valle de Comayagua, otras cerca de Cucuyagua, otra en la orilla del pueblo de Guaymaca en el camino de Olancho, y otra en El Jaral, sobre el Lago de Yojoa y en Santa Rita de Copán. En todo, a lo menos, en unos diez lugares.

7.- ¿QUÉ ES EL ROJO DE COPÁN?

El rojo de Copán, que llaman así porque fue encontrado por primera vez en la cerámica de Copán, es el mismo rojo que se encuentra en toda Honduras y en todo el mundo. Es el mismo rojo con que los pintores de todo el mundo pintan las cosas más ordinarias. Es un óxido de hierro y nada más, con la sola peculiaridad de ser una variedad que contiene escamitas de mica con brillo metálico gris, como de acero.

Cuando me dirigí al amigo Sr. Longyear, que está en la Peabody de Cambridge, Mass., preparando un trabajo que será notable sobre la cerámica de Copán, yo había ya averiguado, junto con el señor Marek, experto en cerámica de la Escuela de Bellas Artes de Tegucigalpa, que las pepitas brillantes que lleva el rojo de Copán no son hierro. Para asegurarme debidamente, se lo pregunté también al Sr. Longyear y me contestó con amable carta lo siguiente: "La pintura usada en la alfarería Copador está hecha con la hematita especular (Fe_2O_3) y el especial centelleo de esa pintura resulta del uso de ese metal. Que yo sepa, en la pintura de Copán no se han usado substancias adherentes. Ella parece haber sido mezclada solamente con agua. Hay la seguridad de que los colores fueron bruñidos antes de la cochura. Un análisis de varias pinturas usadas en alfarería maya ha sido hecho por Miss Anna Shephard, de la Institución Carnegie, y aparecerá en la relación del Dr. A. V. Kidder sobre Kaminaljuyú, que será publicado en este otoño."

Ante todo, se sabe que el hierro, en el estado nativo, es muy escaso, mientras es frecuente en los meteoritos. En cambio, es buen compañero de una gran cantidad de minerales. Sobre todo, es muy común en las tierras y arcillas por el metamorfismo de contacto, muy especialmente bajo la forma de HEMATITA.

La HEMATITES o Hematita se llama así precisamente porque, por lo general, es roja color de sangre; y en griego la sangre se dice "haima", y el mineral "haimatites". Puede ser durísima y también de color pardo, negro hierro, gris acero, pardo rojizo o rojo sangre y rojo cereza. Puede ser con brillo metálico o sin él, lustroso u opaco. A veces contiene escamitas de lustre metálico más oscuro, y esta es la variedad que se atribuye al ROJO DE COPÁN, con el nombre de "Specularite or Specular Iron Ore", o sea, Hematita especular, o brillante.

Se ha llamado también Oligisto (del griego "oligistos", que significa muy poco, porque da menos metal que otra mena parecida), reservándose este nombre a la variedad cristalizada y cristalina, y el de HEMATITES ROJA a las variedades fibrosas o compactas de color rojo y sin brillo metálico, o con él muy escaso.

La Mineralogía no está tan adelantada como otras ciencias; los autores no dan nombres iguales en la taxonomía de los minerales; por lo tanto, lo que los profesores de la Universidad de Michigan, según las variedades de Hematites, llaman "Specularite o Hematites especular", el texto de Oreste Cendrero lo dice "Oligisto micáceo", o que tiene pequeñas escamitas brillantes; las otras variedades las llaman Hematites fibrosa, Hematites compacta y OCRE ROJO, el que está mezclado con gran cantidad de arcilla. Otros autores tienen diversas denominaciones. Estas variedades, por los profesores de Michigan, son llamadas: Hematites compacta o roja; metal en forma de riñón; **OCRE ROJO,** el cual incluye variedades de tierra, muy blanda y sin lustre, conteniendo a veces considerable cantidad de arcilla o arena; Hematites arcillosa, dura y compacta, generalmente impura porque está mezclada con mucha arcilla, arena o jaspe, y es parda, parda rojiza o roja.

8.- EL ROJO DE COPÁN EXISTE EN TODA HONDURAS

En la descripción que he dado de las variedades de HEMATITES, se ve que son variedades de un mismo mineral, es decir, el ÓXIDO DE HIERRO, común en todo el mundo, pero muy especialmente en HONDURAS, en donde las substancias ígneas de los volcanes y el metamorfismo de las rocas sedimentarias, o no, especialmente de las arcillas abundantísimas en las montañas del país, ofrecen un material muy común de las variedades de Hematita.[15]

Esto se puede comprobar por el color rojo con que las alfareras de Honduras, en todas partes, pintan los vasos que mandan a los mercados.

Tanto en el color rojo, como en los otros colores bellísimos que usan todavía algunas veces y que usaban los mayas ampliamente en la alfarería, las escamitas brillantes grisáceas que existen en el color ROJO DE COPÁN, son comunísimas, como lo he observado en los numerosos colores que hice venir de Guajiquiro, de Cane, de Dolores de Copán, de La Paz, y que yo mismo recogí en el camino de Comayagua a La Libertad. Ordinariamente, todos estos colores contienen más o menos arcilla, o tierra, y una cantidad de arena o pequeñísimos cristales de cuarzo, pepitas o láminas o escamitas de mica y de hierro magnético, que se presenta en polvo negro-grisáceo, que es atraído por el imán inmediatamente que se le acerca. Este polvo es tan común, que se encuentra por todos los caminos de las montañas, en líneas largas negras, separado de la arena, y hasta corre por las calles de Tegucigalpa y de Comayagüela.

Las alfareras de La Campa sacan el rojo con pepitas brillantes. Este rojo lo compran de los naturales de Santa Cruz de la Sierra, que está en el camino que de Erandique a Gracias pasa por esa población. Ese rojo es riquísimo en cristales de cuarzo, pepitas de mica y de hierro magnético, y es muy brillante, por la arcilla y alúmina que contiene y tal vez manganeso. El rojo de Ojojona es menos brillante y contiene menos arena. Pero esto depende del sitio en donde se recoge. De Santa Cruz de la Sierra viene la Hematita de varios matices y con varios grados de impurezas, toda rica en arcilla, así que

---

[15] Nota conservada: Mantengo esta nota porque corrige una interpretación importante: no es cierto que el rojo de Copán fuese sulfuro de mercurio o cinabrio mezclado con grafito. El rojo de Copán es una hematita de variedad brillante; si hubiese mezcla, podría ser con hematita parda o barro negro de Copán u otro que contenga escamitas de mica brillante.

toma un lustre brillantísimo. Pero el rojo y otras hematitas pardas, grises y negras, existen también en los alrededores de La Campa.

En el Valle de Comayagua, las alfareras de la Villa de San Antonio compran el rojo de los mercaderes que pasan por allí viniendo de El Salvador; sin embargo, poseen un bello color rojo casi a portada de mano, en el camino de La Paz a Guajiquiro. Lo mismo en Copán, las alfareras chortíes no pintan los vasos, porque no saben dónde encontrar los colores; sin embargo, los mayas de Copán los tenían a la mano, en las montañas cercanas, y los usaban ampliamente. Tanto esto es verdad, que habiendo solicitado de Mr. Gustav Strömsvik que me mandase algunas arcillas de Copán de varios colores que le indicaba, me contestó que no sabía qué hacer, porque eran muchas las que se encontraban en todas partes. Efectivamente, de allá me fue mandada una arcilla negra de las más bellas que tengo a la mano y otra roja, o sea, un bellísimo ocre rojo.

9.- SE HA PERDIDO LA TRADICIÓN

En gran parte se ha perdido la tradición. Las alfareras de La Campa la conservan en el dar el rojo brillante. Este rojo no es perfectamente el de Copán, ni las pepitas parecen las mismas. Pero se ha perdido la memoria del sitio en donde se encontraba el rojo bello y brillante como el que usaban en Copán y en otros sitios. Sin embargo, este rojo existe y se debe buscar, ya que existen las mismas pepitas en los otros colores en varias partes del país, especialmente en el barro negro, que también es hematita. El rojo de La Campa se acerca mucho al de Copán; y de esta Hematita existen varios matices, más claros y más oscuros y más color cereza, a los cuales las alfareras de La Campa, al darles lustre, les sacan también el brillo a las pepitas que contienen, sea de cuarzo o de mica; principalmente de mica. Sucede que actualmente y en general, se purifica el ocre rojo pasándolo por un cedazo o un lienzo y le quitan la arena o cuarzo y escamitas de brillo metálico, y de esta manera lo vuelven sin brillo. Ahora hay que encontrar nuevamente, en Honduras, el mismo rojo de Copán, porque debe existir. En la misma Copán se hacían esos vasos, con esa Hematita brillante, pero se ha perdido de dónde se sacaba. Al buscarlo se encontrará nuevamente.

Además, de la misma manera que en La Campa existen varios matices de Hematites rojo, u Ocre Rojo, también en Copán aparecen por lo menos dos matices de Hematita roja brillante, una más oscura y más color cereza, y otra más clara y un poco amarillenta. Es claro que, aunque sacados del mismo lugar, eran dos venas de Hematita metamorfoseadas en diverso modo: acaso con más o menos manganeso o con más o menos titanio.

Poseo pedacitos de alfarerías de Copán que me lo aseguran.

Pero hay más. Tanto en Copán como en otras partes, existen en los vasos varios matices de Ocre Rojo sin brillo. Y lo mismo sucede ahora, que las alfareras de ordinario hacen loza sin cristales brillantes y a veces la hacen con brillos.

Ahora bien, se puede indagar el porqué de esto, de que la loza con ocre brillante no era muy común, lo mismo como ahora; porque, a veces, les gustaba el brillo en el Ocre Rojo. Preguntada una alfarera, respondió que así es más bonito y les gusta.

No debe ser esta la exacta respuesta, en el caso de los mayas, y sospecho que debe haber en el fondo algún motivo religioso; especialmente si se piensa en que el rojo es el color del oriente, y como el guacamayo, un representante del SOL DIURNO, el cual tiene siempre sus rayos brillantes, y puede ser que el Ocre brillante tenga que ver algo con el culto del Sol.

10.- EL ROJO DE COPÁN NO ES IGUAL EN TODOS LOS EJEMPLARES

Yo no veo que el rojo de Copán se encuentre en una alfarería hecha en un solo lugar, ni que estos vasos hayan sido trasladados por vía de comercio, ni que este rojo quiera decir simplemente INFLUENCIA DE COPÁN.

Ante todo, este rojo se encuentra en la naturaleza, donde más, donde menos. Además, en Copán mismo existen vasos con el "rojo de Copán" en dos o tres tintas diversas por lo menos, lo que significa que no era una misma HEMATITA, porque hay diversos tonos de color rojo, según cómo y dónde era sacada de la veta. Item, era usada por manos diversas y también en tiempos diversos, como se observa por la diversidad de las piezas, más sencillas o más ricas, que se han extraído de la misma Copán. Item, ese rojo se daba sobre vasos hechos de barro diverso o cocido diversamente en la misma Copán; por ejemplo, tengo pedacitos de alfarería que aparecen como hechos con barro blanco, otros con barro amarillento, otros con barro negro arenoso, de ese barro negro que se encuentra en la misma plaza de Copán y se ha encontrado haber llenado las mismas tumbas. Este barro negro, según la manera o grado de cocimiento, se vuelve anaranjado o blanco amarillento, todo o solamente en una superficie más o menos honda, dejando el interior negro o gris en un espesor que varía mucho hasta nada. He obtenido barro negro de Copán y, hecha la experiencia, ha resultado barro igual al de la loza antigua, con su arena natural mezclada. Aun las alfareras modernas, cuando quieren hacer loza durable, ocupan el barro negro, acaso porque es más plástico y se trabaja mejor. Hechas las experiencias, he observado que el barro negro, según la cochura, se torna de un bello rojo claro anaranjado, o se vuelve blanco o amarillento, o se queda negro. Y poseo una cantidad de trocitos de alfarería antigua de muchas partes de Honduras, que me dan la experiencia de lo que digo. La alfarería maya de todo el Valle de Comayagua se comporta de la misma manera como la de Copán, ya que poseía en todo el Valle los mismos elementos y los mismos colores de toda Honduras, la cual parece sacada, geológicamente, de una misma pieza.

Hecha ahora mejor observación, me he dado cuenta de que el barro negro era usado mucho más de lo que se cree. Por lo mismo que se encuentra alfarería amarillenta o anaranjada, y muchas veces no es este el color de la pintura dado en la superficie, sino que es el barro negro que al fuego se ha vuelto de otro color. Esto mismo me ha sucedido a mí, con todo mi asombro, y es cosa común entre las alfareras y ceramistas. He pedido barro negro de La Campa, dando instrucciones para que antes de mandarlo verificaran si queda negro, y no me lo han mandado, diciendo que se torna blanco, y no han podido encontrar el que queda negro. Sin embargo, con el barro negro que me han mandado de Copán y de La Campa, he obtenido color negro y color blanquecino.

11.- LUGARES EN DONDE SE HAN ENCONTRADO VASOS CON OCRE IGUAL AL DE COPÁN

El rojo de Copán se ha encontrado en la alfarería de las ruinas de Copán, de la edad áurea, pero parece también anterior a ella. Las piececitas que tengo como muestras están todas hechas con barro negro, algunas cocidas del todo, otras cocidas menos en el interior, de manera que el barro ha dejado una línea gris o negra, más o menos delgada; todo lo demás, de un color blanco amarillento. En algunas piezas aparece que no se le ha dado ninguna pintura general de fondo: sobre el mismo negro se ha pasado al decorado rojo; en otras se ha dado una tinta de fondo que aparece como anaranjado claro, sobre el cual se ha hecho el decorado rojo brillante combinado con líneas negras.

El rojo de opán se ha encontrado en El Salvador, por lo cual le pusieron nombre copador, nombre acaso no bien justificado. Efectivamente, este rojo y esta decoración se encuentran en otras partes de Honduras. En El Salvador, he recogido pedacitos de alfarería en el gran montículo TAZUMAL, cerca de Chalchuapa, en donde habitaron los pocomames, o antiguos mames (Poco significa viejo en lengua pocomchí, rama de los mayas); allí encontré dos pedacitos, que tengo, con pintura roja de Copán. Comparadas las piezas de Tazumal con las de Copán, encuentro que también están hechas de barro negro, vuelto blanco amarillento con la cochura. Las diferencias del barro son pocas y solamente parece más blando y un poco más blanco el de Chalchuapa. En estas piezas, los dibujos, el arte y el mismo rojo, y aun la manera con que se ha aplicado, son diferentes a los de Copán.

El rojo de Copán se ha encontrado en el valle de Comayagua. Precisamente piezas se encontraron por el Coronel Sanabria excavando el sitio indicado como "San José de lo de Baca", en la orilla izquierda del río Humuya, cerca del Montículo Grande que yo llamo TEMPLO CENTRAL. Este sitio representa uno de los barrios centrales de la gran Metrópoli que existía en el Valle de Comayagua, gran centro de los mayas, todavía desconocido.

En el montículo, alto apenas un metro, a la profundidad de m. 1.50, encontré varias piezas de un vaso de mármol bellísimo, unos seis cadáveres cuyas cabezas son aplanadas a la manera maya, mucha alfarería primorosa, entre la cual, un vaso con el Rojo de Copán, sobre color anaranjado como fondo general; y otra pieza con rojo de Copán y rojo claro y negro por colores decorativos. En la banda superior están pintados los motivos jeroglíficos muy comunes y algo estilizados. Uno de ellos parece ser una cabeza de sapo, o sea, un signo de uinal que significa mes, que podría ser también símbolo del dios de la lluvia. Esta figura es muy semejante a la figura del signo uinal que se encuentra en el zoomorfo B de Quiriguá, reproducido por Morley en la pág. 71 de su *Introduction to the Study of the Maya*. Esta figura es muy común sobre los vasos de Comayagua.

Este signo está acompañado por otros dos situados detrás de la cabeza y señalados por tres puntos que parecen significar el número tres. En el signo superior se ven dos bandas cruzadas como si fuese el jeroglífico del mes ZIP, o del mes UO, quedando la duda por falta de superíndice; y el que está debajo de él es el signo del día MULUC, que significa cosa muy preciosa, como puede ser el agua o la lluvia. Enfrente de la cabeza parece que está el signo de Venus, un poco estilizado, que tiene también significado de final, como si fuese una fecha final: está acompañado por tres puntos, que pueden significar un número tres. Debe notarse que estas figuras, como muchas otras del Valle de Comayagua, en lugar de mirar hacia la izquierda, miran hacia la derecha; además, son figuras muy comunes a muchos otros vasos del Valle, o por lo menos semejantes, y comúnmente situadas en el borde del vaso.

En el cuerpo de este vaso aparece una figura muy ataviada, de la cual se ve solamente la cabeza, de tipo genuinamente maya, con frente aplastada y nariz inconfundible. Se ven también otras figuras decorativas encerradas en cuadriláteros pintados de negro. El barro con que está hecho el vaso es barro negro, de contextura un poco diferente del barro negro de Copán, como se deduce por la arena blanca y escamitas micáceas de brillo metálico gris que contiene, escamitas iguales a las del rojo con que está pintado.

Esta es la segunda pieza que el Gobernador Sanabria halló en ese montículo. La primera pieza que encontró tiene una faja de rojo de Copán un poco más claro y más color cereza, es decir, un poco más azulado, y hecha con barro negro, que con la perfecta cochura se ha vuelto completamente blanco amarillento, un poco rosado; además, las escamitas micáceas brillantes son más grandes que en las otras piezas. También, en la segunda pieza de que se ha hablado, el barro se ha quemado en la superficie y se ha vuelto anaranjado, mientras que todo el interior se ha quedado negro, acaso porque no le ha entrado oxígeno para oxidarlo; y su rojo tiene las pepitas más pequeñas como las demás piezas.

De todo tomé fotografías y obtuve muestras, que mucho me han servido para estudiarlas de la misma manera que las muestras de Copán.

Después que el Coronel Sanabria encontró el primer vaso con Rojo de Copán, tuvo ocasión de comunicarlo a la señora Doris Stone, que estaba entonces en Honduras con el notable señor Samuel Lothrop, y los llevó al lugar del hallazgo, donde comprobaron el hecho.

El rojo de Copán lo encontré yo en la Hoya de Jeto, situada en la orilla derecha del río Humuya, cerca del Gran Montículo Central, y lugar simétricamente opuesto al de lo de Baca. Es una piececita pequeña de borde de vaso: año 1940-1941; además en Los Liconas.

El rojo de Copán lo encontré yo mismo en Tenampúa, Valle de Comayagua, en el Montículo Central que está encerrado en el cuadrilátero, excavando allí en 1940 y 1941.

Tengo nueve piececitas multicolores, que había pasado por alto, porque las escamitas micáceas brillantes son mucho más pequeñas que en las demás piezas. En las nueve piezas el barro es diferente. La primera pieza, de colores rojo, negro y anaranjado, el barro, aunque perfectamente cocido, se ha quedado negro en el interior y anaranjado en la costra; es barro negro con granulación finísima y escamitas brillantes también, muy pequeñitas, casi invisibles. La segunda pieza está pintada con fondo crema y colores rojo, negro y pardo; el barro usado parece de color pardo, que cocido se ha vuelto color leche y café, mezclado con arena blanca y finísima y alfarería vieja molida. La tercera pieza también tiene fondo crema y ornamentos rojos y pardos; la arcilla usada es parda con mezcla de arena blanca gruesa y alfarería molida, que al cocerse se ha vuelto rosada, exceptuando una línea parda en el centro. La cuarta aparece solamente con color rojo, y el barro pardo color leche y café sucio; es de contextura muy gruesa, con mezcla de arena, conteniendo cuarzo y otros ingredientes no finos. La quinta pieza aparece también con la sola pintura roja; el barro se revela que era pardo y se ha vuelto color leche y café con la cochura; está mezclado con arena blanca.

He examinado muy atentamente varias veces estas piezas de Tenampúa, lugar notable de antiguos montículos, prolongación del Valle de Comayagua y de toda su cultura, y que había sido interpretado demasiado a la ligera, sin ponerlo de acuerdo con la arqueología del Valle. Son nueve piezas que poseo de Tenampúa, en donde el brillo de las escamitas micáceas, muy pequeñitas, es dado por el rojo, y no solamente por este color, sino por todos los colores y por el mismo barro negro o pardo.

Las escamitas son tan pequeñas, que no se revelan de pronto; pero puestas las piezas a la luz del sol, inmediatamente se ven brillar. He dudado si el color rojo las llevaba, las he examinado con lente de ampliación, y he debido convencerme de que no solamente el rojo, sino también los otros colores y el mismo barro.

Ya he dicho que de ordinario el barro negro y el pardo contienen estas escamitas de lustre metálico. En estas piezas, algunas escamitas brillan con color metálico blanco, pero otras son grises; y de las nueve piezas, solamente dos de las escamitas brillan en el barro y no en los colores.

Es posible, por lo tanto, que todos los colores y barros de la región contengan las escamitas brillantes, o que los colores estén mezclados con el barro negro. Este podría ser el caso también del color rojo de Copán y del de los otros lugares, ocho en todo, que estoy describiendo.

El rojo de Copán lo encontré el año pasado de 1946, en agosto, cerca del Gran Montículo, en El Jaral, sobre el Lago de Yojoa. Es un borde de vaso de hechura menos fina: el grosor mide 15 milímetros y está hecho con barro pardo, con mucha arena y aun con piezas de alfarería cocida y molida, conteniendo cristales blancos de cuarzo muy pequeños. Tiene una pintura general de color leche con café y una faja roja en el borde, color cereza, casi sin lustre, y con escasas escamitas micáceas brillantes. El barro, en el interior, ha quedado color pardo sucio.

12.- EL PROBLEMA DEL COLOR NEGRO

Por mucho tiempo, acaso por siglos, los mayas tuvieron un problema serio que no pudieron o no quisieron resolver. Se sabe que los colores de los puntos cardinales eran el color rojo para el oriente y el negro para el occidente. Si se considera que según el mito, los mayas habrían venido por la parte del oriente, se podría pensar que el usar el solo color rojo podía obedecer a una consigna.

Prefiero omitir esta consideración, y tomar el hecho como es. Los mayas no usaron el color negro en los vasos en los primeros tiempos de la alfarería, y este color no se encuentra usado hasta el período de la edad de oro. El negro, usado entonces, es algo parduzco. Después, los mayas se hicieron maestros del negro y lo usaron ampliamente, hasta pintar vasos todos negros, como se ve en Copán, en el Lago de Yojoa y en el Valle de Comayagua.

13.- LA QUÍMICA DEL COLOR NEGRO

El color negro sobre la cerámica se obtiene usando el barro o arcilla negra diluida con agua. No es propiamente arcilla negra, sino que aparece negra cuando está húmeda, pero, cuando está seca, se ve parda, más o menos, hasta llegar a ser completamente clara.

Esta arcilla, como el color rojo, es una hematita parda, o sea, un óxido de hierro, con la misma fórmula del ocre rojo, Fe2 O3, y se comporta de la misma manera, según las impurezas que contiene y la mayor alúmina, que es blanca, o titanio, que es amarillo, o manganeso, que es pardo negro.[16]

Ahora bien, estos mismos elementos, puestos al contacto con el fuego, por la cochura, se comportan de una manera tan caprichosa, que hasta que los mayas no conocieron sus caprichos, lo mismo como a mí me ha sucedido, no pudieron usarlo como color negro. Efectivamente, el hierro que el barro contiene, al contacto del fuego, se oxida más y se vuelve rojo. Más fuego o más calor, en otras condiciones, lo vuelve blanco. Efectivamente, las alfareras saben que el barro negro se vuelve blanco con la cochura, y lo mismo me ha sucedido a mí en mis experiencias.

Pero, si se logra hacer que la Hematita parda capte carbono, de una manera u otra, aun por medio del humo, entonces el barro se vuelve de un negro bellísimo. Esta es cosa común en cerámica y lo saben bien las alfareras, quienes tienen buen cuidado de alejar un tizón que humee cerca del vaso que se está cociendo para que no le produzca una mancha negra. Aun sucede con frecuencia, y lo muestra la alfarería maya ampliamente, que un vaso se ha horneado con buen fuego y fuerte calor, de manera que el barro negro está todo cocido aun internamente y se ha vuelto uniformemente blanco amarillento rosado. Pero otro barro no ha cogido todo el calor, y ha quedado con una línea negra mediana dentro del espesor del barro. Otra pieza ha cogido oxígeno solamente en la superficie, en donde se ha tornado anaranjado, mientras que toda la parte interior ha quedado negra. Esto me ha sucedido también a mí. En este caso, puede haber sucedido también que el barro, al principio, cogió carbono y después, el fuego se lo quitó de la superficie, que se volvió roja por el óxido de hierro.

---

[16] Mantengo esta nota porque ayuda a entender la explicación química del autor. Un texto antiguo de Historia Natural distingue el "mineral de hierro oxidado pardo" y explica que, sometido a calor intenso, se ennegrece y se torna magnético; además menciona la "argila parda", de la cual aquí se trata.

Estos fueron los secretos que los mayas, sin conocer la química, aprendieron poco a poco prácticamente, volviéndose artistas expertísimos del color negro.

14.- EL NEGRO CAPRICHOSO VENCIDO

Finalmente, los mayas lograron un color negro perfecto en sus vasos.

Impresionado por su bello negro, yo quise reproducirlo, de la misma manera como había obtenido los otros bellos colores.

Confieso que la primera prueba, y la segunda, y la tercera, fueron una gran desilusión. En lugar de obtener negro, obtuve nada o color blanco.

Efectivamente, habiéndoseme dicho repetidamente y con insistente aseveración que el negro que los mayas daban a los vasos era obtenido de jugo de planta, o del carbón, o del betún, o de otras substancias orgánicas, y aun mezcladas con el barro, y habiéndome dado el Sr. Coronel Sanabria un color negro de carbón pulverizado encontrado en las tumbas del Valle de Comayagua, me decidí a probarlo. El efecto fue que este color negro se volatilizó. Lo mismo sucedió con el negro de hollín de la chimenea. Lo mismo sucedió con un bellísimo negro de nacascolo, lo mismo con el negro del nance. Es verdad que las alfareras modernas, a veces pintan de negro sus vasos, con un negro tánico de plantas, pero lo hacen después de cocidos los vasos y siendo todavía calientes.

Entonces, creyendo que mezclando estas substancias con el barro quedaría, los hice; pero el negro se volatilizó igualmente, quedando solamente el color del barro cocido.

Desde aquellas pruebas quedé curado de lo que había creído, y pensé firmemente en que el color negro era obtenido solamente con el barro negro.

15.- EL TRIUNFO SOBRE EL BARRO NEGRO

Esta mi decisión fue un triunfo. Efectivamente, obtuve barro negro de Cane. Al principio no resultaba. Pero lo puse al sol y a la luna del día y observaba que entonces el menisco en el vaso se quedaba negro, mientras que el barro, depositando al fondo las impurezas, se volvía blanquecino. Recogí cuidadosamente la superficie negra del barro, y con ello hice otras pruebas, tanto con piececitas de barro negro, alisándolas y lustrándolas cuidadosamente, como también poniendo el negro sobre piezas de barro rojo o sobre colores variados, simplemente, o alisándolo y lustrándolo perfectamente. En varias ocasiones fallé. Pero finalmente obtuve el perfecto triunfo. Y el triunfo más completo, cuando en lugar de poner las piezas a contacto directo con el fuego, efectué su cochura entre dos platos refractarios, calentándolos hasta que las piedras se volvieran color de fuego claro.

Las piezas salieron negras perfectas. La última prueba la hice en presencia del Sr. Arturo López Rodezno, Director de la Escuela de Bellas Artes, y del Sr. Marek, experto en cerámica.

Y nótese, que estos dos señores habían cocido en el horno eléctrico una pieza de barro negro hasta 1900° grados, y se había vuelto de un bello color rojo anaranjado, color en que se torna también el barro rojizo después de cocido.

El barro negro que usé es de los más variados lugares. El primero es el de Cane, de donde posteriormente se me ha mandado uno más negro; el segundo de Ojojona, más negro; el tercero de Copán, muy negro y es del mismo que penetra en todas las tumbas; el cuarto, de La Paz, que sospecho me lo mandaron mezclado con algo orgánico; pero la substancia orgánica se esfumó y se quedó solo el barro; otro de La Campa, mucho más negro que todos. Todos estos barros, tratados con mucho cuidado, han dado un color negro bellísimo.

Una pieza me salió del fuego, rosada en la superficie y negra dentro de la misma masa. Esto mismo obtuvieron los mayas y se descubre en algunas piezas de Copán, del Valle de Comayagua y del Lago de Yojoa.

Con este arte, los mayas obtenían vasos negros solamente por dentro, o solamente por fuera, o dentro y fuera; y cuando el negro está dado sobre los vasos después de cocidos y pintados, se reconoce inmediatamente.

El rojo de Copán lo encontré yo mismo en Tenampúa, Valle de Comayagua, en el Montículo Central que está encerrado en el cuadrilátero, excavando allí en 1940 y 1941.

Tengo nueve piececitas multicolores, que había pasado por alto, porque las escamitas micáceas brillantes son mucho más pequeñas que en las demás piezas. En las nueve piezas el barro es diferente. La primera pieza, de colores rojo, negro y anaranjado, el barro, aunque perfectamente cocido, se ha quedado negro en el interior y anaranjado en la costra; es barro negro con granulación finísima y escamitas brillantes también, muy pequeñitas, casi invisibles. La segunda pieza está pintada con fondo crema y colores rojo, negro y pardo; el barro usado parece de color pardo que, cocido, se ha vuelto color leche y café, mezclado con arena blanca y finísima y alfarería vieja molida. La tercera pieza también tiene fondo crema y ornamentos rojos y pardos; la arcilla usada es parda con mezcla de arena blanca gruesa y alfarería molida, que al cocerse se ha vuelto rosada, exceptuando una línea parda en el centro. La cuarta aparece solamente con color rojo, y el barro pardo color leche y café sucio; es de contextura muy gruesa con mezcla de arena, conteniendo cuarzo y otros ingredientes no finos. La quinta pieza aparece también con la sola pintura roja; el barro se revela que era pardo y se ha vuelto color leche y café con la cochura; está mezclado con arena blanca.

He examinado muy atentamente varias veces estas piezas de Tenampúa, lugar notable de antiguos montículos, prolongación del Valle de Comayagua y de toda su cultura, y que había sido interpretado demasiado a la ligera, sin ponerlo de acuerdo con la arqueología del Valle. Son nueve piezas que poseo de Tenampúa, en donde el brillo de las escamitas micáceas, muy pequeñitas, es dado por el rojo, y no solamente por este color, sino por todos los colores y por el mismo barro negro o pardo.

Las escamitas son tan pequeñas, que no se revelan de pronto; pero puestas las piezas a la luz del sol, inmediatamente se ven brillar. He dudado si el color rojo las llevaba, las he examinado con lente de ampliación, y he debido convencerme de que no solamente el rojo, sino también los otros colores y el mismo barro.

Ya he dicho que de ordinario el barro negro y el pardo contienen estas escamitas de lustre metálico. En estas piezas, algunas escamitas brillan con color metálico blanco, pero otras son grises; y de las nueve piezas, solamente dos de las escamitas brillan en el barro y no en los colores.

Es posible, por lo tanto, que todos los colores y barros de la región contengan las escamitas brillantes, o que los colores estén mezclados con el barro negro. Este podría ser el caso también del color rojo de Copán y del de los otros lugares, ocho en todo, que estoy describiendo.

El rojo de Copánlo encontré el año pasado de 1946, en agosto, cerca del Gran Montículo, en El Jaral, sobre el Lago de Yojoa. Es un borde de vaso de hechura menos fina: el grosor mide 15 milímetros y está hecho con barro pardo, con mucha arena y aun con piezas de alfarería cocida y molida, conteniendo cristales blancos de cuarzo muy pequeños. Tiene una pintura general de color leche con café y una faja roja en el borde, color cereza, casi sin lustre, y con escasas escamitas micáceas brillantes. El barro, en el interior, ha quedado color pardo sucio.

El rojo Copán lo encontré yo en los montículos de la antigua población maya que está situada un poco al occidente de Oncuvagua, casi frente al sitio llamado La Inea, cerca del pueblo de La Unión, en el Valle de Zececapa o de Cucuyagua. Es un pedacito casi insignificante, pero de mucho valor por el rojo con que está pintado, que contiene pepitas brillantes micáceas como el de Copán, y es posible que allí, y en ese valle, se puedan encontrar muchas otras piezas con rojo de Copán, ya que arqueológicamente está casi desconocido.

Otra pequeña pieza saqué de los montículos que están en la orilla de la población de Guaimaca, en el camino de Olancho. El rojo con que está pintada tiene brillos; parece que este se debe más a cristales de cuarzo y de mica contenidos en el barro del vaso.

Se debe añadir que en el mes pasado de agosto de 1947, se encontraron ocho vasos con rojo de Copán, cerca del puente de Santa Rita de Copán, en una tumba que se descubrió por acaso.

De esta manera, son ocho los lugares de Honduras en donde se ha descubierto seguramente el rojo de Copán, es decir: Copán, Santa Rita, Cucuyagua, El Jaral, Tenampúa, en el valle de Comayagua, San José de la Baca, Los Liconas, La Hoya de Jeto, en el valle de Comayagua, Guaimaca, aunque este último lugar se quede un poco en observación, por contener el rojo cristales de cuarzo, según parece.

En todas estas piezas, no se ha encontrado trazas de cal.

Dije en capítulo anterior que el nombre copador me parecía algo apresurado. Ahora digo más.

El color rojo brillante se ha encontrado ya en ocho lugares en distintas partes de Honduras; como lo he demostrado, no solamente el barro, sino también el color es igual en todas estas piezas; y tampoco es igual en las varias piezas de un mismo lugar, como las tres de Comayagua y las varias de Copán, tanto en el barro como en el color rojo brillante, según lo demuestran las piececitas de muestra que tengo a la mano. Prácticamente, son más de 10 lugares.

Por lo tanto, me parece que este rojo brillante o hematita brillante, no tiene todavía nombre apropiado, porque su verdadero nombre debe ser rojo brillante de Honduras.

Después de haber escrito esto, al revisar unas piececitas que recogí en Bolivia, en Capablanca, sobre el Lago Titicaca, he observado que el rojo con que están pintados contiene escamitas brillantes finas como el de Tenampúa.

16.- EL PROBLEMA DEL COLOR NEGRO

Por mucho tiempo, acaso por siglos, los mayas tuvieron un problema serio que no pudieron o no quisieron resolver. Se sabe que los colores de los puntos cardinales eran el color rojo para el oriente y el negro para el occidente. Si se considera que, según el mito, los mayas habrían venido por la parte del oriente, se podría pensar que el usar el solo color rojo podía obedecer a una consigna.

Prefiero omitir esta consideración, y tomar el hecho como es. Los mayas no usaron el color negro en los vasos en los primeros tiempos de la alfarería, y este color no se encuentra usado hasta el período de la edad de oro. El negro, usado entonces, es algo parduzco. Después, los mayas se hicieron maestros del negro y lo usaron ampliamente, hasta pintar vasos todos negros, como se ve en Copán, en el Lago de Yojoa y en el Valle de Comayagua.

16.- EL ROJO DE LAS ESTELAS DE COPÁN

Los mayas habían pintado de rojo todas sus Estelas de Copán, y así presentadas, debían ofrecer un efecto cautivador. Además, la pintura debía preservarlas de la destrucción, añadiéndose que un sentimiento religioso debió sugerirlo.

Los arqueólogos no saben con qué substancia dieron el color. Pensaron que era un barniz, o un sulfuro de mercurio (cinabrio, bermellón); pero es posible que estas substancias no resistieran el calor del sol de Copán, que no es poco.

Además, se debe pensar que en muchas partes del Continente americano existen pinturas rojas sobre las rocas, hechas por lo regular con tierras, especialmente con el ocre rojo; y los chibchas de Colombia pintaban sus ranas, sus serpientes y sus soles con la misma pintura; y son siglos los que han pasado sin que la pintura se haya deteriorado.

Ahora bien: se debe considerar que el ocre rojo, comunísimo en Honduras y en los alrededores de Copán, es la hematita u óxido de hierro, el cual, de ordinario, contiene mucha arcilla, o sea, alúmina. La alúmina y el hierro tienen un poder aglutinante poderoso con la sílice y el cuarzo. Y precisamente, las Estelas de Copán son de piedra volcánica que contiene muchos cristales de cuarzo y de otros minerales que se prestan muy bien para conglomerarse con la alúmina y el hierro.

En nuestro caso se debe advertir que un buen químico es mucho más conveniente que un buen arqueólogo; por lo tanto, la Escuela de Bellas Artes, de Tegucigalpa, con su Director y con su especialista en Cerámica, podrían muy bien resolver el asunto, de acuerdo con la Dirección especial que existe para las Ruinas de Copán.

Las Estelas de Copán se están destruyendo año por año, por los líquenes que las corroen. Es necesario salvarlas.

17.- EL OCRE QUE DEBE SALVAR LAS ESTELAS

Se ha dicho que las estelas fueron pintadas con barniz de copal y que el rojo fue acaso un sulfuro de mercurio. Sin embargo, se debe considerar que tanto el copal como el cinabrio, tal vez no resistan el calor del sol de Copán, que no es poco; ni sabemos si los mayas habían llegado a comprender que usando una mezcla de cinabrio con un poco de cal y un poco de plomo —lo mismo serviría un poco de zinc o de antimonio, tanto para comenzar la cristalización—, la cual mezcla serviría para formar una suave capa de cemento protectora sobre la superficie. En todo caso, esta mezcla costaría muy cara.

Por lo contrario, sabemos que el ocre rojo, o la arcilla roja, es comunísimo en Honduras, especialmente en las cercanías de Copán, y no cuesta casi nada, y que en el Museo Peabody se ha identificado el rojo de Copán como hematita roja. Por lo tanto, si se pintaran las Estelas con este ocre rojo, aun diluido solamente con agua, especialmente un ocre que fuese muy rico en alúmina, o sea, muy arcilloso, como lo es el de Santa Cruz de la Sierra, se fijaría muy bien, por su poder aglutinante, y resultaría muy barato, especialmente usando como pintores los jóvenes más expertos de la Escuela de Bellas Artes.

Pero, si a esta arcilla roja se le añade un poco de cal y otro poco de plomo —o zinc o antimonio—, aplicándole debidamente, esta mezcla formaría una capa de cemento tan fuerte, que las Estelas no se perderían más.

El ocre, o sea, el barro rojo de las alfareras de Honduras, aplicado sobre las Estelas, las restituiría a su ser primitivo, tan bellas y fulgurantes como las dejaron los mayas, y sería un gran preservativo contra su lenta y lamentable destrucción.

Tegucigalpa, noviembre de 1947.

IX. CERÁMICA VIDRIADA DEL TIEMPO DE LA COLONIA EN HONDURAS

Piezas de cerámica vidriada se han encontrado en Honduras, seguramente del tiempo de la Colonia.

Por ejemplo, en Jesús de Otoro me fue regalado un pedazo de candelero vidriado de color amarillo, encontrado por allí. Seguramente fue hecho en Honduras. Otras piezas he visto, antiguas, y se encuentran en las iglesias; pero son de la Colonia.[17]

El hecho más notable en Honduras, acerca de la cerámica vidriada, es el de los ladrillos de la Catedral de Comayagua.

La Catedral de Comayagua comenzó a construirla el Obispo Juan Pérez Carpintero, cuyas bulas fueron fechadas el 3 de enero de 1770; "sacó de cimientos la Iglesia Catedral, y continuó la fábrica hasta

---

[17] Entre otras cosas, Fernández de Oviedo cuenta que en su tiempo (1529), cuando él fue a Nicaragua, o poco después, se encontró cerámica vidriada en la boca del volcán de Masaya, adonde la llevaba la gente para calmar la ira del volcán o para consultar con la Vieja que allí residía. Se puede suponer que esa cerámica vidriada era de reciente hechura; pero Oviedo habla de vasos y comidas que se renovaban continuamente. También habla de la cerámica vidriada de la Isla de Chira, en el Golfo de Nicoya, en Costa Rica, de la cual se llevó unas piezas a Santo Domingo. Los alfareros de la isla de Chira eran muy expertos. Por lo tanto, Oviedo nos habla de cerámica vidriada contemporánea. No sabemos ni podemos decir con seguridad si este arte lo trajeron los españoles o lo inventaron los indios en varias partes de la América Central, ya que los elementos de plomo, cuarzo, cal, etc., los tenían a mano. Y aun por casualidad pudieron poner elementos tales en la fabricación de la loza, por lo que esta salió vidriada. Se debe decir que el vidrio no es muy común en la alfarería centroamericana, y solo en las cerámicas de San Salvador se ha encontrado una cierta cantidad respetable.

concluirla". Por lo tanto, de este tiempo son seguramente los ladrillos vidriados con que se cubrieron las cúpulas y otras partes de la misma iglesia. Se sabe también que a principios del siglo XIX (1810) existían en el Obispado ladrillos vidriados que fueron cedidos al Guardián del Convento de San Francisco para colocarlos frente a las dos puertas. Estos eran amarillos con flores verdes. Otros del mismo Convento son amarillos y verdes, divididos los colores en triángulo, por mitad. De estos algunos están en las cúpulas y otros en el piso frente al altar del Rosario, en el edificio de la Catedral.

Estos ladrillos, pues, no son más antiguos del año 1700. Pero no sabemos desde cuándo se fabricaba esta loza en el Valle de Comayagua.

Se sabe que se fabricaba en la Villa de San Antonio, según lo que se dice que ha quedado entre la gente de tradición más antigua en esa población. Y el alfarero que conservaba el secreto de hacer loza vidriada se fue a la tumba sin revelarlo.

La Villa de San Antonio ha quedado todavía, y es por tradición una población de alfareros en donde se hace muy buena loza. Y el barro lo tienen a la mano.

Cerca y en varias direcciones, existen numerosos y grandes montículos antiguos, que atestiguan que allí existieron poblaciones mayas del Valle de Comayagua. Y los que habitaban en esa parte del Valle eran los Guajiquiros.

DEFECTOS EN LA ALFARERÍA MAYA

Defectos se encuentran en todas las obras, aun en las reputadas por más perfectas; los defectos son mucho más frecuentes en las obras de arte comercial, o común y barata.

Que los mayas cometieron defectos en sus obras, es innegable: tenemos un ejemplo en una fecha equivocada, en uno de los jeroglíficos de la Estela N que está abajo de la gradería que lleva al Templo 11 de Copán, y es posible que le haya costado la vida al artista o al sacerdote que la dictó, porque los dioses mayas eran inexorables.

Sin embargo, al tratar de los defectos de las obras, debemos distinguir entre la obra propia del artista que la concibe y la ejecuta en parte, y la de sus ayudantes. Porque es claro que cuanto más el artista y los discípulos son perfectos, tanto más la obra saldrá con perfección.

Pero de ordinario, los artistas se hacen ayudar por oficiales o discípulos, y aquí está el origen principal de los defectos.

Por esto, según cuenta Landa, cuando los artistas estaban solicitados para hacer imágenes de dioses, temblaban y algunos se rehusaban a hacerlo, por miedo a los castigos. Y cuando se decidían, era a fuerza de penitencias y ayuno de ellos y de los que encargaban o para quienes era la obra.

Por lo tanto, si tomamos como ejemplo el trabajo de la alfarería, se sabe que las alfareras mayas, lo mismo que las de hoy, trabajaban en familia, en taller, en compañía o comunidad. Lo mismo como hoy, entre el grupo de alfareras artistas, había niñas aprendiendo o jóvenes y mujeres de menos inteligencia, las que estaban dedicadas a trabajos más fáciles, como preparar el barro, y aun rellenar algunos vacíos con el color asignado. Así es que en los vasos de alfarería se encuentran descuidos como los que voy a describir.

Por ejemplo, a veces el barro no está bien escogido, o siendo bueno, se le ha puesto demasiada arena, especialmente para vasos que requieren poca. O el barro no ha sido bien trabajado, o ha salido con líneas y formas irregulares y toscas; y lo mismo se dice de las figuritas colocadas como asas o como patas.

O, si no, el vaso ha sido mal quemado, el fuego no ha sido uniforme o con suficiente calor; o un tizón humeando lo ha manchado de negro, o cuando se ha terminado de cocer, se ha dejado enfriar demasiado pronto, o no ha sido bien calentado al ponerlo al fuego.

En cuanto a la finura del vaso, puede ser que no haya sido bien alujado, o sea, afinado, o que no haya sido bien alisado, o el lustre no haya salido bien.

Después de la primera pintura, los vasos policromos se alisaban, luego se decoraban y se les daba un segundo lustre más apropiado y refinado. Esta por cierto era la parte más difícil, y un artista no bien experto dejaba de seguro el vaso con muchos defectos.

Los defectos de un artista de segunda o tercera clase, de una niña inexperta, de una vieja ya defectuosa de memoria o de manos temblorosas, podían ser de varias clases, como efectivamente se observan en la alfarería. Por ejemplo: líneas mal hechas en derredor del vaso: más gruesas y más delgadas, líneas que no conservan el nivel y se tuercen o no se reúnen al encontrarse, o no se conservan paralelas con otras; líneas incompletas u olvidadas; color equivocado en la serie de cuadros; color olvidado en alguna parte.

En cuanto a las figuras, se da el caso de que las cabezas del dios de la muerte, que con frecuencia se pintan en el borde o al pie del vaso en serie, en fajas terminales, no salgan con el número de cabezas debidas; de ordinario figuran en rectángulos con fondo rojo y negro alternados, y sin calcularlo antes, llegan a cerrar el círculo y les sobra o falta espacio, y han tenido que alargar o estrechar el espacio de los rectángulos finales, al llegar al cabo del círculo.

Finalmente, para no alargar la cuenta, que puede ser indefinida, anotaré los descuidos o faltas de arte en aplicar la tinta en la ejecución de las varias figuras. Así, el pincel, lleno de tinta, produce un color vigoroso al principio, y en el curso de la figura agota la tinta, la cual entonces sale menos vigorosa y deficiente, y aun transparente. Esto puede tener efecto en la cochura, especialmente cuando se trata del color rojo y el negro.

Lo peor es cuando un dedo manchado de tinta toca una parte clara o cuando un pincel demasiado lleno deja caer sobre el vaso una gota de tinta: esto es irremediable.

Tengo precisamente a la mano un vaso, hecho por cierto por un oficial o por una obrera muy deficiente, o por una principiante o por una ya muy entrada en años.

Es un tazón del Lago de Yojoa, policromo, en forma de calabaza, con depresión en la base, pintado también por dentro y técnicamente maya.

El vaso es muy artístico, por cierto, en concepción; no en su ejecución. Una banda roja de rojo brillante de Honduras en el borde, con otras dos líneas muy irregulares, paralelas. Una banda de fondo rosado anaranjado, en la cual gira una serie de 33 cabezas de muerto, muy mal ejecutadas, pintadas de rojo con tinta demasiado seca, tanto que el rojo, que como el de Copán contiene escamitas micáceas con brillo metálico, no muestra su brillo natural. Sobre el fondo de tinta rosácea anaranjada se ha dado una tinta en los dos tercios de la parte inferior. Esta pintura se ha usado como negativa, dejando cuatro soles de pésima circunferencia, uno en el asiento cóncavo, y tres otros en los lados, con distancia mal distribuida. Contra toda regla, el sol de abajo tiene un círculo periférico y un globo central de color rojo; los otros tres soles tienen dos círculos periféricos y un punto central. Los círculos son muy mal ejecutados.

Lo peor es que, al dar el color rojo a todas estas líneas, en cinco casos la pintura se ha corrido hacia abajo y ha producido cinco manchas irreparables. Efectivamente, el vaso ha quedado con esas manchas, como uno de los ejemplos de defectos graves en la alfarería de los mayas de Honduras.

Tegucigalpa, noviembre de 1947.

X: EL ARTE PLÁSTICO DE LOS MAYAS Y MODELADO DE UNA CABEZA.REVELADO EN UN VASO COLOR PARDO DE COPÁN

Un bellísimo vaso grabado, con figuras jeroglíficas en el borde, y cuatro de varones en el cuerpo, cuyo color es chocolate, o sea de barro o Hematita parda, muy común en Copán, está en el Museo de aquella población, con número de catálogo 42-45.

Los jeroglíficos son, al parecer, numerales e indican alguna fecha o circunstancia que se puede interpretar, pero no es este el caso.

Las cuatro figuras humanas, todas desnudas, pero bien ataviadas, especialmente el cabello sobre la cabeza, largo, levantado, en alto, con una atadura en la mitad, de manera que la cabeza aparece mucho más alta, según costumbre maya.

Los tres están hablando o rezando a la manera maya, que es hablando con algún dios como si estuviera presente; dos de ellos están colocados simétricamente en dos lados opuestos, formando como dos puntos cardinales; en los otros dos puntos intermedios, están actuando otras dos figuras: una acompañando a las otras en el rezo; en el lado opuesto está el artista en el acto de modelar una cabeza, que puede ser de un dios, o del difunto que ha sido enterrado en la tumba y a quien se dona el vaso.

Todas las figuras están de perfil, con la cara hacia la izquierda de quien mira, y con su derecha hacia el interior.

El artista está muy ocupado en su oficio. Tiene en su mano izquierda una cabecita ya modelada, llevándola de manera muy suave, como si tratase de una cosa de mucha veneración; con la derecha maneja un instrumento delicado, como un palito cilíndrico, que debe ser un cincel de pedernal o de madera dura, y la manera de tenerlo entre el dedo índice y medio indica que el trabajo es muy fino y de responsabilidad, mucho más que la mano con que sostiene la cabecita no está haciendo ninguna fuerza.

El material, según se comprende por las descripciones que nos ha dejado el Obispo Landa, podía ser el cedro, madera sagrada de los mayas, o bien el barro, especialmente el barro pardo o negro, el mismo que ocuparon para trabajar este vaso. Probablemente, la figura modela una cabecita de barro, porque la manera como trabaja es muy suave y sin ningún esfuerzo.

El instrumento con que trabaja es conforme a dos modelos que tengo en mi colección: uno es un cilindro aplastado o de corte ovalado, de cm. 1,5 de grosor y largo cm. 8,5, de piedra oscura dura, que me fue dado en Conquire, al norte de San Esteban; tiene la punta aplastada cortante y la cabeza redondeada; el otro es un trozo de instrumento del grosor de cm. 2,6, con la punta cóncava para servir de gubia, y la encontré en la meseta de Tenampúa, en el Valle de Comayagua.

Daré aquí la descripción que ofrece el Obispo Landa, de los escultores y del modo de encomendarse a los dioses y de hacer penitencia para que el trabajo les saliera bien y con provecho, sin peligro de males (cap. XXXIX, mes de MOL, que corresponde a diciembre). He aquí lo que cuenta al respecto:

"Una de las cosas que estos pobres tenían por más ardua y dificultosa era hacer ídolos de palo, a lo cual llamaban hacer dioses; y así tenían señalado tiempo particular para hacerlos, y este era el mes de Mol u otro, si el sacerdote les decía que bastaba. Los que querían hacerlos consultaban primero al sacerdote y tomando su consejo iban al oficial de ellos, y dicen que siempre se excusaban los oficiales porque temían que ellos o alguno de su casa se habían de morir o venirles enfermedades de muerte. Si aceptaban, los chaces, que para esto también elegían, comenzaban sus ayunos. En tanto que ellos ayunaban, aquel cuyos eran los ídolos, iba o enviaba al monte por la madera que siempre era de cedro. Venida la madera, hacían una casilla de paja, cercada, donde la metían y una tinaja para echar a los ídolos y allí tenerlos tapados según los fuesen haciendo; metían incienso para quemarle a cuatro demonios llamados Acatunes (1), que ponían a las cuatro partes del mundo. Metían con qué cortarse o sacarse sangre de las orejas y la herramienta para labrar los negros dioses y con estos aderezos se encerraban en la casilla los chaces, el sacerdote y el oficial y comenzaban su labor de dioses cortándose a menudo las orejas y untando con la sangre aquellos demonios y quemándoles su incienso y así perseveraban hasta acabar, dándoles entonces de comer. Y no habían de conocer a sus mujeres ni por pienso, ni aún llegar nadie a aquel lugar donde ellos estaban."

La escena que se ve grabada en el vaso de que aquí se está tratando parece estar de acuerdo con lo que describe Landa: por un lado hay los penitentes que acompañan al artista y le ayudan con sus oraciones, ayunos y penitencias; por el otro lado el artista pone toda su inteligencia y su devoción para que el trabajo salga según el gusto de los dioses, los cuales podrían castigarlo si no estuvieran bien satisfechos.

Tegucigalpa, noviembre de 1947.

XI: PENDIENTES DE JADE CON JEROGLÍFICOS MAYAS DESCUBIERTOS EN OLANCHO

1.- EL DESCUBRIMIENTO

En los primeros días de junio de 1943, fui a visitar el Valle de Agalta en Olancho (República de Honduras), y en el viaje, desde Tonjagua hasta El Carbón, por el camino real que va a Trujillo, pasando por Conquire, región extensa poblada de numerosos grupos de montículos de los antiguos mayas de la región, me fueron regalados dos pequeños pendientes de jade.

Me han venido nuevamente a la mano y examinándolos mejor, he descubierto, con mi gran sorpresa, que los dos contienen cada uno el signo de un dios maya. Los dos son del lugar llamado Carnizuela, por haber allí árboles de carnizuelo, y fueron encontrados a medio kilómetro al sur, a la izquierda de la quebrada.

El primer pendiente o pintante, que debió ser una joya solitaria o más bien un centro de collar de cuentas verdes, es una piedra de jade, de forma ovalada, de 14 mm., un poco achatada y de color oliva, veteada de oscuro, grabada con el jeroglífico maya AHAU, que significa Señor. Tiene una perforación hecha por los dos lados a la manera maya, en sentido longitudinal y fuera de centro, colocando así el grosor hacia afuera. La boca del AHAU es cuadrada y colocada arriba y los ojos, hechos como dos puntos redondos casi imperceptibles, abajo, de manera que forma como una cabeza que mira al que lleva el pendiente, y perteneciente al signo maya conocido como **AHAU**.

El otro dije es una piedrita de 15 mm. de largo, ovalada y achatada, de jade color celeste marino verdoso, veteada de verde. En una y otra cara tiene grabada una línea serpentina, como una especie de ese, o como una línea recta con las extremidades encorvadas en sentidos opuestos y colocada horizontalmente. De un lado y otro de la línea está un punto redondo; los dos puntos colocados oblicuamente con respecto a su respectiva línea serpentina, en cada cara de la joya. Como bien saben los entendidos de cosas mayas, este grabado corresponde a un signo muy notable, tanto en el calendario como en la teogonía de los mayas: es el signo cimi (pron. "quimi"), que es el nombre de uno de los días de la veintena de la cuenta del mes, y también del Dios de la muerte, patrono de este día, o sea, ahpuch, representado con dos jeroglíficos: una cabeza de muerto, o una calavera; o también con el signo asociado descrito arriba; el cual, con el nombre de hunhau, reinaba en el mundo subterráneo.

No hay duda alguna de que estos son signos mayas, y por lo tanto, las dos piedritas de jade que se han descrito, también son mayas.

2.- OLANCHO ERA REGIÓN DE LOS MAYAS

La importancia del hallazgo de jeroglíficos mayas en Olancho es evidente, mucho más, pues sin conocimiento de la región, sino muy superficial, algunos escritores se habían dedicado a decir que, de ninguna manera, Olancho era maya. A lo más, Spinden, después de una excavación, y Lothrop siguiéndolo, habían afirmado que en la región norte de Honduras habían habitado los chorotegas, que habían tomado contacto con los mayas; separando así a los chorotegas de los mayas. Pero, con todo respeto de estos ilustres escritores, los chorotegas son los agricultores mayas de las llanuras.[18]

---

[18] Efectivamente, con este mismo nombre encontramos los Chorotegas en los anales de los Xahiles, donde se narra que habiendo los cakchiqueles llegado a las llanuras y habiendo encontrado a los mames, sus antiguos hermanos, estos "se alarmaron cuando hablamos su lengua a aquellos AH chol amag." Estos Ah Chol Amag eran los mames, los "milperos de la aldca de la llanura". Antes se había hablado de Qhol Amag, aldea de los campos de maíz. Porque QHOL(maya) y CHOL (chortí), valen aquí por milpa o milpero (campos de maíz, o campesinos); y TAGAH (campo de maíz), palabra que se usa en dichos anales, es la misma palabra TEGA o **TECA**, que se usa en Honduras para indicar las llanuras. Por lo tanto, al

A este propósito debo recordar que, en la primera parte de mi estudio *HONDURAS MAYA.- ORIENTACIONES.- ETNOLOGÍA (1946)*, expliqué cómo colón, al encontrar en honduras al occidente tierra de maya, y al oriente tierra de taya, indicó que las dos regiones eran: tierra de cultivo la primera, y tierra ocupada por el agua, la segunda; mientras con la palabra paya, se indicaba o la orilla del mar, o más bien, los primeros cerros que forman una valla al mar. Ahora bien, tayaco (táya fue transformado en Taya-co por los primeros españoles que venían de México) existe todavía como recuerdo, porque con este nombre se indica un río afluente de izquierda del río Sico o Tinto, al sur de Trujillo y al este del Valle de Agalta.

Precisamente de la región de Tayaco y de Agalta son las dos piezas de jade, cuyo descubrimiento e importancia han originado este estudio. Agalta y tayaco, ricos en oro, fueron inmediatamente ocupados por Cortés[19], y después por Saavedra y Cereceda, que comenzaron a explotar sus riquísimas minas.

---

decir chorotegas, se indican los agricultores de los campos de maíz del valle. Es, pues, necesario enterarse bien de esto, para poder comprender claramente todo lo demás.

[19] Cortés había ya abierto el camino hacia Nicaragua, y no había llegado hasta Agalta.

Los indios de Agalta tomaron parte en la matanza de los españoles de Benito de Hurtado y de Grijalva. Los caciques de Tayaco no quisieron trabajar más, y todos abandonaron el trabajo del oro (v. Oviedo, Cortés y Bernal Díaz). La matanza de los 19 cristianos de Hurtado sucedió en Villahermosa el 21 de enero de 1527, debida a las crueldades de López de Salcedo, y al mismo tiempo la de 16 cristianos, pereciendo también Grijalva, en los caciques de la comarca. Oviedo cuenta (31, 3): "Siguióse que junto a las minas que llaman TAYACO, donde se sacaba oro, se habían alzado dos caciques, viendo que los otros que se habían alzado se quedaban sin castigo, y estos últimos alzados sacaban oro; y los gobernadores acordaron de enviar un capitán con gente para hacer que aquellos indios tornasen a servir, e si no se pudiese hacer, castigarlos porque los otros se sosegasen, e para castigar otros caciques alzados días había EN UN VALLE QUE SE DICE AGALTA, QUE FUERON EN LA MUERTE DE LOS CHRISTIANOS DE VYLANCHO, QUE NUNCA DESPUÉS QUISIERON SERVIR, E ALTERABAN LA TIERRA E A LOS QUE SACABAN ORO." Eran estos los payas descritos por el Padre Goicoechea.

3.-TAYACO Y AGALTA, TIERRA DE JADE MAYA

Se puede asegurar que los objetos de jade que se describen en este trabajo fueron hechos en el Valle de Agalta con piedras encontradas en el mismo Valle, ocupado por numerosas poblaciones mayas, como lo indican los mismos montículos y los objetos allí encontrados. No fue jade importado. Esto se demuestra por los numerosos objetos de jade, de material muy variado, que se han encontrado en la región de Olancho, toda tierra riquísima en muchos minerales, especialmente el oro; y porque el mismo Obispo Landa asegura que los mercaderes mayas de Yucatán compraban en tierras de Ulúa, que llegaban hasta Olancho, las cuentas de piedra que servían como dinero, y estas trocaban por piedras más finas que después llevaban sobre sí los señores, como joyas, en las fiestas. (C. 23.)

De Tayaco son unas piezas de jade, especialmente una cara del Nazareno y una crucita, que pertenecieron seguramente a indios que se hicieron cristianos; porque el Padre Vásquez lo dice, que por 1610, los indios catequizados por el Padre Vardalete en la región de Olanchito, llevaban crucitas colgando del cuello, sabiendo que eran eficaces contra el demonio. (L. V., c. 6.)

4.- EL SIGNO AHAU

Uno de los pendientes o "pinjantes" encontrados cerca de Carnizuela, en el Valle de Agalta, como se ha descrito al principio, tiene grabados dos ojos y una boca, representando sin duda alguna el signo maya AHAU.

El signo AHAU es el signo más importante de la veintena de los días del mes; es el último.

Ahau significa "rey", y es todo lo que se puede decir de un gran señor, muy poderoso y jefe de todos. Era Itzamná el patrono de este día. Itzamná, el viejo sin dientes, y aun barbado, el más venerable de los dioses mayas. Era el Señor de la noche, del día; era el mismo Sol; su representante, el Guacamayo rojo, plumas de fuego; era, en fin, el Kinihc Ahau, o "Señor ojo del sol".

O si no, era Ah PUCH, el contrario de Itzamná; era el mismo que con el nombre de Hunhau (Hun Ahau, el Señor principal, el primero), era el que mandaba a todos los demonios en el mundo subterráneo más bajo de todos, en el noveno, a quien todavía los mayas modernos ven bajo la figura del Viejo de la Muerte o Yum Cimil.

5.- EL SIGNO CIMI

El otro joyel de jade lleva sobre cada una de las dos caras el jeroglífico CIMI en la forma abreviada, es decir, en figura de dos puntos oblicuos a una vara serpentina que los divide.

Este es el signo del sexto día del calendario maya y significa muerte. El dios de la muerte, Ah Puch, el principal del Panteón maya y el más terrible de los dioses, se conocía también como Hunhau, jefe de los demonios, que reinaba en el noveno mundo subterráneo, el más bajo y más horrible de todos. Dice el Obispo Landa de los mayas de Yucatán (C. 33): "Que esta gente tenía mucho, excesivo temor a la muerte y lo mostraban en que todos los servicios que a sus dioses hacían no eran por otro fin ni para otra cosa sino para que les diesen salud y vida y mantenimientos." Lloraban mucho a los muertos; "los amortajaban, llenándoles la boca de maíz molido, que es su comida y bebida que llaman koyem (keyem), y con ello algunas piedras de las que tienen por moneda, para que en la otra vida no les faltase qué comer."

Los malos iban al Mitnal (infierno) donde había "un demonio, príncipe de todos los demonios, al cual obedecían todos y llámanle en su lengua Hunhau (Hun-Ahau, el primero, el grande Dios, Señor Rey)."

Restos de este gran temor a la muerte perseveran entre los yucatecos modernos, quienes creen en que cuando uno debe morir, se ve como un espectro que merodea por la casa del enfermo en espera de llevárselo. Este dios se llama Yum Cimil, el Viejo, o el señor de la muerte. Para asegurar esta creencia, sucede que alguna lechuza se posa sobre algún techo vecino; así se creía que la lechuza era la mensajera fatal. Así, su signo era reconocido como **Cimi**, muerte, y acompañaba frecuentemente la figura de Ah Puch, el dios de la muerte.

6.- IMPORTANCIA DEL HALLAZGO DE LOS DOS JOYELES

Es importante, pues, el haber encontrado estos joyeles en Olancho, en el Valle de Agalta, donde, como he dicho, no se quería creer que allí habitaron los antiguos mayas. Estos joyeles, al contrario, dan la idea de cómo los antiguos mayas llevaban pendientes del cuello los signos de sus dioses, como los cristianos las medallas de sus santos, para tener en todo la protección divina. Así se liga Olancho con Copán, porque precisamente uno de los grandes vampiros de piedra que coronaban el templo 20, la mayor parte caído al río, se encuentra recogido en el Museo de la ciudad de Copán. Este Vampiro lleva pendiente del cuello un joyel, precisamente con el signo cimi, la muerte, porque el Vampiro es el murciélago de la muerte, como lo llama el *Popol Vuh*, y el signo Cimi que lleva en el joyel es de forma abreviada, igual al que se encuentra en el jade que hemos descrito.

En otro joyel el jeroglífico maya ahau se liga también con Copán, porque casi en todas las estelas se encuentra el signo ahau, especialmente como día de la fecha terminal del Baktún o siglo maya. Está representado por una cabeza, a veces barbada, o si no abreviada, como la del joyel que presentamos. El 4 ahau 8 Cumkú representa la fecha punto de partida del Calendario maya. Además, en el nuevo sistema cronológico de los últimos tiempos de los mayas, llamado "U Kahlay Katunob", o sea, "Cuenta **de los katunes" (siglo), el único jeroglífico de la cuenta era el** ahau, que expresaba en todo caso el final de un Katún. Era, por lo tanto, el signo Ahau, de una importancia indiscutible.

7.- JOYELES MAYAS DE LOS MAYAS DE OLANCHO

Los dos joyeles son, pues, de un interés y de una importancia extraordinarios. Ellos ligan a Olancho con Copán y con todo el mundo maya. Quien niegue tal importancia, deberá traer argumentos muy difíciles de demostrar.

Sin embargo, quiero obviar unas objeciones. Acaso alguien objetaría que las joyas fueron llevadas allí por vía de comercio. Bueno. Siendo joyas con signos mayas, las habrían comprado gente maya. O si no, otra objeción diría que fueron llevadas allí por gente maya ocasionalmente. Bueno, también en este caso, gente maya va donde hay gente maya. Siempre se prueba la presencia de mayas en Olancho.

Pero, repito, en Olancho se encuentra piedra de jade en bruto, en Olancho se encuentran muchas piezas de jade trabajadas.

El "jade" de Olancho fue trabajado en Olancho por gente maya de Olancho.

Olancho era una región maya, y los payas que encontraron y catequizaron los Padres Franciscanos en el siglo XVII; y los payas que catequizó el Padre Goicoechea a fines del siglo XVIII, fundando para ellos las poblaciones de San Esteban y Pacura; y los payas que fueron catequizados por los diecisiete franciscanos enviados por el Monarca español y tuvieron que ausentarse en 1827, eran los descendientes de los mismos mayas que vieron y resistieron a Cortés en el Valle de Agalta y después se desbandaron entre las montañas y selvas, hostigando a los españoles quienes, por eso mismo, los llamaron "Jicaques", con significado de "salvajes hostiles".

Es, pues, razonable reconocer finalmente que Olancho, cuyo territorio era antiguamente más dilatado que el actual, era una región genuinamente maya, ligada íntimamente con Comayagua, con Naco, con Copán, con Nicaragua, con la Costa y con Yucatán, por las numerosas y cómodas vías de comunicación, tanto fluviales como terrestres.

Olancho era maya.

Tegucigalpa, D. C., 25 de septiembre de 1947.

XII: JADE Y PIEDRAS VERDES EN HONDURAS

1.- EL JADE

Una descripción muy sencilla, fácil y aproximadamente segura, se encuentra en el Diccionario de la Academia (ed. 1939), y es la siguiente: "jade. (Del chino yü) m. Piedra muy dura, tenaz, de aspecto jabonoso, blanquecina o verdosa con manchas rojizas o moradas, que suele hallarse formando nódulos entre las rocas estratificadas cristalinas. Es un silicato de magnesia y cal con escasas proporciones de alúmina y óxidos de hierro y de manganeso, resultando con una composición semejante a la del feldespato. Muchas de las herramientas prehistóricas están hechas de este mineral, y aún se emplea en la China para fabricar amuletos muy apreciados contra el mal de piedra."

El mismo Diccionario describe el vocablo "piedra nefrítica. jade. Llámase así porque con ella hacían antiguamente amuletos para el mal de riñones."

Con estas descripciones, muchísimas variedades de piedras verdes, compactas, durísimas, que se encuentran en Honduras, se podrían muy bien dar como jade, y tal vez como tal las usaron en algunos casos los antiguos mayas en esta tierra de maya, como la encontró llamada Colón.

2.- UN POCO DE HISTORIA DEL JADE

Hasta estos últimos tiempos no se conocían vetas de jade; y como se sabía que los chinos tenían objetos de esta hermosa piedra verde, y por añadidura, una de las teorías decía que toda la América fue poblada con gente que vino por el estrecho de Behring, teoría por cierto un poco sencillona, así se creyó y se enseñó que todos los objetos de jade que había en América habían venido de la China y por el estrecho de Behring.

Esta teoría tuvo un nuevo impulso cuando Henrique Fischer, en Friburgo, haciendo investigaciones mineralógicas y arqueológicas, encontró que ni en Europa ni en América se conocían minas de jade.

Meyer en 1883, en Berlín, fue el primero que atacó esta teoría. Poco a poco se encontraron piezas de jade natural en varias partes de Europa, en Italia, Alemania, Suiza, y en América también. La teoría cayó para siempre, dejando en pos de sí unos que otros que todavía se preguntan a sí mismos si no será verdad que algunas piezas habrán venido de la China; a pesar de que el jade de la China no es propiamente de China, sino de otras partes del Asia.

Uno de los golpes de gracia lo dieron últimamente los mineralogistas de la Carnegie Institution, al declarar que tanto los jades chinos como los americanos son verdaderas "jadeítas", aunque la composición química de los unos no es igual a la de los otros.

3.- LA CUESTIÓN DEL JADE EN EL BRASIL

Ladislao Netto, Director del Museo Nacional de Río de Janeiro, siguiendo antiguas opiniones, especialmente de Humboldt, quien, sin embargo, se quedó en la duda, afirmaba no solamente que el "tembetá" o adorno labial les venía a los indios del Brasil desde el extremo Oriente y de los japoneses, sino que llegó a ponerlo en relación con los nahuas, y a decir que Manco Cápac (el Rey Inca) había emigrado al Perú desde el Anáhuac; que los aztecas emigraron al Amazonas, y de allí los toltecas, al Anáhuac; así vino el culto del jade a estas partes de América. Todo el asunto se presenta muy confuso en la tesis de Ladislao Netto, quien, imitando a Humboldt, a cierto punto, dice que el jade puede existir en el Amazonas.

4.- LAS MUJERES AMAZONAS Y EL JADE

En 1747, Seyfried publicaba en Berlín que el jade era una tierra verde del Amazonas, bastante blanda en el agua, y que con el contacto con el aire se torna dura como el diamante. Algo de verdad hay en esto. Pero la mejor verdad es la que se contiene en la leyenda de las Amazonas.

Francisco de Orellana bajó con Gonzalo Pizarro desde Quito, en la Navidad de 1539, navegando en uno de los ríos afluentes del Amazonas, separándose de su jefe, no pudo remontarlo, y continuó aguas abajo hasta descubrir todo el río al cual llamó primero con su nombre.

Casi en la boca del Río Nhamundá, mientras bajaba a tierra para buscar alimentos, tuvo que sostener una refriega con los indios Cabelludos, los cuales, en la lucha, fueron ayudados por sus mujeres. Lleno de entusiasmo por esas peleadoras cabelludas, pensando en las antiguas amazonas de la leyenda mediterránea, Orellana llamó río de las Amazonas al que antes había llamado río de Orellana.

La leyenda posterior se llenó de poesía y sobre esta trabajaron los sabios para discutir el origen del jade.

5.- LAS LEYENDAS DEL JADE Y LAS AMAZONAS

Dicen así los cuentos. Más arriba de Faro, ciudad situada sobre el lago del mismo nombre, en el curso del río Nhamundá, existe entre dos cerros una pequeña laguna llamada Yacurá, que significa "espejo de la luna".

Las amazonas, dicen, iban a bañarse en este lago, en ciertas épocas y fases de la luna. Invocaban a la Madre del "Muyrakitan" (el jade) y cuando la luna se reflejaba sobre las aguas, se tiraban a la profundidad del lago, en donde, de la mano de la madre que allí habitaba, recibían los "Muyrakitan" en la forma que deseaban, porque esos pequeños objetos son piedras blandas, que se plasman como se quiere en el agua; pero salidos de ella se tornan durísimos.

Las amazonas eran las únicas que poseían esas piedras que regalaban a los hombres de la tribu de los Guacarís, los cuales cada año iban a visitarlas; piedras sumamente apreciadas hasta ahora como talismanes infalibles, y como amuletos de eficacia maravillosa.

El Río Nhamundá, que limita la Guayana inglesa con el Brasil, es la cuna de las Amazonas que vivían en la desembocadura, cerca de Santarém, y de las piedras verdes que llaman "Muyrakitan". Las Amazonas se conocían bajo el nombre de "Ycomiabas", que significa "mujeres sin marido", y la leyenda añadía que mataban los hijos varones que les nacían, conservando las niñas.

Las aguas de Faro se pueblan cada año de gran número de pescadores que se reúnen para pescar allí el "Peixe boi", o "Manatí", la Vaca marina, "Mamay", que es la Sirena del Amazonas. Cerca de la desembocadura del Nhamundá, los terrenos son bajos y húmedos: probablemente el lodo verdoso se endurece mucho secándose al sol, y constituyó una de las bases de la leyenda de las piedras verdes o "Muyrakitan".

También sobre esta leyenda Ladislao Netto, que se ha citado en el capítulo anterior, formó una disertación, llena de erudición, pero fundada sobre arena. Entre otras cosas decía que los antiguos aztecas o los representantes de la Nación Nahoa, en ausencia del "jade", usaron piedras verdes para adornar las orejas y los labios (Arch. Mus. Nac. Vol. I. 1876. Río de Janeiro).

Según Barbosa Rodrigues, cura el cólico nefrítico, la epilepsia, la inflamación de la garganta, las molestias del hígado; da leche y torna en persona respetable al que lo lleva colgando del cuello; de esto le vino el nombre de piedra nefrítica o de jade, que en China tiene el nombre de Yü, en Persia de Yschen y en Mongolia de Kgash. Los "Muyrakitan" son de piedra de jade o nefrita, que Confucio miraba como símbolo de la virtud, según dice el citado autor, el cual se empeñó en hacer creer que esas piedras fuesen importadas del Turkestán, en donde la nefrita se encuentra en gran cantidad en los estratos geológicos. Se decía que en América no existía esa piedra ni los amuletos.

6.- EL JADE EN LA AMÉRICA CENTRAL

Son numerosísimos los objetos de jade encontrados en esta parte preciosa de América, comenzando por la Meseta del Anáhuac y terminando hacia Colombia.

Más nombrado por los escritores españoles desde el tiempo de la Conquista, es el precioso "Chalchihuitl", nombre azteca que se interpreta por "piedra verde", y no propiamente por "esmeralda"; y con este nombre se entendían todos los objetos preciosos y los que se conservaban como amuletos o idolitos, y comprendían todas las piedras verdes, tanto de jade como también de turquesas, abundantes en Nuevo México, y aun en Chiapas y en Hibueras, en donde, según L. Landero, parece se le daba el nombre de "teoxihuitl".

A este propósito se recuerda una memoria de la señora Nuttall, en que nombra los lugares que daban tributo a Moctezuma, recogiendo los agentes fiscales de este "hueytecutli" los sartales de cuentas de "chalchihuitl"; y dice que, en una expedición guerrera del emperador Ahuitzotl, en 1497, los vencidos de la costa de Tehuantepec, por vía de propiciación para que los dejase en paz el caudillo azteca, le ofrecieron tributos de diversas materias muy preciadas, oro y otras, y entre ellas, muy particularmente, "chalchihuitl" de todas clases, y pequeñitas piedras preciosas llamadas "teoxihuitl", que se ha presumido fuesen turquesas.

La señora Nuttall recogió también algunos nombres geográficos que parecen compuestos con la palabra "chalchihuitl", como Chalchitán, pueblo minero de Guatemala, y Chalchuapa, en El Salvador.

El señor Landero recuerda muy atinadamente las palabras "Chalchihuhtlicue" y "Chalchihcueye", nombre de la diosa de las aguas, llamadas por los tlaxcaltecas "Matlacueye" (vestida de azul), y por Torquemada y Boturini, respectivamente, "Xochiquetzal" y "Macuilxochiquetzalli".[20]

Tegucigalpa, 2 de octubre de 1947.

7.- ¿QUÉ ES EL JADE?

La respuesta a esta pregunta no puede ser tan sencilla como la descripción dada en el primer capítulo.

El jade es algo más complicado, y para dar una idea de lo que es, me referiré de especial manera a dos notas publicadas en 1922 por el ingeniero de minas Carlos F. de Landero, en la Revista de la Sociedad Antonio Alzate, de México, y a tratados modernos de mineralogía.

---

[20] **CHIMALMA**, de variadas leyendas. Una de ellas se refiere al mito de **Quetzalcóatl** y dice que **CHIMALMA** era la madre de **QUETZALCÓATL**, pero sin obra de varón; pues mientras andaba barriendo la dicha CHIMALMA, halló una piedra verde de **CHALCHIHUITE** (*Chalchihuitl*), y se la tragó, de lo que resultó encinta y tuvo por hijo a **QUETZALCÓATL**.

La palabra "jade" se tiene por derivada de "ijada", palabra española que designa "cualquiera de las dos cavidades simétricamente colocadas entre las costillas falsas y los huesos de las caderas" (Dicc. de la Academia), y parece que eso se debe a la creencia que se difundió en el siglo XVI, de que los objetos de jade eran maravillosa panacea para las enfermedades renales. De ello derivó el nombre de "nefrita" (del gr. *nefrós*, riñón) que le dio el sajón Werner, mientras anteriormente lo llamaban "*lapis nephríticus*", piedra nefrítica; piedra para curar cólicos hepáticos; los chinos le dan el nombre de "Yu", "Yud" o "Yu-chi".

Se dio el nombre de "jade" al material de objetos prehistóricos, europeos o americanos, ya verdes, blanquizcos o de color ambarino, de diversos tonos; ya opacos o poco translúcidos; ya entre translúcidos y semitransparentes. Tienen de común el ser su material duro, y de textura muy compacta, tenaces, susceptibles de tallar primorosamente y de tomar y retener buen pulimento. Por mucho tiempo se tuvo a tales materiales por pertenecientes a una misma especie mineral, y llamaba grandemente la atención que esa piedra no se encontraba *in situ*, en sus yacimientos primitivos propios, ni ya siquiera en cantos rodados, siendo cosa reciente su hallazgo, en este orden, en algunos países europeos y americanos.

Por esto mismo se creía que el "jade" había sido importado del Asia, por transportes lentos y en largos períodos de tiempo. Se sabía que en la China y en el Tíbet se extraía en bruto. Estaban fijos en esta opinión arqueólogos, mineralogistas y geólogos, además de antropólogos, cuando el mundo científico despertó de este sueño, al encontrarse fuera de Asia piezas en bruto, de "jadeíta" y de "nefrita".

8.- COMPOSICIÓN DEL JADE

El "jade", o "*lapis nephríticus*", "chalchihuitl", "piedra de ijada", según lo repite el señor Landero, tiene por característica predominante su compactibilidad y su tenacidad. Los hombres de ciencia, mientras al principio no supieron discernir diferencias entre piedras y piedras, con el tiempo distinguieron dos clases: una "roca compleja" y otra "roca simple"; la primera formada por varios minerales, y la otra por una sola especie mineralógica.

Se usaba también, y lo usan todavía vagamente, el nombre de JASPE. (Del lat. *iaspis*, y este del gr. *iaspis*). m. Piedra silícea de grano fino, textura homogénea, opaca, y de colores variados, según contenga porciones de alúmina y hierro oxidado o carbono. Se llama también así al mármol veteado: así se dice "jaspeado", lo que está veteado o salpicado de pintas como el JASPE; *jaspear* se dice cuando pintan imitando las vetas y salpicaduras del JASPE; y "jaspón" se llama mármol de grano grueso, blanco unas veces y otras con manchas rojas y amarillas como el brocatel. Así dice el Diccionario de la Academia. Pero los textos modernos clasifican el jaspe como una variedad del cuarzo, que tiene la dureza n. 7 y es el más común de los óxidos después del agua.

Los "jades" se distribuyeron entre dos especies distintas, mineralógicamente hablando: una del grupo de las anfíbolas (4), a la cual se dejó el nombre de "nefrita", y otra, incluida en un grupo vecino, el de las piroxenas (5), a la cual se dio el nombre de "jadeíta", agregando al vocablo "jade" la desinencia usual en la terminología mineralógica para señalar especies definidas. "La nefrita es un silicato de calcio y magnesia de fórmula $CaMg_3(SiO_3)_4$, o bien $(Mg, Ca.) SiO_3$.

"La jadeíta es un silicato de alúmina y sodio, de fórmula $NaAl(SiO_3)_2$, que se ha calificado como una piroxena sódica aluminosa, que puede verse como una espodumena sódica. La espodumena normal es la piroxena litínica aluminosa, $LiAl(SiO_3)$. Es cosa frecuente que contenga la nefrita un poco de alúmina, y asimismo, en sustitución parcial de su cal o su magnesia, moderadas proporciones de otras bases monovalentes, potasa, óxido ferroso, sosa a veces; mínimas cantidades de ácido titánico al lado de su sílice, de sesquióxido de hierro o de cromo, más eventualmente el último, al lado de una alúmina bajo su función química. En las jadeítas se encuentran también a menudo, dentro de la fórmula apuntada, variables cantidades de bases alcalino-térreas, como asimismo sesquióxidos otros que el de aluminio.

"A esas dos especies exclusivamente se refiere lo dicho antes acerca de la tardanza habida en llegar a encontrarlas en sus yacimientos primordiales, en Europa y en América.

Multiplicándose los análisis cuidadosos de jades, se encontraron composiciones en desacuerdo con cualquiera de las dos fórmulas apuntadas: las materias de algunos objetos vinieron entonces a referirse a otras anfíbolas, las de otros a piroxenas, otras que la jadeíta. Tanto ciertos análisis, como la observación del comportamiento de unos y otros jades al observarlos con luz polarizada, hicieron reconocer, en sus casos, que eran mezcla de diversos minerales.

"En suma, los objetos de jade, en la vaga acepción lata de esta palabra, son ya de una, ya de otra de las especies minerales que se enumeran a continuación, ora de algunas de las tales exclusivamente, ya de mixtos de ellas o bien de mixtos en los que intervienen otros silicatos o ciertos productos de alteración de unos u otros de ellos:

"ANFÍBOLAS: nefrita, actinolita, tremolita;

"PIROXENAS: jadeíta, seudo-jadeíta, diopsita, esmaragdita, cloromelanita;

"FELDESPATO: albita, ortoclasia, labradorita, microlina, pectolita (Alaska);

"EPIDOTAS: zoisita, saussurita;

"MINERALES DEL GRUPO DEL TOPACIO: sillimanita o fibrolita;

"OTROS SILICATOS: prehnita, vesubianita o idocrasa (California), granate;

"PRODUCTOS DE ALTERACIONES: calcita, caolinita, talco, esteatita, (7) bastita, serpentina (8), bowenita."

9.- EL JADE MISTERIOSO

Parece extraño, pero la ciencia mineralógica no está actualmente tan adelantada como las otras ciencias. Por lo tanto, no nos maravillamos de que, especialmente en cuestión de jade, sabían seguramente más los antiguos mayas, quienes estaban continuamente con ello entre las manos, que los modernos sabios que se dedican a la mineralogía. Y si no, véanse los libros, y no habrá uno que esté del todo conforme con la misma cosa de otro.

Efectivamente, la mineralogía ha estado y lo está todavía en continuos cambios en lo que toca al conocimiento íntimo de la materia, y en consecuencia, de su clasificación, debido a la diversidad de puntos de vista en considerar los varios minerales, especialmente por adelantos actuales electroquímicos como radioactivos, y por causa de los mismos minerales, que como los libros de una biblioteca, ocasionan múltiples dudas en cuanto a encasillarlos en uno o en otro estante.

Si esto sucede en la mineralogía en general, mucho más lo observamos en el jade.

El jade pertenece a un grupo de minerales que, ante todo, se puede decir que han estado en continuo movimiento, en continua transformación, o según el término técnico, son el resultado del metamorfismo de las rocas; con frecuencia, del metamorfismo de contacto.

10.- EL JADE ES UN SILICATO

Ahora, según los tratados modernos (9), los silicatos están encasillados en la última división taxonómica que contiene un grandísimo número de minerales, algunos de los cuales son comunísimos en la naturaleza, como los del grupo de los feldespatos, los piroxenos, los anfíboles y las micas, muy abundantes e importantes como minerales de las rocas, especialmente de las rocas ígneas. Y por otra parte, la composición química de estos minerales es muy compleja y variada, tanto que se puede decir que casi no se encuentran piedras del mismo nombre que sean iguales en su composición.

Hasta ahora los silicatos habían sido interpretados como sales de varios hipotéticos ácidos silícicos, todos derivados del ácido ortosilícico (10) con pérdida de agua. Recientemente la estructura de un gran número de silicatos ha sido investigada por medio de los rayos X y se ha visto el átomo de sílice rodeado de cuatro átomos de oxígeno, arreglados simétricamente a igual o desigual distancia, y este SiO_4 parece ser la unidad fundamental de todos los silicatos. No me puedo demorar en la explicación de ciertos hechos importantísimos en nuestro caso, como la del equilibrio de las valencias y la sustitución de unos metales por otros en la estructura de un mineral, por la cual uno se cambia en otro.

Porque los silicatos se muestran extensamente variados en su composición, por causa de las diferentes maneras como se comporta la fórmula $Si:O$, es decir, sílice y oxígeno, y de la sustitución de un elemento con otro de la misma valencia.

Los silicatos son abundantísimos y todos están sujetos al metamorfismo, tienden a la mayor perfección y, perdiendo moléculas de agua, llegan a la mayor dureza, cuando no sucede lo inverso, por ejemplo los anfíboles, a los cuales pertenece la nefrita (jade), que se convierte en talco, que es mucho menos duro, es decir, de dureza 1-2,5.

11.- EL GRUPO DE LOS PIROXENOS Y EL DE LOS ANFÍBOLES

Entre los silicatos hay estos dos grupos que son muy importantes, y además tan abundantes, que los dos solos forman el 17% de las rocas ígneas.

Los piroxenos forman una familia muy variada; su composición es silicato de calcio, magnesio, hierro, aluminio, sodio y litio. Los miembros más importantes son los que cristalizan en el sistema rómbico y monosimétrico, entre los cuales se encuentra la **JADEÍTA**, que es compacta, con fórmula NaAl (SiO3)2, o sea, silicato alumínico sódico.

Químicamente y cristalográficamente, están ligados íntimamente a los minerales del grupo de los anfíboles, al cual pertenece la **NEFRITA**, que es una variedad compacta, que va bajo el término general de jade.

Los **ANFÍBOLES** son compuestos de silicato de magnesio, calcio, hierro, sodio y potasio, contienen agua, y por lo tanto, son menos duros, y sus moléculas están dispuestas en banda, que es el doble de la misma que tiene el piroxeno, pero cristalizando de la misma manera. Los principales son los siguientes:

Hornablenda, o anfíbol negro; **TREMOLITA**, o anfíbol blanco, cuyas variedades son el asbestos y el amianto, y es un mineral resultante del metamorfismo de contacto, de color blanco, gris, verdoso y amarillento, con lustre vítreo sedoso y se convierte en **TALCO**; y **ACTINOLITA**, actinota o anfíbol verde, que es silicato magnésico ferroso cálcico, al cual, como se ha dicho, pertenece como variedad la piedra **NEFRITA**, y que ordinariamente es fibrosa, con cristales alargados. Contiene hierro en cantidad y se transforma en **TALCO**, serpentina, calcita, etc.; se encuentra también en esquistos cristalinos, y con frecuencia es un resultante del metamorfismo de contacto; es de superficie con lustre vítreo sedoso, y de ordinario es de color verde.

Estos minerales poseen un grado de dureza 5-6, y los otros afines la poseen más o menos igual y aun mayor hasta 7, igual al cuarzo.

Tegucigalpa, 9 de octubre de 1947.

12.- JADE Y OTRAS PIEDRAS VERDES

El señor Landero, antes citado, al comparar unos análisis de piedras verdes de algunos objetos de "jade", de Teotihuacán, hace las siguientes reflexiones:

Dice que no ve inconveniente en que se siga usando el nombre de "jade", un tanto vago, para los objetos prehistóricos; pero debe tenerse buen cuidado de no puntualizarlo a la ligera, pasando a calificar de "jadeíta" o "nefrita" el material de las cuentas y demás objetos, antes de haberlo determinado con rigor científico, porque a veces y a menudo son de otros minerales más o menos próximos a los indicados, aun de material homogéneo, clasificable como roca y no como especie ni variedad mineralógica.

"Debe cuidarse de no incurrir en tal abuso, teniendo bien presente, a ese respecto, que toda 'jadeíta' es 'jade', pero no todos los 'jades' son 'jadeítas', siéndolo algunos, mientras que otros, en mayor número, son 'nefritas', y mucho más ni una ni otra cosa, sino simplemente piedras verdes o verdosas, ya minerales propiamente dichos, o bien rocas.

A este respecto Morley (O. C.) hace resaltar que el "jade" tiene un índice de 6.5 a 6.8, aunque otros le dan la dureza de 5.6, en la escala que usan los geólogos para medir la dureza de las rocas, mientras el grado del diamante es de 10; y que los mineralogistas de la Institución Carnegie, de Washington, han establecido que "los jades americanos, como los jades chinos, son verdaderas jadeítas, aunque su composición química difiere de la jadeíta china". Sin embargo, esta variación no es suficiente para justificar la colocación de los jades americanos fuera del grupo de la jadeíta verdadera, aunque basta para hacerles diferir un tanto en apariencia de los jades chinos. Lo más importante es que se ha resuelto para siempre, en sentido afirmativo, una controversia arqueológica que ha durado muchos años, sobre si existía o no la verdadera jadeíta en América. Hablando en general, el jade americano no es tan translúcido como el chino; varía desde el verde oscuro hasta el verde manzana, y el azul verdoso claro, pasando por todos los matices del gris, y baja de color hasta el blanco. Es mucho más jaspeado que el jade chino."

13.- LOS FILONES CHINOS Y LOS DE LOS MAYAS

Honduras, como toda la América Central, se puede comparar a la China, en cuanto a los hallazgos de "jade". Los jades chinos antiguos no son grandes, las formas que se les dieron al tallarlos son relativamente sencillas, y, por último, revelan la forma de las piedras originales de que fueron hechos. No fue sino hasta que el curso de la historia china estaba bastante avanzado cuando se descubrieron en Birmania, y se trabajaron en seguida, los filones de donde se habían desprendido las piezas de jade, rodando después y alisándose en los lechos de las corrientes de agua. Los antiguos mayas, sin embargo, no encontraron, según Morley, los filones de su jade y tuvieron que atenerse al hallazgo casual de guijarros o piedras de esa substancia en los ríos que serpentean bajando de las altas cimas de las montañas del sudeste de México y occidente de Guatemala. "Yo", dice el mismo autor, "excavé una vez una tumba de Copán, y saqué una piedra de jade en bruto que pesaba varios kilos; la roca maciza encontrada en Kaminal-juyú, cerca de la ciudad de Guatemala, es otro ejemplo de estos hallazgos."

Así dice Morley. Sin embargo, se debe tener presente que probablemente es difícil que el jade presente muchos y grandes filones, siendo un mineral compuesto y resultante del metamorfismo que suele acarrear muchas sorpresas.

Más fácil, para nosotros, será imitar lo que hacían los mayas: buscar las piedras sueltas o guijarros de jade, y de este modo tal vez sea posible encontrar alguna veta. El jade tiene una vida muy misteriosa.

14.- EL JADE EN HONDURAS

Yo estoy convencido, no por antojo, sino por las muchísimas observaciones que he hecho continuamente por nueve años, en todos mis viajes a caballo a través de Honduras, por montañas, quebradas y ríos, como diré después, de que el jade encontrado por Morley, las hermosas estatuitas de jade existentes en el Museo de Copán que han sido extraídas de sus tumbas, y todos los objetos de jade que se han encontrado y se encuentran continuamente en Honduras, todo esto, ES JADE HONDUREÑO.

Ya en el siglo XVI, dijo Landa, que Honduras era tierra de piedras preciosas (cap. 23), al dar a conocer las aficiones de los mayas de Yucatán: "El oficio a que más inclinados estaban es el de mercaderes, llevando sal, ropa y esclavos a tierra de Ulúa y Tabasco, trocándolo todo por cacao y cuentas de piedras que eran su moneda, y con esta solían comprar esclavos u otras cuentas más finas y buenas, las cuales traían sobre sí los señores, como joyas en las fiestas; y tenían por moneda y joyas otras hechas de ciertas conchas coloradas, y las traían en sus bolsas de red que tenían, y en los mercados trataban todas cuantas cosas había en esa tierra."

Con esto, Landa da a entender no solamente que las piedras de Yucatán les venían de Honduras, sino que entre ellas las había más y menos preciosas, o sea, el jade, que llevaban en las fiestas los señores, y piedras verdes, que servían a los mercaderes también de moneda para comprar esclavos y traerlos a Honduras.

Que se encuentran muchísimas piezas y cuentas de jade en Honduras, en todas partes, no hay duda. Morley habla de una pieza de varios kilos hallada por él en una tumba de Copán. Otra pieza finamente trabajada, antigua, de la edad áurea de Copán, la describe en la página 467. Solamente las piezas de jade del vestido mujeril de la Estela M eran centenares. Además, se pueden citar las muchas piezas finísimas trabajadas, grandes y pequeñas, encontradas en Copán y existentes en el Museo de esa villa; y no deben ser todas, porque son poquísimas comparándolas con la riqueza antigua de aquella metrópoli, con las numerosas que se encuentran en todas partes.

Pero Copán es un minúsculo sitio, aunque muy valioso; Honduras es muy grande: es de los países más extensos de la América Central.

Honduras está sembrada de ciudades y villas antiguas mayas, que todavía no se conocen, y los sitios arqueológicos se cuentan por los cuatro puntos cardinales de un extremo al otro, y en todo este territorio se encuentran piezas de jade antiguo.

15.- SITIOS DE HONDURAS DONDE APARECE EL JADE TRABAJADO

Además de la región de Copán, también en Olancho, en el Lago de Yojoa, en el Valle de Comayagua, en los departamentos de Intibucá y de Lempira, en la Costa Norte, y en toda Honduras, se encuentran piezas de jade talladas primorosamente.

16.- TRABAJOS DE JADE DE OLANCHO

De las puertas de Olancho, como se puede considerar la región de Guarabuqué, donde están situadas las fuentes del río Sulaco y del Guayape, es una figurita de jade verdosa jaspeada de rojo, alta, cm. 5, representa probablemente al dios Cimi en figura entera, ya que su cabeza es una calavera, significando al dios de la muerte. Los ojos grandes, vacíos, y sobre el pecho tenía probablemente una piedra preciosa. Entre el cuello le pasa el agujero para tenerlo pendiente del mismo. Fue encontrado entre los montículos de Miralda, en donde estuvieron después de 1541 los españoles de Guatemala, para explotar las minas, dejando al lugar el nombre de Guatemalita.

De la región de Juticalpa, en Olancho, conozco unos adornos pectorales en forma de varitas agujereadas; unas cuentas y unas orejeras, de forma seguramente mayas, como las de Copán. Además, de la misma región tengo a la vista una estatuita de cm. 6,5 de jade, de hermoso color verde esmeralda jaspeado, muy lúcido y algo transparente, representando la figura de un viejo barbado con apariencia de brazos cruzados y de pie, pero sus piernas están reducidas por estar el jade cortado naturalmente detrás de ella. Los ojos estaban llenos por piedras de otro color, hoy quedan solamente los dos huecos. Otra pieza del mismo tamaño, pero de jade más blanco y lúcido, veteado de verde oscuro, representa a un viejo maya, ataviado con sus grandes orejeras y pendientes, llevando sobre la cabeza un capirote o cucurucho con grandes adornos de largas plumas que le cubren la frente y caen detrás en dos órdenes hasta el lomo. Está desnudo, cubierto solamente con el taparrabo, e hincada la pierna izquierda, tiene doblada la derecha con una mano sobre el tobillo y la otra sobre la rodilla, como si sintiera algún dolor.

Esta manera de arrodillarse la he visto en algunas estatuas mayas. Tiene un agujero en el colodrillo para que sirviera como amuleto pendiente del cuello. Pienso que debe ser algún Dios, probablemente el "Dios Viejo". La hechura es de un arte finísimo y expresivo. Otro amuleto con agujeros para colgarlo al cuello, es de piedra verde blanquecina apenas veteada, y representa a una persona de cabeza grande y de cuerpo muy gordo y bajo, con cortas piernas y las manos sobre los lados del pecho. Tiene la misma altura, pero es más ancho que los descritos anteriormente. Otra figura es la de un hombre con alto capucho que lo cubre y cae desde las orejas en derredor de la cabeza, con las manos sobre el pecho, de pie, y no se sabe si desnudo o vestido, porque la piedra durísima ha permitido solamente poco dibujo, además del desgaste de la escultura de la cara. La piedra es verde, muy oscura, jaspeada y veteada de un color marfil. Es durísima y compacta. Mide cm. 10.

Siempre en Olancho, pasando al Valle de Agalta, se presentan varios objetos interesantes de jade: ante todo, una hachita de cm. 4,5 por 3,5, de piedra oscura casi negra con manchas de color verde oscuro: es de San Esteban.

Los siguientes objetos son de Carnizuelar, cercano a Tonjagua. Primero, una cuenta de collar, grande, alargada, no perfectamente lustrada, de jade verde. Igualmente, una estatuita de cm. 4,5, de jade color café con manchas verdosas, representando a un individuo con tocado o coronilla de cabellos, a la manera de las figuritas mayas. También son dos cuentas o pendientes muy notables, sobre las cuales he escrito un artículo importante publicado en LA ÉPOCA, el 25 de septiembre pasado, siendo este un descubrimiento de mucho alcance. Una de ellas, en forma de oliva, casi redonda, de jade verde muy oscuro, tiene la boca grabada en la parte de arriba y los ojos, dos puntos, abajo; de este modo, la cabeza miraba hacia quien la llevaba pendiente del cuello. Esta cabeza es la figura del jeroglífico ahau, que significa señor; mide cm. 1,5. otro pendiente, de igual tamaño, pero de forma achatada, de jade azulado verdoso claro, pasado a lo largo por un pequeño agujero, tiene en sus dos caras grabado el signo del jeroglífico cimi, que en maya significa la muerte, o el dios de la muerte. este signo, que es en forma abreviada, está hecho con una línea breve serpentina, es decir, con una línea que tiene dos pequeñas curvas opuestas en las extremidades en forma de s, un poco recta, entre dos puntos transversales. estos dos jeroglíficos son genuinamente mayas, y quienes llevaban esas joyas, eran gente maya.

De Tayaco, afluente del Río Tinto, es un cilindro blanquecino verdoso, jaspeado de verde y de rojizo, de cm. 7,5; una pequeñita orejera de cm. 1,3; una cabecita representando al Nazareno, junto con una crucita, todo de jade: obra de gente maya bautizada. La crucita es de cm. 3.

He querido demorarme de propósito sobre estas piezas de jade, que como diré después, no vinieron de afuera, sino que fueron hechas en la misma región de Olancho, porque las piedras verdes se encuentran allí, y porque el pendiente con el signo ahau, Señor, y el otro con el glifo Cimi, signo de la muerte, indica que esa gente era maya. olancho fue encontrado por cortés como región de grandes señores que se resistieron a presentarse ante él; spinden halló en una excavación objetos que atribuyó a los chorotegas, y dijo que ellos habitaban esa región. ahora, los chorotegas, como lo dice su mismo nombre, eran los mayas agricultores de los valles. sin embargo, ha habido quien haya querido ignorar a los mayas de olancho y hasta verlos borrados del mapa de honduras.

17.- TRABAJOS DE JADE DEL LAGO DE YOJOA

De toda la región del lago de yojoa, habitada por gente **maya**, existen piezas de jade, y muchas se pueden ver en el museo nacional de tegucigalpa.

18.- DEL VALLE DE COMYAGAUA

Del valle de comayagua se han sacado piezas bellísimas, muchas de las cuales ha encontrado el coronel d. gregorio sanabria y existen en el nuevo museo maya de aquella ciudad. si se considera que jens yde, en 1938, dudaba mucho que el valle de comayagua fuese maya, que tenampúa era de raza distinta y que los mapas arqueológicos, todavía aun los que están en prensa (cfr. longyear y morley), limitan los mayas de honduras únicamente a copán, es un milagro grande el museo de comayagua, que está demostrando al vivo los mayas de honduras en el propio centro del país. efectivamente, entremezcladas con la bellísima alfarería maya, hay muchísimas piezas y collares de jade, también mayas.

Fuera de ellas, puedo indicar unas hachitas pequeñas, hermosas, de jade verde oscuro, tanto de la hoya de jeto, como del lugar llamado los naboríos, en la orilla izquierda del humuya frente a comayagua, como también cuentas, collares de jade y una hachita de jade oscuro jaspeado, midiendo cm. 4 por 2,5, que, de seguro, servía para trabajos muy finos.

19.- LA REGIÓN DE INTIBUCÁ

De la región de Intibucá existen piezas de jade; pero la que se lleva la palma es una cabeza de hombre barbado, rapado, con orejeras, nariz típicamente maya y la boca abierta. Es alta cm. 13; el ancho de la cara es de cm. 13 y el grueso anteroposterior cm. 9. Tiene un agujero que le pasa por el colodrillo hasta la base de la cabeza, en donde existe un vacío circular para colocar la cabeza sobre un palo y probablemente vestirla.

Esta cabeza, en poder de la escuela local, fue encontrada por un muchacho, entre otras piedras, mientras limpiaba la milpa, en la margen izquierda del Río Guarajambala, a dos cuadras de distancia del agua, al pie del cerro, en el lugar del vado del río, en terreno en declive, cerca del pueblo que se llamaba con el nombre del río y que ahora llaman Concepción.

El nombre, que era probablemente "Guala-yam-balam", o sea, "Balam (tigre, hechicero, sacerdote maya) entre quebradas (Guala)", era el nombre perfectamente maya; la cabeza dio chispas al muchacho que la golpeó con machete, lo que quiere decir que es de piedra durísima, como el jade; y además, se puede asegurar que esta cabeza fue trabajada en el mismo lugar, porque en la bajada del pueblo hasta el lugar en donde fue encontrada la cabeza, se ve el suelo sembrado de piedras verdes de la misma especie con que está tallada.

La escultura es de facciones perfectas y de buen trabajo. Probablemente este hombre barbado era uno de los Dioses de Honduras, en conexión con Yucatán: probablemente el Dios primitivo, Itzamná o Kukulcán, que es el mismo personaje maya quien dio origen al Quetzalcóatl de los Cholulas; y no se debe olvidar que el pueblo de Guarajambala está cerca de Camasca y de Piraera, es decir, en el radio de acción de Cerquín, en el Congolón, donde murió Lempira defendiendo el último reducto de la civilización maya en Honduras.

Tegucigalpa, D. C., 16 de octubre de 1947.

20.- EL METAMORFISMO DEL JADE Y DE LAS PIEDRAS VERDES

El mundo mineral está sujeto a continua metamorfosis, con cuyo nombre se entiende la transformación natural que ha ocurrido en un mineral o en una roca después de su consolidación primitiva. Este metamorfismo puede producir un cambio de color o un ulterior endurecimiento, expulsión de agua u otros ingredientes, cocimiento y fusión, cristalización y otros efectos muy importantes; y los cambios pueden ser ocasionados por reacción química, por presión, por inyección de rocas calientes, por acción del calor interno del globo, por radioactividad y por muchas otras causas que no conocemos. Sobre todo, el tiempo es un elemento imponderable, pero seguro, del metamorfismo, tanto que las rocas más antiguas resultan las más alteradas. Factores determinantes son el calor, la presión y los agentes químicos auxiliados por las aguas y los álcalis, que por ser muy solubles en el agua, actúan como hidróxidos o bases enérgicas y como causas del metamorfismo de las piedras verdes. El metamorfismo juega un papel muy importante, de manera especial en nuestro caso del jade, que también comienza su primera aparición como pasta caliente, esto es, la jadeíta, la nefrita o cualquier otra piedra de la misma clase, familia, especie y aun variedades; como por ejemplo, dentro de la clase de los silicatos o dentro de la familia de los piroxenos, a la cual pertenece la jadeíta, o de los anfíboles, a la cual pertenece la nefrita.

Tratándose, pues, del jade, estamos en presencia de un mineral tan variado y tan variable, que solamente este hecho basta para explicar el no haberse conocido íntimamente y el no haberse encontrado su propia residencia hasta ahora, y lo que es más asombroso, permanecer todavía como un mineral lleno de misterios.

21.- LAS INCERTIDUMBRES DEL JADE

Ya se ha dicho que los silicatos contienen, entre otros, dos grupos de minerales muy importantes, muy abundantes en la naturaleza, y muy unidos entre sí, tanto que con facilidad uno se convierte en otro. Estos dos grupos son el de los piroxenos, al cual se hace pertenecer como variedad la jadeíta, y el de los anfíboles, al cual se hace pertenecer como variedad compacta la nefrita. ambos minerales se dicen jade.

Los piroxenos (variedad la jadeíta), lamelados o granulados, son anhidros; se convierten en anfíboles, que son hidratados. Estos dos grupos son con frecuencia el resultado del metamorfismo de contacto. Pero pueden ser el resultado de otra clase de metamorfismo, según se ha dicho en el capítulo anterior.

Ahora bien, el jade es un silicato; también las arcillas son silicatos de alúmina. Ambos contienen cantidades de hierro y de otros minerales.

No es, por lo tanto, difícil la formación del jade, el cual, en la naturaleza, es mucho más frecuente de lo que se ha creído hasta ahora, cuando se tenga presente que el jade pertenece a un silicato que se metamorfiza con mucha facilidad.

Y en Honduras, en donde la actividad volcánica de otros tiempos ha dejado montañas ricamente dotadas de rocas ígneas y de rocas alteradas por el metamorfismo de contacto, como se observa en las riquísimas arcillas de variados colores, y estos producidos precisamente por el calor ígneo, y en los riquísimos minerales los más variados que posee.

Por eso mismo se puede decir que Honduras es la tierra apropiada para encontrar el jade en su propio nido.

22.- LOS NIDOS Y ESCONDITES DE LAS PIEDRAS VERDES EN HONDURAS

En nueve años de continuos viajes entre las montañas de Honduras y a lo largo de los ríos, hasta los lugares más apartados, yo he buscado las piedras verdes en todas partes. Mis libretas de apuntes, en donde suelo anotar aun corriendo a caballo, están llenas de datos acerca de los lugares en donde descubrí la existencia de piedras verdes; y en mi colección poseo una cantidad respetable de pedazos de piedras verdes que lo atestiguan.

Las he llamado piedras verdes; pero en muchos casos son verdadero jade; y en los demás, son compañeros del jade. En efecto, estas piedras verdes, examinadas cuidadosamente con el Sr. Ingeniero Sergio Palacios, amén de otros, quien es un acucioso experto mineralogista, han revelado que su ser, en la mayor parte, es de piedras de jade; en otras, la apariencia del jade, o de algún silicato muy próximo, es muy fuerte.

Efectivamente, son de estructura compacta, de dureza igual o mayor de la de otras piedras de jade conocidas; de colores verde claro, verde oscuro, y de otras tonalidades propias del jade; se pueden trabajar por medio de piedras más duras, como el pedernal y el cuarzo, o por medio de piedras de la misma dureza. Algunas de ellas, no siendo pedernal, sin embargo, golpeadas, llegan a dar chispa. Algunas son translúcidas, otras más o menos opacas; pero todas un poco jabonosas, de manera que al frotarlas con el dedo, toman lustre, lo mismo me sucedió con una pieza antigua de Copán.

La mayor parte, pues, se puede tener la seguridad de que trabajadas resultan unas buenas piezas de jade; otras, más duras, trabajándolas, darán piezas, quizás, de la misma familia del jade.

VALLE DE COMAYAGUA.- Poseo un guijarro entero y uno quebrado, de verde bellísimo, encontrados en los montículos de la Hoya de Jeto. Seguramente fue recogido en el Río Humuya, que por allí pasa. Por las quebradas de la izquierda, en aquel punto, bajan numerosísimas piedras verdes de los Cerros de Lejamaní. Eran dos piezas, ya listas para ser trabajadas. Hay allí un verdadero criadero de piedras verdes.

CAMINO DEL VALLE DE COMAYAGUA AL DE EL ESPINO Y A LA LIBERTAD.- Se encuentran numerosas vetas de exquisitos verdes, sedosos. Como se ha visto, entre estos, en el talco y los piroxenos y anfíboles hay estrecha relación.

SULACO.- He traído algunas piedras verdes, tan hermosas como ejemplares, que les falta solamente el trabajo para aparecer bellísimos objetos de jade. De la misma región he traído piezas verdes de pasta volcánica, en donde se puede observar todavía la espuma vítrea en la superficie, mientras en la parte interior está consolidada y compacta.

RÍO ULÚA.- Otro gran criadero de piedras verdes se encuentra a lo largo de todo el Río Ulúa y de sus afluentes. Poseo una piedra bellísima de la región de Jesús de Otoro hacia Santa Bárbara; piedra verde, bello color oscuro, que le falta pulirla para aparecer un hermoso jade. Me la ha traído como mayor prueba el señor Ingeniero Sergio Palacios, quien la encontró; añadiendo que el Río Ulúa lleva en su lecho las piedras verdes que se crían en las montañas, al pasar cerca de Santa Bárbara. Nidos de piedras verdes encontré también desde Piedra Canteada a Naranjito. El metamorfismo sucede en la superficie de las piedras regadas en el camino.

REGIÓN DE INTIBUCÁ.- Bastaría como muestra la hermosa cabeza de jade encontrada en la orilla derecha del Guarajambala, cerca de Concepción, que he descrito en capítulos anteriores; allí, al bajar al río, encontré el camino sembrado de grandes piezas de la misma piedra verde con que estaba hecha esa cabeza.

REGIÓN DE MARCALA.- Las calles de Marcala están tapizadas con muchas piedras verdes de origen ígneo, compactas, duras, granulosas, veteadas o jaspeadas, lustrosas, que son silicatos, seguramente vecinas del jade, si no de la misma variedad.

Subiendo desde el Río Grande de Otoro, en donde se encuentra alguna piedra verde, llegando cerca de Chinacla, en una de las quebradas, hallé piedra verde, dura y jabonosa, que alisé y lustré con otro pedazo de la misma piedra. Saliendo de Marcala, en el Río Pastal, encontré muchas otras piedras verdes de la misma clase ahora descrita; eran grandes piezas. En el camino de Opatoro, región de los Guajiquiros, en 1941 recogí piedras verdes de una gran veta del mismo color; y al atravesar una cabecera del Río Goascorán, recogí también piedras verdes, en apariencia con cobre. Mi libreta de apuntes me recuerda que allí fui muy impresionado y apunté con nota especial: por las montañas de las piedras verdes. Desde aquí se ve el

Golfo de Fonseca. Y como teniendo alguna relación con estas piedras, recogí una de las mejores leyendas mayas de Honduras, la cual está también relacionada con las montañas que los vasos mayas llevan pintadas cerca de la orilla, mostrando en su medio un agujero o cueva. La leyenda dice que la abertura en el cerro la hizo el Cacique Chilicatoro, al disparar la flecha contra su rival Acuquinca. De aquí, en donde hay una de las mayores alturas de Honduras, pasando el camino a los 2020 metros, se baja a Guajiquiro, que ya está hacia el Valle de Comayagua.

COLOLACA.- En todo el camino, desde San Marcos a Cololaca, se ven continuamente piedras grandes y vetas de piedras verdes, especialmente cerca del Rancho Quemado. Después, por todo el camino, especialmente desde Cunigual, se encuentran hasta llegar a Guarita muchísimas vetas y piedras verdes; aun en el empedrado de la misma población, tanto que Guarita podría llamarse el pueblo de las piedras verdes.

COPÁN.- El Profesor Pedro Rivas recogió piedras de jade en el Río de Copán.

OLANCHO.- Otro gran nido de piedras verdes es Olancho. Se había dicho que en Silca se encontraba el jaspe (entiéndase, el jade); pero yo no lo encontré hasta la distancia de más de 7 leguas de Salamá. Las fuentes del Río Guayape son sumamente auríferas; llevan también piedras verdes. El Río Guarabuquí, que sale de la Montaña de La Flor, en donde están los Jicaques, es la fuente principal del Guayape. Allí encontré muchísimas piedras verdes ígneas, en forma de pórfido. Siguiendo este río, encontré piedras verdes abajo de la población de Santa Cruz y después en todo el camino hasta la población de Guayape y en la Quebrada de Tule y la de Arenas hasta Concepción: aquí encontré las primeras desde Silca. Son verdes, lisas, con puntitos, y cristales brillantes. Después, continuando hacia Orica, el Río Malaque, y las subidas y bajadas de los cerros pizarrosos hasta Guaimaca, con talco, mica, cuarzo quemado, conteniendo mucho oro; y las piedras relucientes como espejos de plata, colores verdes, y sedosas y jabonosas al tacto.

Aquí entra el recuerdo del metamorfismo de las piedras verdes: los piroxenos y los **anfíboles**, compañeros inseparables de los esquistos, del talco, de las micas, del cuarzo.

Y en Honduras está su casa.

Tegucigalpa, 23 de octubre de 1947.

23.- LOS MAYAS DE HONDURAS NO ERAN ORFEBRES NI PLATEROS

Las minas de oro, de plata y de otros metales, son abundantísimas en Honduras: al tiempo de la Conquista, eran 26.000 los negros e indios que lavaban oro en el Guayape; oro que descubrieron inmediatamente los españoles y labraron con cuadrillas de expertos mexicanos e indios desde el principio. Al oriente de la Atenas Maya, Copán, fueron descubiertas casi inmediatamente entre las montañas, las minas más ricas de oro de aquel tiempo, las de San Andrés; en el Valle de Comayagua descubrió inmediatamente Francisco de Montejo las minas de plata, que existen todavía inactivas, a tres tiros de ballesta al oriente de la Villa que fundó, llamándola Comayagua. Sin embargo, los mayas de Honduras acaso conocieron el metal, pero no se preocuparon por ello.

Unos hechos lo demuestran. Cristóbal de Olid, en Naco, para no dar a conocer a los mayas de la región su intención, mostró un poco de polvo de oro a los caciques preguntándoles si allí había algo de eso, diciendo que lo necesitaba como medicina. Inmediatamente le trajeron una cantidad de ese polvo, que no sabían para qué servía; pero era tarde, porque en aquellos momentos Olid fue degollado. Cristóbal Colón no recogió en las costas de Honduras ningún oro, y los indios de la Isla Guanaja, cuando les hizo ver la muestra, no lo conocían y desearon que se lo diera. En Copán se han encontrado solamente dos pequeñas piernas de oro, pertenecientes a un idolito usado como pendiente, en la tumba de la única mujer que tiene estela en Copán; sin embargo, no sabemos cómo es que estaba allí, junto con alambre de latón, parte de un botón de cobre y pedazos de yeso. Allí había trabajado Maudslay sacando en yeso el molde de la estela. En el Valle de Comayagua se han encontrado últimamente algunas hachitas de cobre, de las mismas que describe Landa en 1570 y que les venían a los mayas de Yucatán desde Tabasco, en los últimos tiempos cercanos a la Conquista, cuando el comercio se había desarrollado más; evidentemente han llegado por vía de comercio, y son tan pocas, que no merece ponerlas en la cuenta. Algunas campanillas de cobre se encontraron en Naco y en otra parte, en donde habían trabajado mineros al tiempo de la Conquista.

En fin, en todas las excavaciones hechas, tanto en Copán como en toda Honduras, y en general, en toda la zona maya, no se ha encontrado metal. Y los españoles, en sus relaciones, aseguraban al

Rey, que en Honduras, como en Yucatán y en Nicaragua, no se hallaba oro en poder de los indios.

24.- LOS MAYAS NO TENÍAN NINGUNA TRADICIÓN DEL METAL

Su contacto con el viejo mundo se debe contar desde los tiempos más remotos de la edad de la piedra, y aun antes del uso de la rueda y de otros implementos que no usaron ellos.

25.- LOS MAGOS DE LA JOYERÍA MAYA DE HONDURAS

Si los mayas de Honduras no eran orfebres ni plateros, en cambio ejercían el arte de la joyería en piedras, y en jade, en sumo grado.

Este arte era muy especial de Honduras, en donde existían grandes cantidades de piedras que los mayas tenían como preciosas, como el jade y las piedras verdes, blancas y de otros colores. Sobrepujan estas las piedras verdes, de todos matices.

De la misma manera que en Santander de Colombia, todos son orfebres, hasta los niños, también en Honduras, todos debieron ser alfareros y joyeros, hasta los niños y las niñas. Así se explica cómo entre la alfarería se encuentra la de perfecta ejecución y la de arte muy barato, de mala imitación y de hechura más grosera, que no la hicieron solamente los rudos, sino también los inexpertos. Lo mismo se observa entre las piececitas de Marajó, en el Amazonas.

26.- EL JADE TRABAJADO ARTÍSTICAMENTE POR LAS MUJERES

En cuanto a las piedras, dije en otro estudio, que debió ser trabajo a cargo de las mujeres, de la misma manera que los vasos de arcilla grabados, y los similares vasos de mármol. Efectivamente, el trabajo de los vasos de mármol estaba subordinado al arte de saber esgrafiar y después desgastar por medio de palitos durísimos y arena cuarzosa con agua los grabados ya hechos en el mármol. De esta misma manera se trabajaba el jade y las otras piedras. El trabajo más común era hacer cuentas pequeñas por medio del frotamiento sobre una piedra más dura con agua y arena, lo mismo que hacen los joyeros de hoy. Esto podía ser trabajo de niñas; aun el agujerearle de un lado y otro con una punta de obsidiana o de madera dura con agua y arena, o con un palito redondo y puntiagudo, haciéndolo rodar entre las dos manos;

lustrándolo después por medio del frotamiento sobre otra piedra de igual o mayor dureza y muy lisa, usándola como bruñidor, de la misma manera como solían, y suelen todavía, alujar y lustrar los vasos, las alfareras, tornándolos lucidísimos, antes de cocerlos.

Era este un trabajo de gran paciencia, que requería poca fuerza, pero alguna destreza en la cual las mujeres ya estaban muy entrenadas con el trabajo de la alfarería, que no era disímil.

No se excluye que el hombre pueda haber ayudado, pero es más probable que este trabajo pertenecía a la mujer.

Por otra parte, también el buscar las piedras convenientes en los ríos y en su lecho, orillas y paredones, como también en los de las quebradas, y en los nódulos de las rocas y piedras rodadas como en los caminos, campos, cerros, casi siempre al azar; todo este trabajo era de niños, niñas y mujeres, más que de la paciencia de hombres.

Sin embargo, como el uso despierta el conocimiento, el interés y la aptitud, experiencia y especialización, en este trabajo toda la familia maya se había especializado, de la misma manera como en alfarería, en que trabajan, hoy mismo, niñas, jóvenes y viejas.

27.- VARIEDADES DE JADE

Es verdad que los mayas usaron joyas también de otras piedras fuera del jade, como se encuentra en el Valle de Comayagua; aun collares con cuentas de barro, de la misma forma de las olivas de piedra, como lo he encontrado yo, al habérseme regalado cuatro cuentas de barro pertenecientes a gente seguramente maya de los alrededores de Tegucigalpa, que vivía en una población donde existen todavía montículos, en Palo Blanco, en la orilla del Río Grande o Choluteca, cerca de la actual población de Río Abajo.

Pero la gran mayoría era piedra de jade. Jade fino, sedoso, translúcido, transparente; jade de colores variados, desde el verde más oscuro, aun con apariencia de pardo, hasta el color blanco sucio; de contextura también variada, desde la durísima hasta la más razonable para poderse trabajar; veteado casi siempre de verde bello, o jaspeado; de composición simple o mixto de varios metales y elementos que aparecen en la superficie hundidos como si fuesen confites. Y finalmente de superficie brillante como las piezas de jade chino que conocemos, hasta una superficie de un brillo casi opaco, pero siempre lustrosa y sedosa, según es la propiedad del jade.

He usado aquí de continuo la palabra "jade", para evitar especificar las piezas con el nombre de jadeíta o nefrita.

La piedra de jade es tan variada en sus formaciones, en sus colores, en su contextura, en su composición, según el metamorfismo por el cual ha pasado cada una, que creo se podría comparar con alguna especie de aves, especialmente con las gallinas, entre las cuales hay tantas diferencias que los que las comemos no sabemos diferenciarlas sino por los dientes.

Tegucigalpa, D. C., 30 de octubre de 1947.

28.- EL COMERCIO DEL JADE EN HONDURAS

No se puede decir lo mismo de los mayas de Honduras. Ante todo, eran comerciantes y artistas. Como lo hemos visto, y lo refiere el Obispo Landa a mitad del siglo XVI, los mayas de Honduras comerciaban con los de Yucatán, y les vendían cacao y cuentas de piedras, más ordinarias, que les valían como dinero, o más finas y trabajadas que les valían como joyeles que llevaban los señores en sus fiestas. Landa nombra a los mayas del Ulúa; pero las poblaciones del Ulúa, según sabemos por el Capitán Alonso Dávila, quien las vio en 1532, estaban regadas a lo largo del río, en sus cacaotales por más de treinta leguas en extensión de anchura en un lado y otro; quiere decir, que llegaban hasta el Río Aguán, o sea, hasta Trujillo: y allí comenzaban las poblaciones mayas de la tierra de TAYA Y PAYA, que llegaban hasta más allá del Cabo de Gracias a Dios, acaso entremezcladas en la costa con alguna gente del Mar Caribe.

29.- LOS MAYAS DE HONDURAS, PERFECTOS CONOCEDORES
DEL JADE

En todo caso, los mayas no se equivocaban; conocían el jade a perfección, sabían por experiencia y por arte que el jade era material muy duro y lustroso; conocían todos los secretos de su trabajo, lo sabían desgastar, darle forma y figura, hasta jugar con él, dándole volutas en forma de plumas, haciéndolo, a cierto modo, hablar con sus complicados dibujos e imprimiéndole un hechizo especial en su brillantez que captaba.

30.- JADE Y ARTISTAS MAYAS HONDUREÑOS

Como el jade se encontraba en Honduras, también los artistas eran de Honduras. Sería extraño juzgar que los artistas que hicieron las maravillosas esculturas y figuras de las Estelas y Escalinatas de Copán hubiesen venido de otra parte; como también sería extraño decir lo mismo de Tikal o de Uxmal. Podría verificarse uno que otro caso; pero los artistas de las cosas de Honduras eran hondureños, es decir, mayas de aquí.

El jade tenía su casa en Honduras, y los mayas, señores de Honduras, eran los artistas del jade.

31.- EL JADE DIVINO

Por todas sus virtudes curativas con que beneficiaba a los mayas durante su vida terrenal; por su misterioso origen, por lo cual, el hallarlo era como cosa de gran suerte con que los dioses mayas regalaban a los mortales; por su gran belleza y hechizo; por su valor material, por lo que se usaba como moneda, de la misma manera que nosotros apreciamos las monedas de oro; por las leyendas recogidas por los nahuas, y debió ser de origen maya, la que Quetzalcóatl tuvo por padre a una piedra preciosa, seguramente de jade, encontrada por la princesa Chimalma y por ella engullida, por lo que se volvió madre de Quetzalcóatl; por todas estas causas, debemos inducir que el jade era para los mayas una cosa divina. Los chinos también lo tenían divinizado.

Llevaban pendientes del cuello las cuentas del jade, y los muertos se sepultaban con grandes piezas de jade trabajadas, cuando eran grandes señores o sacerdotes. Les servía para sustentarse en la vida terrenal usándolo como moneda de gran valor; mucho más valor que la moneda de cacao, la que se podría comparar con las monedas de cobre actuales, mientras el jade representaría la moneda de oro.

Y cuando un ser querido iba a la tumba, se le henchía la boca de maíz molido, para que no le faltara la comida, y se le colocaba también una moneda valiosa, o sea, una pieza de jade, para que en todo caso, en la otra vida, tuviese a la mano el dinero necesario para comprar lo que necesitara.

32.- EL SÍMBOLO DE LA FERTILIDAD Y EL APRECIO DEL JADE

Los chinos, en ciertos casos, reducían el jade a bolas, en forma de calabaza, porque por su numerosa semilla, la calabaza representaba la prole que recibían como fruto del matrimonio: era, pues, el símbolo de la fertilidad doméstica.

Los mayas, que usaban amplísimamente la calabaza en los vasos de la vida diaria, pasaron su forma también a los utensilios de barro.

En cuanto al jade, lo reducían lo más posible a bolas como cuentas de collares que todos llevaban; aunque las piezas más grandes las trabajaban formando con ellas imágenes de sus dioses, dejando las piezas en la forma misma del guijarro que encontraban, y desgastándolas solamente lo necesario para darles la forma. Tanto apreciaban al jade, que tenían cuidado en no desperdiciar ni una sola astilla; de la misma manera como los orfebres recogen el polvo de oro que sale del objeto trabajado, y como recoge el pobre las migas de pan, porque aun las migas son alimento precioso.

33.- LAS LEYENDAS DEL JADE

A la luz de la Luna, las Amazonas se tiraban al fondo del Lago y recibían de la Madre del "Muyrakitán" (jade) los amuletos verdes que, llevados a la superficie, se tornaban durísimos y maravillosos. En 1747, Seyfried publicó en Berlín que el jade era la tierra verde y blanda del Amazonas, que con el contacto del aire se tornaba dura como el diamante.

La verdad es que con el **METAMORFISMO**, como lo hemos explicado en los capítulos anteriores, la pasta ígnea de las rocas se torna jade; y esta piedra tan bella, maravillosa, misteriosa y, en general, no común y desconocida en nuestros tiempos, es más común en la naturaleza de lo que se ha creído hasta ahora. Cuando se busca, se encuentra. Y los mayas, que la buscaban con afán en Honduras, la encontraban abundante y muy hermosa.

La leyenda también dice con delicadeza y poesía:

En el segundo mes de su vida, las plantas de las montañas reciben un baño de luz maravillosa, con que las impregnan los rayos del Sol divino, infundiéndoles un poder irresistible y un lustre verde hermosísimo y cautivador.

Cuando las hojas caen, se convierten en jade.

El espíritu del jade se esconde allí, misterioso y lozano, como una Virgen de extrema belleza, colmada de virtudes sin igual, que no se revela sino al ser afortunado que la sabe apreciar.

Tegucigalpa, 6 de noviembre de 1947.

XIII: LA PIEDRA TALLADA DE LOS MAYAS EN HONDURAS

1.- ERRORES ACERCA DE LA PIEDRA TALLADA EN HONDURAS

Acerca de la piedra tallada de los mayas en Honduras y de edificios de piedra tallada, por causa de no conocerse el país, se ha formado entre los arqueólogos una opinión de que en Honduras no existen edificios de piedra tallada fuera de Copán. Hay más: oí decir a un antropólogo cultural, es decir, que no es arqueólogo, que desafiaba a cualquiera que le demostrase edificios de piedra tallada en Honduras, y que por lo tanto, esta no fue habitada por gente maya. Este señor negaba casi absolutamente a los mayas.

Para deshacer una afirmación tan gratuita como basada en la ignorancia de Honduras, y por causa de que este país no ha sido estudiado absolutamente sino por algunos, con excavaciones rudimentarias, en muy pequeña escala y muy a la ligera, voy a dar una breve reseña de lo que yo mismo he encontrado en Honduras, en piedra tallada.

2.- MONUMENTOS ANTERIORES A LA PIEDRA TALLADA

Según Morley, la escultura en piedra, entre los mayas, comenzó en el cuarto siglo.

Esto no se debe entender en el sentido de que en aquel tiempo comenzó a tallarse la piedra, sino que solamente entonces comenzó la escultura.

Sin embargo, la arquitectura debe haberse comenzado anteriormente, de alguna manera.

Las casas, que fueron las primeras obras de arquitectura, y los templos eran de palos y paja; es probable que el bahareque, o sea, las paredes de palos rellenadas con barro, o con barro y piedras.

En cuanto a las tumbas, debe haberse comenzado por cubrirlas con acervos de piedras rodadas de los ríos. Sobre las piedras se hicieron los montículos de tierra o de tierra y piedras, como se encuentran también en Copán, antes del período de la Acrópolis, que es de piedra tallada.

El decorado vino después. Es probable que se encuentre el decorado o la cubierta de estuco, de la misma manera que entre los mames de Huehuetenango, o de las pirámides de Chalchuapa y de San Andrés, de El Salvador, pertenecientes a los pocomames. Finalmente la piedra tallada.

Montículos cubiertos solamente de tierra, o de tierra y piedras, o cubiertos de piedras, todas sin tallar, se encuentran a cada paso en Honduras; especialmente está lleno el Valle de Comayagua. En este Valle se pueden contar los sitios de La Soledad, sobre el Río Selguapa, y Tenampúa, por no citar más, llenos de montículos de piedra sin tallar.

En Tenampúa, por ejemplo, el montículo central contiene en la base un núcleo de piedras sin tallar, cubierto de tierra y piedras, también sin tallar, y las escaleras hechas de piedras apenas desbastadas.

Se puede contar, de la misma manera, los monumentos de Copán, de Taulabé, de El Jaral, de Sulaco, de Yoro y los de toda Honduras.

Sobre estos montículos estaba construido, de palos y techo de paja, el templo o la casa.

3.- MONUMENTOS CON PIEDRA TALLADA O DESBASTADA

La piedra tallada puede ser tallada y ajustada primorosamente o solamente desbastada, o mezcladas unas y otras.

Monumentos de piedra desbastada se encuentran muchos en Honduras, por todas partes.

Como monumentos mixtos de piedra tallada y desbastada, puedo citar los calpules del Valle de Río Chiquito y fuentes del Sulaco (Río Agua Caliente, cerca de Esquías), y los de Tenampúa. Pero de estos también está llena Honduras.

4.- MONUMENTOS DE PIEDRA FINAMENTE TALLADA Y AJUSTADA

De estos, fuera de Copán, comenzando por Santa Rita y siguiendo la cordillera en dirección al Valle de Sula y Quimistán, desde las fuentes del Chamelecón, se encuentran numerosísimos monumentos de piedra tallada que pueden competir con los de Copán en finura y belleza, sin ser tan grandiosos. Numerosos los hay en El Paraíso, en La Florida, en El Puente sobre el Río Chinamita, en La Jigua, en La Entrada y Valle de La Venta, donde hay, en la montaña del Espíritu Santo, sobre La Florida, el sitio llamado La Elencia y ahí hay grandes escalinatas de piedra tallada; y en Nueva Arcadia, y viniendo más hacia el oriente, en el Plan de Mampa, cerca de Trinidad de Copán, y en el Plan de Espariguat o de La Torre, cerca de Naranjito. Y para ir a Naranjito desde San José, a medio camino está el sitio de piedra canteada, cuyo nombre mismo dice que los montículos están hechos de piedra canteada y en figura de cuña como la de Copán. Estamos cerca de las cabeceras del Río Ulúa.

Sobre el Río Ulúa, de una parte y de otra, se puede comenzar por San Marcos de Colón y todo el Valle de Sensenti, y el mismo Sensenti, donde todas las casas y calles e iglesia están cubiertas con la piedra canteada primorosamente, sacada de los numerosísimos monumentos antiguos mayas, con sus esculturas. Que si existen pedazos de esculturas bellísimas que se han podido colocar en las fachadas, deben existir todas las decoraciones, que actualmente están, afortunadamente, protegidas por la tierra.

Y subiendo en la montaña de Sensenti, en una pequeña llanura, se encuentran grandes montículos de piedra tallada y esculpida, en tanta cantidad, que existen allí largas cercas compuestas solamente con piedra tallada, mucha de la cual en forma de cuña como la de Copán.

Y siguiendo el curso del Río Higuito, se encuentra el Valle de Cucuyagua o Zececapa, en donde, especialmente en los montículos del sitio La Inea, cerca de La Unión, hay edificios de piedra tallada.

Y en todo este camino he dejado atrás las tumbas, o montículos de tierra, debajo de los cuales existen plataformas de piedra bien tallada y ajustada, y debajo de una sepultura, de la misma manera que las de Monte Albán en Oaxaca de los mayas zapotecas. Una de estas tumbas ha sido cortada por mitad por el Río Techo, que desagua en el Río Grande, y precisamente cerca de su desembocadura. En este corte se pueden ver las piedras del piso y de la bóveda, bien talladas y ajustadas.

Pasadas las montañas, a lo largo del Río Higuito, en el lado derecho, en la junta con el río que viene de Gracias, se encuentra Flores, Chululán, en donde hay piedras muy bien talladas, grandes y pequeñas, muchas de las cuales en forma de cuña, en tanta cantidad, que no hay casa en donde no haya piedras canteadas de los antiguos montículos. Aquí encontré, en una casa, una piedra en forma de cuña, cuya cara principal estaba esculpida en bajorrelieve superficial, con una mano y otros dibujos mayas; y si existe esta piedra, debe existir toda la escultura y muchas esculturas más. Esta fue la segunda ciudad de Gracias a Dios que los españoles de Montejo fundaron en 1537 cerca de la población de indios mayas que allí existía. Más aguas abajo, sobre la izquierda del Río Ulúa, está Opoa, en donde los españoles de Alvarado, en 1536, fundaron la primera ciudad de Gracias a Dios, cerca de esa población de indios; allí hay grandes montículos con piedra labrada; y arriba, entre las montañas, Quezailica, en donde, en 1535, se presentó Cristóbal de la Cueva a pretender la Gobernación, cerca de la población maya de buenos montículos de piedra labrada, recluidos en una valla cuadrada. Hay muchísimos más que se omiten por brevedad y porque no son de tan fácil acceso.

Entretanto, en la orilla derecha del mismo río, se encuentra Lepaera, que tiene grandes montículos de piedra labrada en forma primitiva, es decir, en forma de lajas.

Siguiendo el curso del Ulúa y dejando otras estaciones, en el gran centro de Theuma, terrenos cercanos a la Playa del Muerto, donde Gordon y otros han sacado restos notables mayas, está el lugar travesía, en donde se hallan varios montículos de construcción con piedra labrada.

Si seguimos por la playa, llegamos a pasar varios ríos, hasta el Aguán, el Río Tinto, el Patuca y el Coco, en Gracias a Dios, en donde, río adentro, existen centros de construcción de piedra labrada, y en uno de ellos, el Sr. Spinden sacó buena alfarería y vasos de piedra, semejantes a los de mármol de Honduras. (V. Alegato de Honduras, límites con Nicaragua, 1938, pág. 205.)

Si volvemos atrás, sobre el Río Humuya, en el Valle de Comayagua, del mismo Montículo Central se ha sacado una pieza cúbica esculpida por tres lados; por lo cual debe existir toda la estela, y todavía más estelas. En otros lugares del Valle se encuentran edificaciones de piedra labrada. Y en Tenampúa, por lo menos, en el grupo de montículos de la parte del sur, hay uno en donde la construcción de piedra labrada se ve en una de las paredes.

Y siguiendo por la Carretera del Norte, en Taulabé, en el montículo mayor, hay piedra labrada; en El Jaral, en el montículo mayor, hay una escalera o calzada que sube arriba, toda de piedra. Y en el Departamento de Yoro hay piedra labrada, y en el de Olancho, si no en Tonjagua, en el Valle de Agalta, por lo menos en San Francisco Becerra, cerca de Juticalpa, existen piedras labradas.

De seguro, todos estos monumentos citados no son tan grandiosos como los de Copán: mucha piedra labrada no es tan bien canteada como para levantar grandes monumentos. Pero tenemos que reconocer que Honduras no se conoce, y lo que yo he aquí mostrado, no es sino lo que en mis viajes me ha venido a la mano, y no es todo. Que Honduras se conozca, y la piedra labrada saldrá a flote.

Tegucigalpa, noviembre de 1947.

XIV: CÓMO TRABAJABAN LA PIEDRA LOS MAYAS

El trabajo de la piedra era cuestión de tiempo, paciencia y muchos hombres para sacarla de las canteras. Esto no los amedrentaba.

Los mayas no usaron grandes bloques para sus edificios, especialmente en Honduras; los usaron para los grandes tambores con que cubrían las tumbas, y estos probablemente los traían ya trabajados de la cantera. También las estelas eran grandes bloques que debieron traer ya cortados, y sin medida determinada sino según el bloque que les salía de la cantera naturalmente, sin desbastarlo más, porque no tenían instrumentos para desbastar en grande. Esto se observa también en Quiriguá, en donde dejaron las piedras con las imperfecciones de superficie como les venían traídas de la cantera.

Los instrumentos son los que he descrito en otro capítulo. Los tenían de piedra dura del río, grandes y pequeños, gruesos o cinceles muy delgados para la escultura más fina.

Cuando encontraban un nódulo de piedra más dura incrustado, por lo general lo dejaban sin desgastarlo. En el Perú les sucedía lo mismo; allá, en los mismos edificios, tanto en paredes alisadas, en el exterior o interior de las casas, se encuentran numerosos nódulos, de los cuales los arqueólogos no saben dar la razón. Y es que eran duros y no los sacaban.

Esto obedecía a una razón primordial, y era, para no dejar un hueco en la piedra, y sacarlo era cosa difícil. Pero debemos buscar otra razón también: porque si los querían cortar, la paciencia, el tiempo y un poco de maña, les daban la manera. Hay una razón más poderosa: la religión, o la superstición acaso se lo impedían. El encontrar una piedra difícil de sacar, en una piedra más blanda, era cosa de pensarlo bien: los dioses podían enojarse. Y sobre este punto no podemos ahondar más, porque los mayas, como los otros indígenas, tenían sus razones religiosas, que no explicaban, ni las sabían explicar: pero las usaban en su vida diaria, atormentada por innumerables creencias que ellos mismos se habían formado y se formaban continuamente.

Trabajaban piedra con piedra, y así también las alisaban. Lo mismo como la trabajan ahora los artesanos: con una piedra de la misma clase y dureza alisan la otra, para ajustarla. En Honduras, muchas de las piedras que servían para los edificios y escalinatas están hechas en forma de cuña, y esto sirve para verificar la época de influencia o de hermandad entre Copán y otras ciudades del interior, que no son pocos los lugares en donde he encontrado estas piedras así trabajadas. Una de ellas en Flores, entre Opoa y Gracias, y abajo de Talgua; aquí Montejo efectuó el traslado o segunda fundación de la ciudad de Gracias entre los mayas del Ulúa; y aquí encontré una piedra en forma de cuña, en cuya cara había esculpido en finísimo bajorrelieve, de diseño impecable, una parte de tablero maya. Y si existe esta pieza debe existir todo el tablero y mucho más. La cara de la pieza estaba alisada como he dicho, y con bajorrelieve.

Quiero traer aquí lo que al respecto dice Gómara (*Hist. de las Indias*: "De la vivienda" de los mexicanos). Este cronista no vino a América; pero tuvo todas las noticias de parte del mismo Hernán Cortés, que era muy observador, y debemos anotar que lo que dice de los mexicanos es necesario referirlo a los mayas, que fueron sus maestros en todo, es decir, que les dieron el arte, el calendario, muchos de los ritos, panteón, juegos de pelota, fiestas y mucho más. Así dice Gómara: "Pican, alisan y amoldan la piedra con piedra. La mejor y más fuerte piedra con que labran y cortan es pedernal verdinegro. Con palo sacan piedra de las canteras, y con palo hacen navajas de azabache y de otra más dura piedra: que es cosa notable.

Labran, pues, con estas herramientas tan bien y primor, que hay que mirar."

Debo anotar aquí que el "pedernal verdinegro" es el mismo jade, de la variedad negra y acaso más dura: y que al decir "con palo sacan piedra de la cantera", quiere significar lo que yo mismo he visto recientemente en la misma ciudad de Río de Janeiro. En el propio centro de esa gran ciudad, en un lado de la Bahía de Botafogo, en donde yo residía, existe una inmensa peña de granito, una parte de la cual estaban desgastando para alargar la avenida. El trabajo moderno de sacar los grandes bloques para utilizarlos en edificios de lujo, es el mismo que acostumbraban los antiguos indígenas. Es el siguiente: procuran hacer hoyos colocados en línea recta en dos lados de la peña, o de la manera como quieren cortar el bloque, según lo desean y el tamaño que necesitan. Hechos los agujeros, que no importa sean muy hondos, en ellos colocan cuñas de madera de la que se hincha fácilmente con humedecerla: las aprietan bien, estando secas, mientras tanto, la piedra se calienta bien con el sol del día. Me parece que en la noche le echan agua a las cuñas de manera que se hinchen, y con el frío de la noche y el hincharse la madera, revienta la piedra de una manera más eficiente y mejor que con dinamita, porque sucede de una manera uniforme, y según la voluntad de los que dirigen el trabajo.

Así se obtiene también que los bloques caigan en el lugar y manera ya prevista, de modo que el sacarlos de la cantera y llevarlos al lugar de trabajo, queda como cosa secundaria.

Los mayas colocaban los bloques o estelas en el sitio determinado, y después los artistas les daban las formas y esculturas ya preconcebidas en sus cerebros.

Porque no debemos pensar que tenían grandes hojas de papel para hacer sus planos o diseños, aunque se servían de las cortezas de los árboles de higuera, como todavía lo hacen los hicaques para obtener lienzos que usan actualmente como fajas en sus vestidos. Y es verdad que en Chichén Itzá se han encontrado en paredes secundarias esbozos de las figuras pintadas en las principales.

Ahora bien, para las estelas, aunque no tenemos documentos para decirlo, parece natural que hacían para sus obras de grandes esculturas, como los modernos escultores acostumbran hacer: primero modelan en arcilla la obra que han de esculpir en piedra. Así, los artistas mayas pudieron modelar en el mismo suelo los cuatro lados de una estela o de otro trabajo, para que sus oficiales, ayudantes o discípulos, los reprodujeran después en la piedra.

Tegucigalpa, noviembre de 1947.

XV: ARMAS E INSTRUMENTOS DE PIEDRA

1.- PEDERNAL Y OBSIDIANA

Honduras, país sumamente volcánico en tiempos antiguos, posee naturalmente, en todas partes, vidrio volcánico, como lo son la obsidiana y el pedernal.

En cuanto al pedernal, que es de la familia del cuarzo, se ve regado en todas partes. Especialmente en todo el Valle de Comayagua. También la obsidiana se ve aflorar con frecuencia. Yo la he encontrado con abundancia en varias partes, pero especialmente en las cercanías de La Esperanza e Intibucá. Allí hay toda una serranía que, por ser abundante en obsidiana, que los mayas llamaban chay, y los modernos de Intibucá y Yamaranguila llaman todavía chaya, se llama chotterique, o sea, Chay-terique, la serranía de la obsidiana. Yo recogí en el camino una pieza de ocho libras.

Se puede decir que casi no se encuentra un centro arqueológico antiguo sin puntas de flechas de obsidiana y de pedernal, sin navajas de pedernal y sin restos sobrantes del trabajo de estas dos piedras.

2.- PUNTAS DE FLECHAS, CUCHILLOS Y NAVAJAS

Las puntas de flechas de los mayas, por lo general, eran de forma amigdaloide, o sea, en forma de almendra, que es ovalada alargada. Así se encuentran pequeñas y grandes. Se encuentran también pedunculares; y de estas únicas dos formas, la amigdaloide es la más común.

Los cuchillos, tanto de pedernal como de obsidiana, son en general más grandes, y los hay hasta de 60 centímetros, de la misma forma amigdaloide.

Las navajas se encuentran en todas partes. Se obtienen con un golpecito debidamente dado en la punta de una pieza de obsidiana, para obtener una cinta delgada y transparente, en un lado de la cual hay un filo que compite con la navaja de acero.

3.- INSTRUMENTOS DE PIEDRA Y MARTILLOS

Los instrumentos de piedra eran comúnmente de pedernal o de jade. Pedernal y jade se encuentran entre las piedras duras de los ríos. Hay quien ha pensado que los instrumentos se obtenían de los nódulos durísimos que contienen las piedras. Pero no; esto pudo ser en casos aislados; sin embargo, en los casos ordinarios, habría costado más sacar un nódulo, trabajarlo y reducirlo a forma deseada, que buscar una de las abundantísimas piedras de río, tan comunes, que podrían ser escogidas entre muchísimas, para encontrarla achatada y fácilmente reducirla a instrumento, sin trabajo inútil para desgastarla mucho.

Para trabajar estas piedras duras y reducirlas a instrumento útil, ya que el pedernal tiene la dureza de grado 7, mientras el jade entre 5 y 6, y sus afines algún punto más, se tomaba una piedra más dura u otra de la misma dureza y se rozaban hasta que se consumían de la manera deseada. Poseo precisamente una pequeña hacha trabajada en las dos partes llanas y dejada en bruto en los lados. Se afilaban de la misma manera. Tengo por lo menos dos hachas con una ranura longitudinal, sobre las cuales daban el filo a las otras.

Los mayas no usaban metal. Los instrumentos eran todos de piedra y con estos trabajaban la piedra. De ordinario eran hachas, más grandes o más pequeñas; para trabajos delicados usaban hachitas pequeñísimas: poseo dos o tres tan pequeñas, que miden menos de cuatro centímetros, y otras son aun más pequeñas. La forma era achatada y afilada en la parte que trabajaba, y roma en la cabeza. Y casi todas eran así.

En cuanto a los cinceles, poseo uno largo 8,5 centímetros y ancho 1,4 centímetros; y otro con la punta cóncava como una gubia, para ahuecar las esculturas.

En cuanto al material, era efectivamente lo más variado; piedras de río. Como prueba de ello, después de haberse encontrado en las Vegas del Guanacaste, frente a Comayagua, antiguos esqueletos de artistas acompañados de sus instrumentos de trabajo, como lo eran las hachas, busqué en el mismo Río Humuya, en la orilla del cual estaban las tumbas, el material con que estaban fabricadas y lo encontré abundante entre los guijarros de piedras duras y hermosas, de la mismísima especie de esos instrumentos antiguos.

Los martillos, en general, eran otras piedras globulares o cúbicas, cuando no se usaban simples guijarros. Pero se han encontrado discos de pórfido, que se agarran muy cómodamente con la mano y están gastados en el centro de la superficie plana por golpes recibidos, como parece, por obra de instrumentos igualmente duros, y por lo tanto, pueden haberse usado como martillos. Se usaban directamente con la mano, y no con mango.

Sin embargo, para trabajos finos y delicados, he visto que usaban también las mismas hachas, cuya parte roma o uno de los lados servían para dar golpes suaves, como martillo. Para los trabajos más grandes, que requerían también golpes suaves, pudieron, como dicen, usar trozos de madera a manera de martillo: todo pueden haber usado para dar golpes sobre los cinceles, ya que los artistas no tienen reglas muy fijas, especialmente los genios, como lo eran los mayas.

Tegucigalpa, noviembre de 1947.

XVI; OBSERVATORIOS MAYAS EN HONDURAS

1.- LOS MAYAS Y SUS OBSERVATORIOS

Que los mayas tuvieron observatorios, es indudable: si no, no habrían podido poseer un calendario tan perfecto como el suyo.

De los observatorios mayas del período áureo hablan los arqueólogos, y Morley se refiere especialmente al de Copán, de Tikal, de Uaxactún, Chichén Itzá y otros que no me interesa mencionar aquí.

Yo quiero hablar de los que no se conocen y he encontrado en Honduras.

2.- CÓMO ERAN LOS OBSERVATORIOS EN HONDURAS

El observatorio de Copán era a larga distancia. Entre dos estelas, por las cuales pasaba el sol en abril, estaba el grupo principal de los templos de Copán. En Tikal, el observatorio estaba constituido por un edificio desde donde se veía nacer el sol en otros tres colocados al oriente, según los tres puntos, central y terminal de la eclíptica. En Monte Albán y en Chichén Itzá estaba constituido por un edificio que lleva en lo alto una ranura por la cual pasaba el sol perpendicularmente en el día establecido.

En Honduras, los observatorios que he encontrado están constituidos por dos montículos cuadrados, como dos bloques, a pocos pasos uno del otro, y los dos mirando igualmente hacia un punto distante, de ordinario hacia la punta de un cerro lejano. En el Valle de Comayagua son tres los puntos de observación que he encontrado, sirviendo para los cuatro tiempos que proporciona el movimiento del Sol con los puntos extremos y central de la eclíptica.

3.- OBSERVACIÓN EN LOS MONTÍCULOS DE HONDURAS

Los muchos montículos de las plazas centrales en donde estaban los templos, de ordinario se ven colocados, lo mismo como en el Petén, en línea perpendicular a los puntos cardinales Norte-Sur; es decir, según la línea que el Sol sigue de oriente a occidente en las dos estaciones del medio. Pero hubo un tiempo en que esto se cambió, y lo mismo como en Copán, se observan los montículos y edificios dirigidos hacia los extremos de la eclíptica, es decir, la línea que sigue el Sol en diciembre y en marzo (solsticio).

También en *Chilam Balam* de Chumayel tiene esta expresión: Mes Muan, 22 de abril. "Se detiene la carrera del sol en la citadura del cielo…" Yaax, 12 de enero. "Es buen tiempo para cosechar."

4.- EL OBSERVATORIO FRENTE A TENAMPÚA EN EL VALLE DE COMAYAGUA

En febrero de 1941, yo descubrí los tres lugares desde donde se ve salir el Sol en Tenampúa, según el movimiento del Sol en la eclíptica.

Con alguna modificación, voy a copiar lo que escribí entonces en la Revista del Archivo y Biblioteca Nacionales. Es lo siguiente.

Durante mis pesquisas me encontré con tres lugares, que después de varias observaciones y reflexiones, resultaron ser observatorios para el Sol, el ciclo de Venus y para determinar varias estaciones del año.

Uno de estos, el central, está en un sitio llamado Miraflores; otro, al sur de este, en la derecha del Río Moloa, en el punto donde desagua en el Chiquinguara; el tercero, al norte, en el sitio llamado Los Galeanos, sobre la orilla izquierda del Río Chiquinguara. Los tres observatorios son constituidos por montículos dobles a cortísima distancia uno de otro, y de base cuadrada. Los tres se encuentran en una misma línea del sur a norte y con distancia de cerca de un kilómetro uno de otro. Los tres tienen relación con la Meseta de

Tenampúa, que está en frente hacia el oriente, en la misma línea del Sol, es la siguiente: el observatorio del centro mira al centro de la punta occidental de Tenampúa, en la misma línea del Sol; el del sur y el del norte, miran respectivamente más de un lado que de otro. La punta de Tenampúa, que está perfectamente al oriente, está hecha como una punta de lanza, tiene dos alas perfectamente visibles, que son notables más que cualquier otro punto de la montaña. En aquellas tres puntas hay montículos, que pudieron servir para observaciones.

Estos montículos, situados en grandes plazas, con inmenso anfiteatro natural y otros grandes montículos y población alrededor, debieron ser el centro de fiestas especiales en algún tiempo del año, mucho más que los solsticios y equinoccios de diciembre a junio, vienen en estación relativamente buena y seca, en el Valle de Comayagua.

Para probar mis observaciones, rogué, en tiempo oportuno, al buen amigo Profesor Sebastián Martínez, que tiene su casa en Cane, hacer la observación en días señalados; lo mismo hice yo en el año de 1942, el 4 de marzo, yendo al montículo de Miraflores antes que se levantara el Sol; y efectivamente pude con esto verificar que el Sol se levanta detrás de Tenampúa, según los puntos que he indicado, colocándose el observador en uno de los tres observatorios descritos. Aquel día, el sol salió un poco al sur de la punta, porque faltaban algunos días al 21 de marzo.

Debo decir que tomando el camino directo de Cane hacia Tenampúa, los tres observatorios se encuentran distribuidos con simetría a ambos lados del camino. Y el camino de Cane hacia Tenampúa va de occidente a oriente y mira exactamente al centro, y se ven los dos lados de la punta de Tenampúa que se bifurcan en ángulo más o menos recto, en cuyos extremos se observan los vestigios de varios monumentos que pudieron ser el punto de observación u observaciones en relación con los del Valle de Comayagua.

5.- EL OBSERVATORIO O TEMPLO DE VENUS

En el sitio La Cañada, sobre el Río Guaralape, entre muchos montículos, existe una explanada con dos montículos cubiertos de piedra de río, que en un tiempo debieron ser cubiertos de estuco, ya desaparecido. Orientados hacia el oriente, tienen por base una explanada, igualmente construida de piedras del río, y su figura proyectada en plano recuerda en todo el signo de Venus, es decir: una figura de E, en cuyos huecos están colocados los dos puntos, o sea, los dos montículos.

6.- LOS OTROS OBSERVATORIOS DE HONDURAS

En toda Honduras están diseminados los observatorios, en todo iguales e igualmente dispuestos según el modelo que he dado en la descripción de los del Valle de Comayagua. Así debía ser, ya que sin observatorios los mayas no podían vivir; y es posible que los de Honduras sean de los primeros y de los más antiguos, ya que precisamente en Sulaco, según la búsqueda que estaba haciendo Hernán Cortés, estaba situada la Huehuetlapalán, o sea, la primera TULA, el suspiro de los mayas, en donde inventaron su primer calendario y de donde salieron hacia el occidente y hacia la meseta de México, desde donde volvieron divididos en las diversas tribus de Guatemala y desde donde salió el Quetzalcóatl de la leyenda hacia su Padre el Sol, es decir, hacia Honduras.

7.- DE LOS VARIOS OBSERVATORIOS QUE ENCONTRÉ

Además de los que he anotado en el Valle de Comayagua, encontré otro cerca de Esquías sobre el Río de Agua Caliente, que después toma el nombre de Sulaco, que desagua en el Humuya. Son dos montículos que miran a un portillo en dirección a la salida del Sol, entre el Cerro Pacaya y el Cerro de la Pita.

Otro observatorio encontré cerca de Victoria, en el camino que va a Minas de Oro, en el lugar llamado Santa Cruz, a la izquierda del Río Colorado. Son dos cálpules que miran al este, hacia el Cerro Ocotal; por los cuatro lados tienen gradas.

Otro observatorio en Morazán, cuyo antiguo nombre era Cataguana, lugar habitado por los Hicaques. Son dos montículos que parecen mirar al Sol cuando sale en abril, frente a un juego de pelota.

En La Florida, en las cabeceras del Río Chamelecón, encontré otros dos montículos mirando al este, que me parecieron un observatorio.

8.- LOS DOS CERRITOS DEL OBISPO LANDA

No he descrito sino lo que he visto y me ha parecido ser observatorios. Muchos otros lugares hay, en donde existen puntas de cerros eminentes, como el Puca y el Erapuca, el primero cerca de Lepaera, el otro se ve desde el Valle de Sensenti, y muchos otros puntos donde nace el Sol muy claramente, y colocándose uno en algún montículo parece que allí hay un observatorio. Por otra parte, se debe considerar que los montículos de Honduras están todos orientados al nacimiento del Sol, y no es improbable que esta misma orientación les diese a los mayas la manera para calcular el tiempo del año.

El Obispo Landa, en el Capítulo XXXV, ofrece una noticia que se puede tomar en cuenta. Dice:

"Uso era en todos los pueblos de Yucatán tener hechos dos montones de piedras, uno frente a otro, a la entrada del pueblo y por las cuatro partes del mismo, a saber, oriente, poniente, septentrión y mediodía, para la celebración de las dos fiestas de los días aciagos."

Es posible que los dos montículos sirviesen también de observatorio.

Tegucigalpa, noviembre de 1947.

XVII: LOS JUEGOS DE PELOTA DE LOS MAYAS EN HONDURAS

1.- EL JUEGO DE PELOTA HA NACIDO EN HONDURAS

El juego de pelota, como existe en Honduras y en países vecinos, es un juego maya, nacido aquí varios siglos antes que existiera en los demás países influenciados por los mayas de Honduras.

En Honduras he encontrado muchos juegos de pelota mayas, todavía no conocidos, son muchos más de los que existen en otros países, y sin duda hay muchos más que se deben descubrir.

2.- EL GUACAMAYO ROJO PRESIDIENDO AL JUEGO DE PELOTA

El Guacamayo rojo, Ara macao, era el representante del Sol en el panteón maya, y presidía en los juegos de pelota. Su cabeza se colocaba en los lados del juego, como en el de Copán, y se reproducía en varias esculturas y estelas. (Véase mi estudio: "El Sol diurno y nocturno de los Mayas", en Revista *Honduras Maya*, Tegucigalpa, 1946, No. 1.)

3.- FORMA DEL JUEGO DE PELOTA

Sin fijarme qué forma tienen los juegos de pelota derivados del de los mayas, aunque los que he visto en Chichén Itzá, Monte Albán, Tula, tienen la forma de una I mayúscula, diré que, por lo que he observado y por el plano de las ruinas de Copán publicado por Morley y otros, la forma del juego de pelota de Copán es la de una T mayúscula. Y en forma de una T mayúscula lo he visto en todos los juegos de Honduras que he descubierto, aun el de Tenampúa, que presenta alguna pequeña diversidad, acaso más aparente que real.

Debajo del juego de pelota de Copán reconstruido últimamente, hay otros dos más antiguos, pero de la misma forma.

La figura muestra, como esenciales para el juego de pelota, dos bancos paralelos, más o menos altos, dirigidos de sur a norte, en cuyo punto cardinal y frente a los dos bancos paralelos, había un montículo con un templete o una estela. Adornos eran, a veces, cabezas de guacamayo, y algunas señales puestas como puntos para el juego. Los bancos podían ser más altos o más bajos, más largos o más cortos, según la importancia que ocupaba la población. En Copán existen, a los lados, cámaras que estaban destinadas para lo que necesitaban los jugadores.

Parece que la dirección hacia los puntos cardinales sur-norte obedecía a la necesidad de que el Sol tuviese una distribución lateral e igual, y no en el frente de un grupo o de otro.

Los bancos aparecen de piedra canteada en Copán; en Tenampúa, probablemente muy antiguo, existen solamente grandes lajas colocadas de pie como paredes de retención en la base de los bancos laterales.

4.- JUEGOS DE PELOTA QUE VI EN HONDURAS

Juego de Pelota de Copán.- Existe el grande y lujoso juego de pelota de Copán, con dos más antiguos en su nivel inferior.

Juego de Pelota de La Inea.- Otro gran juego de pelota en las ruinas en las Vegas del Obraje de La Inea, cerca de La Unión sobre el Río Cacao que desagua en el Higuito, en el Valle de Zececapa o de Cucuyagua.

Está compuesto de piedra canteada y se han descubierto allí tres cabezas de guacamayo, de estilo más antiguo o más sencillo que los de Copán, y de cuello más alargado.

Juego de Pelota de El Paraíso de Copán.- Son dos montículos alargados cerca de la plaza: uno de ellos tiene actualmente una casa encima, y los dos han quedado muy rebajados.

Juego de Pelota en la altiplanicie de Subirana, Yoro.- De Yoro se va a la altiplanicie de Subirana, en donde están los Hicaques. Allí, en la orilla de un numeroso grupo de antiguos montículos, se encuentran dos grandes, alargados, paralelos, dirigidos de sur a norte, torcidos algo hacia el oeste. En la parte sur está un grupo de pequeños montículos, como si le perteneciera: la orientación parece arreglada con el sol de junio.

Juego de Pelota de Puntilla, cerca de Morazán (Cataguana), Departamento de Yoro.- Son dos montículos alargados, paralelos, dirigidos de este a oeste. Enfrente, al este, existe un gran montículo, que fue excavado en el centro para buscar un tesoro legendario; al oeste tiene, en el frente, dos montículos separados los dos por poco espacio, y dirigidos hacia el montículo frontal del este.

Juego de Pelota (?) de El Negrito.- Al norte del pueblo de El Negrito, y en el ángulo que forma el Río Cuyamapa con la Quebrada de La Pila, hay dos montículos alargados paralelos dirigidos de norte a sur, y en esta dirección está al fondo el gran cerro.

Juego de Pelota de San José de Río Tinto, en Olancho.- Sobre el Río Tinto, arriba, en el lugar Garabito, en una planicie, existen dos montículos alargados paralelos con dirección de sur a norte, con un montículo en el frente de las paralelas hacia el norte, y otro más bajo en la parte sur. Están cubiertos de piedras del río.

Juego de Pelota de Cerro Brujo, en Olancho.- Está cerca de Yocón, y en frente del Cerro Brujo, en el sitio nombrado La Acequia. Entre otros montículos están dos alargados y paralelos, dirigidos hacia la punta del Cerro Brujo, situado al occidente, haciéndole de montículo frontal.

Juego de Pelota Hoya Maya, en el Valle de Manianí o del Espino.- Aquí recogí la noticia de unos montículos paralelos, en Hoya Maya; y preguntado, supe que había dos montículos alargados paralelos y unas cabezas de piedra que por las señas que me dieron, deduje que eran cabezas de guacamayo, grandes, esculpidas en piedra. Inútil tentativa el buscar otras noticias, porque fue destruida la piedra.

Juego de Pelota en la Meseta de Tenampúa, en el Valle de Comayagua.- En la meseta de Tenampúa, casi pegado al cuadrilátero del Templo Central, está un gran juego de pelota con dos grandes bancos laterales, alargados, paralelos, con dirección norte-sur. En la base de los bancos están como paredes de retención grandes lajas no trabajadas, colocadas de pie. Es probable que sobre los bancos existía alguna construcción de bahareque y techo de paja, para comodidad de los jugadores; un muro corría detrás del banco oriental y llegaba hasta la mitad del cuadrilátero central, donde, en el ángulo SE, parece existía un pequeño baño, al pie del Templo Central. No existía templete en el frente del lado norte, porque el Templo Central lo sustituía. Es posible que sea más antiguo que el tercer juego de pelota de Copán. Existían escalinatas de piedras toscas que han sido destruidas, como también excavaron los asientos. Los bancos paralelos son largos 30 m., anchos 11 m., altos 2 m., y entre los dos bancos paralelos hay 11,80 m. de distancia.

Juego de Pelota en la meseta de Quelepa, Valle de Comayagua.- El 21 de abril de 1940, subí a Quelepa, que se encuentra sobre Ajuterique, a la altura de 1.130 metros sobre el nivel del mar, al pie del Cerro Negro, al oeste de Comayagua. Muchos montículos y muchos pedazos y flechas de obsidiana, restos de la preparación que hicieron contra Montejo, en 1537. El juego de pelota está constituido por dos montículos alargados de piedra menuda, cada uno largo cerca de 16 metros y anchos m. 2; el espacio entre los dos montículos paralelos es de unos 9 metros; orientados de sur a norte un poco hacia el oeste. En el sur existe un montículo frente a la cabecera sur del banco del oeste.

Juego de Pelota de Miraflores, en el Valle de Comayagua.- En Miraflores, al este de Cane, en la orilla izquierda del Chiquinguara (en maya significa agua corriente del oeste), en donde existe el Observatorio del Medio, encontré un juego de pelota, no muy grande, con dos montículos alargados paralelos dirigidos de este a oeste, construidos con mucha piedra de río. Son largos unos 25 metros, anchos unos 4 metros y entre los dos hay una distancia de cerca de 3 metros. Su dirección es hacia el este un poco al sur, y tienen al frente un montículo más alto y otro más pequeño en el frente de los dos montículos. Un poco más al sur del juego de pelota, a pocos pasos de distancia, existe aquí uno de los observatorios dirigidos hacia Tenampúa.

5.- OBSERVACIONES SOBRE LOS JUEGOS DE PELOTA

No se han hecho hasta ahora observaciones acerca de los juegos de pelota de Honduras, y exceptuados los de Copán, de La Inea, de Tenampúa y de Quelepa, he sido el primero en observar los demás que he encontrado. Apunto aquí solamente su existencia, dejando de decir de otros, los cuales no demuestran claramente la figura de dos montículos alargados y paralelos.

Muchos otros existirán que nadie ha visto hasta ahora.

Según se ha expuesto, estos juegos de pelota no tenían, de figura fija, sino los dos montículos alargados y paralelos. La orientación parece que era variada, y también la existencia de un montículo, probablemente templete, no era constante, ya que el juego de pelota no era un pasatiempo, sino una manera de explorar lo que decían los dioses, especialmente el Sol, cuyo representante, el GUACAMAYO DE PLUMAS DE FUEGO, presidía en su figura grande de piedra, como para dar el fallo definitivo, en la contienda dura, y en los saltos de la pelota de hule.

Por otra parte, no he citado aquí ciertos montículos dobles que he recordado al tratar de los observatorios; pero algunos de ellos bien podrían haber servido de juego de pelota, aunque los montículos sean cortos, porque no conocemos a la perfección cómo era este juego entre los mayas más antiguos.

Se ha visto que entre ellos los hay que están orientados hacia el norte con un montículo terminal, o carecen de este montículo o templete, o están orientados de este a oeste, sin montículo terminal.

Sin embargo, el juego de pelota de Puntilla, cerca de Morazán (Cataguana) se dirige de este a oeste; en el este está un montículo alto; en la parte del oeste están dos montículos, como observatorio.

Estos son los juegos de pelota que he querido mostrar como noticia de que Honduras no careció de juegos de pelota. Muchos otros debe haber escondidos entre las malezas, las ruinas y en medio de las selvas, inexploradas arqueológicamente. El futuro está lleno de sorpresas para Honduras.

Tegucigalpa, noviembre de 1947.

XVIII: TUMBAS Y SEPULTURAS MAYAS DE HONDURAS

1.- EL DESCANSO ETERNO

La tumba, en general, participa en algo de la casa o vivienda. Aún más, se va a la tumba en la misma posición como se va a la cama para dormir o para descansar. En el mundo hay varias maneras y posiciones para dormir, que de ordinario son las mismas que para descansar; los europeos comúnmente se acuestan; los americanos indígenas se sientan en el suelo desnudo o cubierto por una estera; o si no, sobre una "barbacoa", o sea, una plancha de madera o de corteza sostenida por palos, o como dice el Obispo Landa de los mayas de Yucatán: "Tenían… unas camas de varillas y encima una esterilla donde duermen cubiertos por sus mantas de algodón"; costumbre que perdura todavía entre los naturales de Honduras.

El descanso, entonces, como el sueño, se hace apoyando la cabeza sobre las rodillas y con las manos a la cara. Así se descansa durante la vida, y de esta misma manera se descansa después de la muerte.

2.- EL CONCEPTO DE MUERTE

Para los cristianos, cuya filosofía enseña que el alma, que no muere, es la que sostiene en vida al cuerpo, que está sujeto a deshacerse; si el alma deja de sustentarle la vida, el cuerpo muere y se deshace. El momento de la separación se llama muerte.

Dejando aparte las varias filosofías de los no cristianos, se sabe que los indios de América tenían un concepto de la vida algo diverso. Ante todo, no sabían distinguir bien la vida de cualquier animal, especialmente las más familiares, de la vida del hombre, por lo que no encontraban inconveniente en creer que el uno podía convertirse en el otro; y esto lo notamos en el *Popol Vuh*, en donde se hace aparecer que los hombres son monos castigados; o en las leyendas amazónicas del diluvio, en donde se da a creer que los monos, al contrario, son hombres castigados. Así se creía que los hombres malos o los que no iban con su señor, después de muertos, se convertían en animales.

En todo caso, la muerte no la concebían como los cristianos, sino que pensaban que era como un traspaso de una manera de vivir a otra. En la tumba se continuaba viviendo, pero de otro modo.

3.- LA VIDA EN LAS TUMBAS

Efectivamente, pensaban que en la otra vida, el cuerpo estaba sujeto a todas las necesidades de esta; se llevaban a sus mujeres, sus coperas, sus sirvientas y sus criados: los degollaban y hasta los enterraban vivos, para servir en la otra vida a su señor. Necesitaban de comidas, de mantas, de instrumentos para trabajar y aun de semillas para sembrar. Un resto de estas creencias se observa todavía: cuando uno muere, le ponen un vaso de agua por nueve días, en su cuarto, para que el espíritu vagante se refresque; o si no, se llevan sobre o dentro de la tumba comidas, aunque sea un huacal de chicha; y las comidas se renuevan por lo menos cada año, en el día de los muertos. Este hecho fue lamentado por San Agustín, hace diecisiete siglos.

Creían también en una vida mala que era para los "viciosos". Las penas de la mala vida que decían habrían de tener los malos, eran ir a un lugar más bajo que el otro que llaman mitnal, que quiere decir infierno, y en él ser atormentados por los demonios, y de grandes necesidades de hambre y frío y cansancio y tristeza. También había en este lugar un gran demonio, príncipe de todos los demonios, al cual obedecían todos y llámanle en su lengua Hunhau (Hun-Ahau; el gran Señor), y decían que esta mala y buena vida no tenían fin, por no tenerlo el alma."

Sin embargo, estas creencias no debían ser tan exactas en la mente de todos, ya que a todos indistintamente colocaban comidas o bebidas al lado del difunto, en la misma tumba o fuera de ella.

4.- LA CASA DEL MUERTO

La tumba, casa del muerto, debió ser a semejanza de su casa cuando vivía.

Cómo sepultaban al tiempo que llegaron los españoles a Yucatán, lo cuenta Landa (c. 33): "Muertos, los amortajaban, llenándoles la boca de maíz molido, que es su comida y bebida que llaman koyem, y con ello algunas piedras de las que tienen por moneda, para que en la otra vida no les faltase qué comer. Enterrábanlos dentro de sus casas o a las espaldas de ellas, echándoles en la sepultura algunos de sus ídolos; y si era sacerdote, algunos de sus libros; y si hechicero, sus piedras de hechizo y pertrechos. Comúnmente desamparaban la casa y la dejaban yerma después de enterrados, menos cuando había en ella mucha gente con cuya compañía perdían algo del miedo que les quedaba de la muerte."

Esta era la gente común. Cómo sepultaban a los señores, lo dice en seguida:

"A los señores y gente de mucha valía quemaban los cuerpos y ponían las cenizas en vasijas grandes, y edificaban templos sobre ellas, como muestran haber hecho antiguamente los que se hallaron en Izamal. Ahora, en este tiempo, se halló que echaban las cenizas en estatuas huecas, hechas de barro, cuando los muertos eran muy señores. La demás gente principal hacía a sus padres estatuas de madera, a las cuales dejaban hueco el colodrillo, y quemaban alguna parte de su cuerpo y echaban allí las cenizas y tapábanlo: y después desollaban al difunto el cuero del colodrillo y pegábanselo allí, enterrando los residuos como tenían de costumbre; guardaban estas estatuas con mucha reverencia."

A los Cocomes, además de esto, rehacíanles la cabeza al natural, y "las tenían con las estatuas de las cenizas, todo lo cual tenían en los oratorios de las casas, con sus ídolos, en gran reverencia y acatamiento, y todos los días de sus fiestas y regocijos les hacían ofrendas de sus comidas para que no les faltase en la otra vida donde pensaban que sus almas descansaban y les aprovechaban sus dones."

5.- ARQUITECTURA DE LA VIVIENDA DEL MUERTO

Los señores y grandes sacerdotes, aunque viviesen en templos y casas grandes, sin embargo, parece que de ordinario tenían cuartos de dormir, pequeños y oscuros. Esto también en el Perú. En la edad áurea de los mayas, la bóveda era corriente en los palacios y templos; era la conocida falsa bóveda maya. En cuanto a las casas, como también ciertos templos y palacios, tenían techo de paja, ordinariamente de dos aguas.

La gente del pueblo vivía en chozas reducidas; sin embargo, todas las casas tenían cuatro paredes y un techo.

La tumba, pues, aun la del más pobre, tenía cuatro paredes y un techo.

Tumbas de los ricos de Copán se han encontrado con bóvedas.

Ordinariamente, aun en la América andina del Sur, cuando las tumbas se cavaban dentro de la tierra, aun en forma de un pozo, tenían siempre una excavación lateral, para que sobre el cuerpo no le cargara la tierra que le estaba encima. Los romanos expresaban esto en las palabras del último saludo que daban a los muertos y que escribían con letras abreviadas sobre cada tumba: "S. T. T. L."; es decir: "Sit tibi terra levis", que la tierra sea leve.[21]

Frecuentemente, las tumbas mayas también son rodeadas de lajas y tapadas con una gran laja, cuando son señores, o con una o varias lajas, las de la gente común, aun cuando es una fosa cavada en la tierra. Encima de ellas quedaba un montículo, grande o pequeño, según el caso, o el montículo se formaba naturalmente al caer el techo y las paredes de la casa propia del muerto, que se abandonaba después de haberle dado sepultura dentro de su misma propiedad.

El muerto se sepultaba con todos sus haberes, que de ordinario eran pocos y consistían en collares o adornos de jade y de plumas; navajas de afeitar, cuchillos, y para los artistas y labradores, sus instrumentos, que eran hachas de piedra pulidas de varios tamaños. Además, cántaros y vasos para su comida y bebida en su vida de muerto en la tumba. Lo acompañaban algunos animalitos también, para comida, para guía o acaso como hermanos y familiares.

No me demoro en estas descripciones, porque quiero ilustrar estas referencias con algunos ejemplos, especialmente sacados de Copán y del Valle de Comayagua, en donde precisamente, en las Vegas del Biscuital, un señor García, haciendo su casa, encontró una tumba con dos vasos, en medio de los cuales había otro cubierto con una bola de barro blanco y dentro, el esqueleto de un pequeño mamífero.

En el *Popol Vuh* se conserva algo de esta costumbre cuando se relata la hazaña de los cuatrocientos muchachos que quisieron matar al gigante Zipacná, hijo del gran Guacamayo; al excavar el hoyo, Zipacná cayó también en un hoyo lateral, y cuando los muchachos echaron en el hoyo principal la viga para matar a Zipacná, este se libró

---

[21] En San Agustín, en el Alto Magdalena, Colombia, encontré que las tumbas de los mejores señores, donde había en el centro las más grandes estatuas, las paredes estaban formadas, debajo del suelo, con grandes lajas altas cuanto la altura de la cámara, y encima estaban cubiertas con grandes y pesadas lajas todas de una pieza. Encima de la laja surgía el montículo de tierra. Pero, una de las mejores y más grandes tumbas no tenía laja encima, tal vez por ser demasiado grande, y según la descripción dada por Ulloa con ocasión de tumbas encontradas en otras partes, debió estar cubierta con palos y tierra.

metiéndose a un lado. Era el cambio de ritos y comienzo de los sacrificios humanos.

6.- TUMBAS DE COPÁN

Aquí debo referirme a la importantísima memoria de uno de los mejores arqueólogos que han trabajado en Copán: la de George Byron Gordon, titulada *Prehistoric ruins of Copan, Honduras; A preliminary Report of the Explorations by the Museum, 1891-1895*, publicada en el Vol. 1, n. 1, de *Memoirs of the Peabody Museum of American Archaeology and Ethnology*, Harvard University, Cambridge, Mass., 1896. Esta memoria fue compilada sobre las notas hechas por Saville, Owens y Gordon en diferentes tiempos. Es valiosísima.

Al tratar de las tumbas en general, encontradas en Copán, a la página 29, dice: "Como en Copán no se ha encontrado un cementerio, así se ha explorado solamente un cierto número de tumbas aisladas. Dos fueron encontradas precisamente al sur de la Estructura Principal debajo del nivel del patio, una debajo de las gradas del montículo 32, algunas al nivel del valle más adelante al sur y otras al nordeste y al noroeste. En diferentes partes de las ruinas las tumbas fueron encontradas debajo de las gradas de lo que parecen ser casas en ruinas. Las que fueron encontradas en campo abierto estaban señaladas por elevaciones apenas perceptibles sobre el nivel del terreno. En cada caso las piedras separadas de los edificios estaban esparcidas alrededor, y parecía que los constructores las habían dejado así después de terminada la obra, y no que formaban parte de la estructura sobre el suelo.

Las tumbas son pequeñas cámaras o bóvedas, construidas con piedras labradas, situadas debajo de la superficie del suelo, y cubiertas con losas atravesadas, que afloran a la superficie algunas veces, o un poco más elevadas, y otras veces a varios pies más abajo. De ordinario existen algunos nichos dentro de las paredes. Estas notas están tomadas de las observaciones hechas por M. H. Saville y J. G. Owens en la exploración hecha en el año de 1892."

7.- LA TUMBA QUE ENCONTRÓ GALINDO

La más célebre y la más conocida en Copán es, por cierto, la tumba que el Coronel Juan Galindo encontró en 1835 excavando en el lugar que decían "Las Ventanas", al lado del pasadizo que servía de desagüe en el Atrio Oriental. Bajó a una cámara sepulcral pequeña con dos nichos en cada lado y bóveda falsa. Ambos nichos y el piso del sepulcro lleno de platos y vasos de terracota pintados de rojo; eran más de cincuenta, muchos de los cuales llenos de huesos humanos metidos en cal; así también cuchillos de obsidiana (chaya) y una cabecita de jade que parecía de un muerto, perforada para colgarla del cuello. Encontró también dos collares de cuentas, conchas, caracoles traídos del mar y estalactitas sacadas de alguna cueva. Todo el fondo de la tumba estaba esparcido de huesos y el piso estaba sólidamente con un revestimiento de cal.

Esta fue la primera tumba encontrada en Copán.

8.- TUMBA EN LA GRAN PLAZA

En la Gran Plaza hay un gran montículo piramidal, con escalinata; Maudslay hizo una excavación en la parte sur y lo encontró hecho de piedras brutas y tierra dura apisonada.

Debajo del nivel del suelo, por unos doce pies de tierra apisonada, hasta encontrar tierra virgen, él halló cosas muy importantes. A seis pies bajo el nivel del piso, en el centro, un vaso de terracota, lleno de objetos de jade, collares y ornamentos de conchas y perlas. Al fondo del vaso, polvo rojo o fino cinabrio y algunas onzas de mercurio. Dieciocho pulgadas más arriba del vaso, trazas de huesos y arena y otros huesos al nivel del piso, mezcladas con cinabrio y arena. Ocho o nueve pies abajo del nivel del piso, se encontró un esqueleto de jaguar tendido debajo de una capa de carbón de leña. Los dientes y parte del esqueleto estaban pintados de rojo. A distancia de unas cien yardas hacia el sur, se abrió un montículo mucho más pequeño que debajo de una capa de cemento a nivel del suelo contenía varios huesos humanos, dos hachas de piedra y parte de otro esqueleto de jaguar con algunos dientes de perro.

9.- TUMBAS AL SUR DEL PATIO OCCIDENTAL

Mr. Owens, en 1892, excavó el montículo número 36, y de las notas que él compiló, se sacan los datos importantes que siguen.

Owens dice que antes de comenzar la excavación, el montículo, que es de forma alargada, largo 130 y ancho 30 pies, con 3,5 pies de altura, presentaba una apariencia insignificante. El piso era de cemento sobre una base de piedras de río; el montículo parecía elevado con desperdicios mezclados con piedras y tierra. Se encontraron restos humanos con caracoles, cuchillos de obsidiana, puntas de flechas y alfarería de la más variada, pobre y rica. En varios puntos una capa quemada y allí esqueletos de venados y otros animales. Algunos de los cuerpos parecían haberse tirado así no más; otros demostraban haberse observado un rito funerario.

Aquí, Owens da una lista de esqueletos encontrados en óptimas condiciones de preservación y de sepultura; la mayor parte sepultados en una tumba. He aquí:

Esqueleto N. 4. Encontrado a la profundidad de cinco pies, echado sobre el lado izquierdo con la cara hacia el oriente y los pies al sur, con las rodillas dobladas tocando la barba; las manos cerca de la cabeza. Algunos dientes estaban limados. Con él nada de interesante.

Esqueleto N. 5. Especialmente interesante, no tanto porque, estando a la profundidad de 4-5 pies, y recostado sobre el lado izquierdo, miraba hacia el sur, sino porque su cráneo aplastado era muy grueso. Dos dientes estaban limados y cerca del esqueleto se encontraron los huesos de un niño.

N. 8. Dientes incrustados con jade. Lo mismo el n. 12 y el n. 17 y 36.

N. 16. Sentado (?) y con la cabeza entre las rodillas. Había cerca un vaso de color negro bruno.

N. 19. A la profundidad de 3,9 pies; la cabeza al oeste echada sobre el lado derecho; las manos a la cabeza. A los pies, parte del esqueleto de un niño. Con el esqueleto ocho vasos perfectos y parte de otro. Debajo de los huesos había cenizas y carbón de leña, un collar de jadeíta, algunos cuchillos de obsidiana y un asta de venado. La cabeza estaba protegida por dos lajas sostenidas por paredes de piedras brutas corriendo de este a oeste en cada lado del esqueleto. Era una tumba muy sencilla de pobre.

N. 20. Profundidad, 4 pies. Encontrada con huesos de venado y un vaso de terracota.

N. 21. Profundidad, 3 pies. Cabeza al este; echado sobre el dorso; brazos cruzados sobre el pecho y las rodillas apoyadas al mismo. El esqueleto descansa sobre un estrato de tierra quemada circundado por un círculo de grandes piedras de río.

N. 24. Circundado por un arco de grandes piedras. Parece el esqueleto de un niño; estaba allí un vaso.

N. 25 y 26. Debajo de los muros de la estructura. Huesos entremezclados; dos dientes del n. 25 incrustados con jade; los huesos larguísimos; un solo vaso y un pedazo de carbón petrificado.

N. 28. Profundidad, 3,5 pies; echado sobre el lado derecho y con las piernas dobladas. Debajo de la cabeza un collar de jadeíta y al lado del esqueleto cinco vasos de terracota de diversos tamaños, dos de los cuales decorados.

N. 29. Profundidad, 5,5 pies, debajo del piso de la estructura, sin apariencia de sepultura, y sin objetos algunos; los huesos muy largos.

N. 31. Profundidad, 4,9 pies; la cabeza al norte y vuelta sobre el lado derecho; el esqueleto en decúbito dorsal; en el lugar del cuello estaba un gran adorno de jadeíta, largo 4 pulgadas. Cerca de la cabeza un vaso de terracota.

N. 33. Profundidad, 4,2 pies; cabeza hacia el sudeste; acostado sobre el lado izquierdo con la mano izquierda debajo de la cabeza; huesos en óptimas condiciones; sin forma de tumba.

10.- TUMBAS DE PIEDRAS LABRADAS Y CON ARCO FALSO

Otras tumbas fueron encontradas separadamente, construidas con piedras labradas y con arco falso, poco debajo del suelo.

Son cámaras, con nichos, conteniendo esqueletos, vasos, jadeíta, obsidiana, cenizas, pedazos de carbón de leña, ornamentos de conchas y huesos de animales; hasta dientes de caballo; pero, en esta tumba se debe advertir que un fémur había sido roído por algún animal, además de las molestias causadas por las hormigas en otra tumba. Esto digo, en vista de los casos diversos que ocurren de ordinario en las tumbas.

Dieron de esto informe M. H. Saville y J. G. Owens.

11.- TUMBAS EN FORMA DE CRUZ

En Copán, se ha dejado adrede abierta la tumba que está debajo de la Estela A, para que todos los visitantes puedan darse perfecta cuenta de la cámara en forma de cruz, que existe debajo de las estelas. Se les llama "caches", o sea, escondites, o lugares ocultos para depositar en ellos alguna cosa. Se dice de ordinario que no se pueden llamar tumbas, porque no se ha encontrado en ellas restos humanos. Pero se debe considerar que las cenizas de los señores, las pocas que se recogían, se esconden dentro de la estatua, al tiempo de Landa, o en vasos. Muchas son las causas por que no se han encontrado las cenizas: ante todo, siendo materia orgánica, pueden haberse transformado y perdido con los siglos; mejor, se puede pensar que las hormigas u otros pequeños animales las hayan consumido, como consumieron las comidas que indudablemente estaban contenidas en los vasos ofrecidos.

Unas de las pruebas de que eran tumbas, es la forma cruciforme, igual a las tumbas cruciformes de Mitla y Monte Albán; además de esto, se debe pensar en que todos estos "caches", o depósitos cruciformes, contenían vasos, collares de jadeíta, cuchillos de obsidiana, vasos ordinarios y otros muy ricos en colores de dibujos; color cinabrio y mercurio.

Ahora bien: las tumbas más antiguas de las cuales hemos tratado en capítulos anteriores contenían estas mismas cosas, además de los esqueletos y huesos de animales; aunque en varios casos no contenían huesos, o no contenían ofrendas; mientras en las tumbas cruciformes no podía encontrarse huesos, porque los cuerpos de los señores principales se reducían a cenizas, y estas no eran perdurables: por esto no se encuentran. Aunque las estelas sean una segunda o tercera inhumación, es claro que deben considerarse como tumbas, por los depósitos que se encuentran debajo, mucho más si estos están remezclados con otros elementos, de manera que sea imposible identificar las cenizas, las cuales, además, no las apreciaban tanto como la cabeza o calavera, que, de ordinario, se conservaba separadamente.

Sería muy deseable que estas tumbas, muy hermosas, que existen detrás de la Acrópolis, fuesen puestas en condiciones de ser mostradas a los visitantes, y especialmente a los estudiosos. Yo apenas pude verlas un momento una sola vez, y con motivo del Congreso Arqueológico insinué que fuesen puestas a la vista, ya que eran de sumo interés para los arqueólogos; pero esto no se hizo. En favor de la ciencia, es deseable que se vean, aunque no estén reconstruidas, y esto cuesta solamente limpiar el camino de la mucha maleza que estorba para llegar hasta allí.

La piedra bruta en Copán representa la parte más antigua, anterior a la piedra labrada. En Tenampúa, el montículo central encerrado en un edificio cuadrado cerca del juego de pelota, está hecho de la misma manera. Primero lo excavó por la parte superior una misión anterior a Mrs. Dorothy Popenoe, que en 1927 se instaló precisamente en la parte alta del mismo montículo y abrió desde arriba "un tiro de chimenea": lo encontró compuesto abajo con tierra y "sobre estas y a los lados encontramos una capa de roca quebrada, cubierta con piedra". Esta descripción no es muy clara.

En 1940 y 1941, con el debido permiso, y con la ayuda de don Carlos David, procuré hacer un pequeño túnel a flor de tierra en la parte del norte. Tierra dura y un poco de piedra. Algunos pequeños fragmentos interesantes. Una culebra muy pequeña, negra con puntos color coral a lo largo del cuerpo: muy singular. Cuando los obreros llegaron a las piedras que cubren el núcleo central, hice reponer la tierra y terminé el trabajo, bastándome el haber visto que el montículo tiene un núcleo de piedras de río. Probablemente abajo está el ser difunto, sobre el cual se constituyó ese montículo con un templo de bahareque encima.

Una piececita de vaso que saqué de allí es igual al borde del vaso que encontró Mrs. Popenoe; estas piezas son iguales a las que se han sacado recientemente en el Valle de Comayagua. Una piedra de moler, dibujada encima, lleva en los bordes los mismos dibujos que las piezas de barro descritas; y su encalado muy artístico fue seguramente hecho en el propio lugar, ya que yo mismo encontré una herramienta de piedra verde durísima quebrada, con la punta como de gubia, o formón, para labrar superficies curvas. Tenampúa era un rincón de los Guajiquiros, y los Guajiquiros formaban parte del Valle de Comayagua.

El rojo cinabrio y el mercurio se han encontrado en otras tumbas de Copán. Se debe recordar que el cinabrio se transforma fácilmente en mercurio, que también fácilmente evapora y se pierde. El color rojo y otros colores, como también el carbón de leña, se han encontrado junto con huesos, en el Valle de Comayagua y en otros lugares.

Es digno de notarse aquí que estos montículos en donde se hallaron varias tumbas y muchos esqueletos están situados al pie de la Acrópolis, en la parte de atrás, lo que corresponde a lo que dice Landa: que los sepultaban dentro de sus casas, o a espaldas de ellas, o construían un templo sobre su tumba.

Se debe recordar que los cuerpos de los sacrificados, cuando no se distribuían despedazados para comerlos, se sepultaban al pie de los templos.

Es una verdadera lástima que Owens no ofrezca datos más detallados. Los cráneos de grueso espesor no eran raros en Honduras; yo mismo encontré cerca de Comayagua cráneos del espesor de 13 mm., de 11, de 10, de 9 y de 8 milímetros. En Urabá, escribe Gómara, las espadas se rompían sobre los cráneos de los indios.

Los dientes limados deben haber sido limados en forma de IK, que tiene la figura de una T y representa al espíritu, al viento, a Kukulcán.

Tumbas en forma de cruz, verdaderas tumbas muy decoradas, existen en mitla (Oaxaca-México), como la tumba de los Reyes y la de los Sacerdotes. En monte Albán, entre otras, se encontró en la parte occidental del gran grupo de templos una gran tumba cruciforme, cuya planta se puede fotografiar porque estaba a la vista. Las tumbas allí, en general, están debajo de una gran plataforma, sobre la cual se hizo un montículo de tierra para cubrirla y ocultarla.

Es verdad que también debajo de los altares se encuentran depósitos; y es posible que estos también sean tumbas, aunque no tengan estela. Mucho más que la fecha de los altares no es la misma de la estela frente a la cual se encuentran erigidos.

Hecha esta introducción, paso ahora en revista algunas de las más notables Cámaras Cruciformes, o Tumbas cruciformes, como se pueden llamar, sirviéndome de los datos recopilados por Stromsvik, de los diversos arqueólogos que hicieron las excavaciones y descritos en su notable trabajo: "Substela caches, etc."

12.- ELEMENTOS DE LA CÁMARA CRUCIFORME O TUMBA CRUCIFORME

Después de un gran hoyo para recibir la estela, existe una gran piedra, ordinariamente en forma de tambor, sobre la cual descansa, y forma la base, firme, debajo de la cual está la tumba cruciforme, sobre cuyas paredes se apoya. Estas paredes están levantadas de piedras talladas, y los cuatro brazos resultantes están orientados hacia los cuatro puntos cardinales. El piso de la cruz está formado por otro gran tambor de piedra. Dentro de las tumbas cruciformes se han encontrado objetos variados, algunos de los cuales son considerados como ofrendas, pero otros pertenecieron, según lo muestran las apariencias, al personaje cuya estatua se ha erigido con la estela y cuya persona corporal se ha querido perpetuar en ella, para que continuara viviendo siempre junto a su pueblo.

Estela A.- Es una de las más bellas, erigida, según Morley, en el año 732 d. C. El pedestal de la estela es una gran piedra de forma de tambor, la cual forma el techo de la bóveda cruciforme. Otro gran tambor de piedra constituye el piso de la parte central de la cámara sepulcral, el cual estaba casi lleno de tierra negra entrada por las hendeduras; este material es muy común en las ruinas de Copán. Un par de tiestos, uno de ellos redondo, que servía probablemente como tapadera de un gran vaso de barro gris-oscuro, bruñido exteriormente y decorado en rojo. También pedazo del cuello de un vaso semejante, y dos astillas de roca ígnea blanquecina con manchas verdes (jade para labrar cuentas de collar?) y la pelvis de un roedor.

Cualquier otra cosa que hubiese en la tumba no se ha podido identificar.

Estela B.- Erigida más o menos en el 732 d. C., como la anterior que le está cerca. Han sido discutidos los dos picos de Guacamayo rojo que la enciman, habiéndoseles tomado como trompas de elefante. Este mismo detalle quizás la hace más notable e interesante, mucho más que no ha sido estudiado. La tumba es en todo semejante a la anterior, exceptuando que las extremidades de la cruz no estaban cerradas con piedras. El interior estaba casi lleno de tierra negra bien compacta, raíces y fragmentos de piedra entrados por los extremos de la cruz. Al oeste y sur, dos vasos toscos color rojo oscuro, de pasta que se usa aun hoy día.

Estos vasos, y los de otras tumbas, no parecen haber sido usados, sino que fueron hechos especialmente para uso de ofrendas.

Estela C.- También esta, que está cercana a la anterior, fue erigida en 783 d. C. (lectura dudosa), y es notable por representar dos personajes, uno con cara al este y el otro al occidente, y tener delante un altar en forma de tortuga (la madre tierra).

Fue excavada la tumba por Gordon, que la encontró construida sobre adobe de arcilla mezclada. Contenía tres vasos de terracota color rojo castaño, varias estalactitas, una pequeña piedra de calcedonia.

Estela D.- Erigida en 757 d. C. Frente al altar de esta se puso la tumba del Dr. John G. Owens, Director de la segunda expedición del Museo Peabody, en el año de 1893. Base y techo no en forma de tambor, sino rectangular. En la tumba, completamente llena de barro negro, se encontraron solamente dos fragmentos deteriorados, y nada más que pudiera ser identificado.

Estela F.- Del 722 d. C. (pero, según Morley y Spinden, sería más bien del 782 d. C.) La tumba cruciforme, completamente llena, de 23 vasos toscos variados, uno de los cuales parece un incensario, y uno lustrado.

Estela H.- Erigida cerca del 783 d. C., parece ser la única que representa a una mujer ricamente ataviada. La tumba, hecha de piedras bien talladas y bien ajustadas, asentada sobre la tierra virgen. Estaba completamente llena de tierra bien apretada y raíces podridas. La parte superior contenía muchos pedazos de yeso de París, entrado por las grietas cuando Maudslay sacó el molde de esta estela.

La presencia de pequeños objetos cerca del suelo condujo a un cuidadoso examen de toda la tierra de la cámara y produjo 105 fragmentos de cuentas de collar, 13 de las cuales de jade; 33 cuentas enteras, 18 de ellas de jade; varios trozos de placas de jade grabadas; dos conchas marinas; un pedazo de alambre de latón; un pedacito de cobre probablemente parte de un botón de chaqueta; dos fragmentos de una figurita pequeña, de aleación de oro y cobre. Estos objetos de oro son piernas quebradas, la una arriba y la otra abajo de la rodilla (espesor 1 mm.)

Excuso los comentarios que se pueden hacer acerca del metal y del yeso encontrados en esta tumba, ya que se sabe que han entrado por las hendiduras.

Estelas restantes.- Aunque muy importantes, las estelas que quedan ofrecen interés solamente por alguna particularidad, con respecto al presente trabajo, y al contenido de sus tumbas.

Así, por ejemplo, parece que contenía cinabrio y el aguijón de una raya (pescado). La Estela J, algunas astillas de roca ígnea blanca con manchas rojas. Estela M, un vaso con sulfito negro de mercurio, y fragmentos de estalactitas. Estela P (reerecta), estalactitas. Estela I, estalactitas, gran cuenta de jade, cinabrio. Estela 3, receptáculo con materiales de diversos colores y cuatro ornamentos de jadeíta finamente labrados.

13.- OBSERVACIONES

Las observaciones que se pueden hacer acerca de las tumbas de Copán son principalmente el considerar que pertenecen a tiempos diversos; que algunas de ellas, especialmente las de las estelas, no pueden considerarse como primera inhumación y, por lo tanto, deben ser necesariamente diversas en cuanto a los restos del mismo cadáver.

Se sabe que los señores se quemaban; había quienes conservaban primeramente las cabezas en lugar separado de las cenizas, y estas se trataban de diversa manera. Se sabe que el cuerpo de Itzamná, según la leyenda conservada en Itzamal, se dividió en varias partes, y sobre cada una se erigió un templo.

Los vasos ofrecidos no debieron estar vacíos: siempre eran nuevos; pero también siempre con comidas varias. Se encontró un aguijón de raya: este pudo servir para sacarse la sangre. Además, la raya viva, con su aguijón, produce una herida dolorosa, que descuidada puede ser mortal; y no sabemos si el difunto murió por una causa semejante. También los colores pueden indicar muchas cosas. De ordinario se ponían para indicar los puntos cardinales, especialmente el rojo y el negro. Pero podrían indicar también que el difunto era un artista, alfarero o pintor. También las estalactitas y los caracoles pueden indicar piezas para ser trabajadas en collares y ornamentos, como una especie de riqueza, o también, siendo carbonato de cal, para ser usada en alguna forma, o para reducirla a polvo y mezclarla con el tabaco o algunas otras hojas, como elemento alcalino, para masticarlas como se hace todavía en Colombia y Bolivia con la coca; o para cualquier otro uso; y todo esto no se ha estudiado todavía.

En fin, las tumbas de Copán pueden revelarnos muchísimas cosas en el futuro. Por el momento, debemos contentarnos con solo lo que tenemos a la mano.

14.- UNA TUMBA DESCONOCIDA EN COPÁN

La tumba era cruciforme, y en la forma y tamaño igual a la de la Estela A de la Plaza Mayor de las Ruinas de Copán. Tengo fe en el señor que me la describió; ya ha muerto y la tumba fue encontrada en las cercanías de la plaza del pueblo.

Descripción.- Una basa asentada sobre suelo arenoso, cuadrada, de piedras canteadas, profundidad de m. 2,30 del nivel del suelo. Esta base cuadrada se puede describir dividiéndola en nueve cuadrados de cm. 40 de lado cada uno y de cm. 50 de altura sobre la base, cerrados por piedras canteadas; así se forma una cámara en forma de cruz y cuatro cuadrados inútiles en los cuatro ángulos. Esta armazón o tumba en forma de cruz estaba tapada con un gran tambor de piedra bien labrada y bien redonda, de cerca de m. 1 de diámetro y cm. 50 de grosor. La cámara cruciforme estaba orientada según los cuatro puntos cardinales. En la parte central de esta tumba había un gran collar colocado en forma ovalada alargada de occidente a oriente, compuesto de 76 cuentas de jade, teniendo orientadas hacia el oriente las tres cuentas más gruesas centrales, siendo la más gruesa de tres centímetros de diámetro y las dos laterales un poco más pequeñas. Juntos, en la parte sur, había un gran tubo de jade de cm. 26 de largo y cm. 2 de diámetro, otro tubo de jade de cm. 9 de largo y cm. 1,5 de diámetro, adornado con cuatro anillos, y dos pequeñas orejeras de jade terminales del diámetro de cm. 3,5. A uno y otro lado de estos objetos había dos grandes orejeras de jade de diámetro interior de cm. 4, y de diámetro exterior de cm. 8. En el centro del espacio formado por el collar había dos grandes piezas de jade finamente labradas, colocadas con las cabezas hacia el norte.

La pieza más grande, midiendo cm. 21 de alto, cm. 11 de ancho y cm. 6 de grosor, representa, al parecer, al dios chac, dios de la lluvia, que en méxico tiene el nombre de tlaloc. parece que representa una de las formas más antiguas y clásicas de este dios: ojos grandes solares, lengua fuera de la boca y bigotes laterales, los cuales en algunas figuras se transforman en dos serpientes que salen de la boca, mientras la lengua también se transforma en lengua bífida serpentina. en esta estatuita, el dios tiene un gran collar de cuentas grandes, orejeras, gran taparrabo de cuentas de jade y está sentado con las piernas cruzadas a la manera maya, ceñido a los lomos con un gran cinturón bien adornado y llevando brazaletes de cuentas de jade. detrás de su cuerpo le cubre un manto adornado con un gran mascarón de cabeza igual a la figura principal, con larga boca y colmillos serpentinos, grandes ojos solares, lengua afuera y bigotes laterales retorcidos como los tiene el dios chac.

Al lado de esta, estaba otra gran pieza de jade, alta cm. 16, ancha cm. 12 y gruesa cm. 6: representa una serpiente de doble cabeza, conocida como "anfisbena", encimada con un disco solar (?) y rodeada de volutas con significado especial. en la parte posterior está como revestida con un adorno especial ininteligible.

Amablemente me fueron prestadas estas piezas de jade para fotografiarlas. me fue permitido también copiarlas, y así tengo copias en yeso, exactas, que me sacó el artista doninelli, imitando al jade.

Pero esto no es todo. había en la tumba algo muy importante, aunque no parezca. los dos brazos de la cruz, que iban de oriente a occidente, contenían dos colores diversos: en medio del brazo oriental había el color rojo. precisamente este era el color con que los mayas indicaban al oriente. este color actualmente, después de tantos siglos, está compuesto por un polvo rojizo mezclado con granos de color rojo sangre y arena silícea, y hierro puro que se recoge al contacto del imán. poniéndolo al fuego da un rojo chocolate. cuando fue recogido, en cantidad de 2 libras y 4 onzas, del cual me fue proporcionado un poco, se presentaba como polvo rojo, amontonado, y entre ello había bolitas de azogue, o mercurio, por lo que se supuso que era cinabrio. en el medio del brazo occidental se encontró polvo negro, que es el color con que los mayas indicaban al occidente. no contenía bolitas de mercurio, y la cantidad recogida fue de 4 libras, del cual me fue dado un poco para muestra. se presenta como una finísima arena metálica, mezclada con polvo de cuarzo y poquita arcilla roja. quemándolo da rojo oscuro, posiblemente negro. el polvo negro es puro hierro magnético, y puesto en contacto con el imán, se recogió todo inmediatamente.

Es probable que tanto el negro como el rojo daban cada uno su color; es posible que con el rojo se pintaban los vasos, cuyo rojo han llamado copador.

Nada más apareció en este depósito funerario. Pero, sobre el gran tambor de piedra que hacía de tapadera de la cámara cruciforme, se encontraron vestigios de sepultura. El lugar estaba húmedo y las piedras con moho. No se encontraron huesos ni ollas. Pero se debe pensar en que los grandes personajes se incineraban y las pocas cenizas se colocaban en estatuas o en vasos. El tiempo se llevaba las cenizas.

Sin embargo, sobre la piedra que hacía de tapadera, se encontró una capa de piedras de diversos tamaños, piedra canteada, bien unida, formando un suelo o piso que llenaba todo el cuadrado; y la piedra era verdosa y dura, como también la otra.

Sobre este suelo estaban diseminadas en varias partes conchas de todos tamaños. Unas pequeñas como de 7 centímetros, otras de más de 20 centímetros; eran a lo menos unas cuarenta, que al tocarlas se despedazaban.

Todo esto me describió el amigo hace ya ocho años.

15.- TUMBAS DEL VALLE DE SENSENTI

El Valle de Sensenti, al sureste de Copán, contiene grandes ruinas, entre las cuales un gran juego de pelota contemporáneo del de Copán, y numerosísimas tumbas, todas de piedra tallada, que han usado en gran cantidad para las aceras y edificios de Sensenti y hasta para las cercas de los campos.

Según las varias descripciones que recogí, las tumbas están debajo de una plataforma grande de piedra tallada y bien ajustada, sobre la cual se levantaba el montículo de tierra y piedra.

Describo una de ellas, puesta en medio al descubierto, por lo cual pude fotografiarla, diseñarla y observarla. Está situada en la Hacienda o terreno Marquetado, en el barranco formado por el Río Techo, inmediatamente antes de la confluencia con el Río Grande o Alash, palabra maya que significa "El Río" (Al, partícula indicativa, y ash, corrupción o variante de aj, agua.)

Varios montículos en forma de plaza están arriba en una pequeña plataforma; se ha sacado mucha piedra canteada y muchos pichingos. El Río Techo ha comido la orilla donde estaba un montículo alto, unos tres metros, y ha dejado al descubierto todo el corte, precisamente en la mitad del montículo. Con esto, debajo de la tierra del montículo aparece un suelo apisonado de piedra canteada. En el centro debe estar el sepulcro, que yo no quise tocar. Lo indico.

Y con esto indico también que esta forma de sepultura se encuentra no solamente en todo el Valle de Sensenti y en todo el occidente de Honduras, como también en Copán, sino, de una manera muy clara, en monte Albán (Oaxaca, México), en donde el piso de piedra canteada se cubrió con un montículo de tierra, mientras debajo estaba, sigilada con piedra, la cámara mortuoria.

16.- TUMBAS DIVERSAS

No me demoraré en describir las tumbas que se encuentran en las cuevas, porque lo haré en artículo separado; ni las que se encuentran en las concavidades de los cerros, como los numerosos cuerpos que están metidos dentro de las ranuras del Cerro de Yústina, cerca de Reitoca, de donde se sacan cráneos y huesos grandes.

El señor Marder, en San Pedro Sula, debajo de montículos de unos 4 metros de altura, en el centro abajo, a nivel del suelo, ha encontrado en bóveda de piedra cuerpos de difuntos medio sentados o reclinados de un lado.

17.- TUMBAS DEL VALLE DE COMAYAGUA

Me referiré a pocas, como muestras.

Ante todo, se debe decir que el Valle de Comayagua se presenta con grandes montículos, que por no haber sido explorados, no puede decirse lo que son ni lo que contienen, especialmente los más grandes en el centro del Valle.

Existe solamente un bloque cúbico esculpido por tres lados, que representa un fragmento de estela con jeroglíficos por el momento indescifrables. Este fue encontrado al pie del Gran Montículo Central, que yo llamo el Gran Templo del Valle. Este trozo es indicio de estelas y probablemente construcciones de piedra todavía lamentablemente inexploradas.

En general, existen muchos montículos cubiertos de tierra; otros cubiertos de piedras del río, especialmente los de Caingala y de La Soledad, en la orilla del Río Selguapa, afluente del Ulúa, en la extremidad nordeste del Valle.

Una gran cantidad de tumbas existen en estos sitios citados; otras en las Vegas del Humuya, en una y otra orilla, tanto en el Paso de Las Canoas, en Los Liconas, en el Rincón de Suazo, en la Hoya de Jeto, en El Pascón y en San José de lo de Baca.

El Valle de Comayagua presenta un aspecto de antigüedad muy superior a lo que se puede pensar a primera vista, y cuando se comience a examinar seriamente, producirá muchas sorpresas.

En general, los montículos de las numerosas poblaciones antiguas mayas o barrios sembrados por todo el Valle a lo largo del Humuya y de sus afluentes son bajos; son restos de casas. Pero, como los difuntos, en general, se sepultaban en las mismas casas, al excavar un montículo, con frecuencia se encuentra también el cadáver.

Por ejemplo, en Los Liconas, potrero El Negrito, junto con cerámica bellísima, fueron encontrados también dos cadáveres, separados, en posición tendida.

Una tumba notable es la que ha excavado el Sr. Coronel Sanabria en el sitio llamado San José de lo de Baca, nombre que hace sospechar el nombre maya Bacab, el dios tutelar de los cuatro rincones de la tierra.

Ahora bien, este lugar está situado simétricamente con la Hoya de Jeto, mediando el Río Ulúa.

En un montículo, alto apenas un metro y medio, pero bastante amplio, ha encontrado restos de alfarería bellísima con jeroglíficos mayas, algunos pedazos de vaso de mármol blanco finísimo de hechura primorosa y volutas como las que ya son conocidas en esos vasos; además, varios cadáveres, más de seis, de los cuales solamente algunas calaveras ha podido recoger, de frente ancha y aplastada y algún pedazo de cráneo grueso, de 8 y 9 milímetros.

18.- LAS VEGAS DEL GUANACASTE O LOS NABORÍOS

En la parte izquierda del Río Humuya, frente a la ciudad de Comayagua, poco antes del puente, el río ha lavado la orilla y ha puesto al descubierto algunos entierros. Hace ya algún tiempo, se veían claramente a lo menos unos dieciséis de estos entierros algo pobres. En el sobresuelo recogí yo, en diciembre de 1940, un pedazo de loza blanca y azul, vidriada, de la que venía del extranjero hace unos 50 años; señal de que aquí vivieron también gentes en tiempos cercanos.

Los restos estaban pegados al paredón que en parte se había derrumbado, y una correntada echó al río unas seis tumbas. Los huesos se deshacían al aire. Los muertos aparecían estar en posición supina, pero con las piernas algo recogidas y las rodillas un poco levantadas, de manera que parecían medio sentados, con la cabeza más alta que los pies y vuelta hacia el este un poco al sur.

La orilla del río, en este sitio, aparece con tres estratificaciones bien distintas; la primera, la de arriba, que está a m. 1,50 bajo el nivel del suelo, mostraba una fila horizontal de huesos, cuyas tumbas estaban cayendo al río.

La fila mediana está a m. 2,70; la fila más baja, un poco cerca del agua, está situada a 5 metros bajo el nivel del suelo.

19.- TUMBAS, HALLAZGOS Y EXCAVACIÓN

De ordinario, no se ha podido ver bien cómo eran las tumbas. Estaban debajo de sus montículos, de los cuales hay muchos en ese lugar, ya casi desaparecidos por la acción del arado. Probablemente era una de las tantas poblaciones o barrios del Valle, pero de gente trabajadora y artista.

Dejando otras descripciones, diré que en la fila mediana, es decir, a m. 2,70 bajo el nivel del suelo, fue encontrada una tumba que se puede describir de la manera siguiente. El muerto, como ya se ha dicho, estaba en posición supina, con las piernas algo recogidas, las rodillas levantadas, la cabeza más alta que los pies, como si estuviese medio sentado. Descansando sobre el piso natural que había sido cavado en la tumba, que era de forma rectangular, su cuerpo, protegido por unas lajas del grosor de cm. 4, siendo ancha cm. 60 la que protegía la cabeza; no tocaban el cuerpo, sino que estaban unos 40 cm. más altas; en parte habían caído al río.

En la cabecera estaba una olla en forma de calabaza redonda, de buena hechura y bien cocida, de un solo color, colocada sobre una piedra cenicienta de unos 50 cm. de largo y cubierta con otra de la misma clase. Dentro de la olla estaba una pequeña hacha de piedra negra y fuera de ella otras 8, de las cuales la más grande medía cm. 14 de largo por cm. 6,5 de ancho y cm. 3,5 de grosor; las más pequeñas cm. 9 de largo; con ellas había también dos cuentas largas y dos redondas de piedra verde de jade. Separado estaba un instrumento para batir carnes o fibras y era de forma alargada cilíndrica, sirviendo una mitad como mango y la otra mitad, con rayas incisas.

A los pies tenía tres grandes caracoles de distintos tamaños, buenos todavía para poder dar un gran sonido; el más grande tenía un largo de 28 centímetros, siendo ancho de cm. 18. Los tres estaban embrocados, es decir, boca abajo; estaban rellenos de caracolillos menudos en número de cerca de 400; estaban rodeados con hachitas de piedra verde. Junto con los caracoles estaba también una pipa de barro, pequeña, midiendo cm. 6, una piedra cuadrada, del mismo material de las hachas, de cm. 8 por lado y cm. 1,2 de grosor.

El material de las hachas era variado. Algunas mostraban ser de granito gris, otras tenían un color bello gris verde claro, gris verde oscuro, verde oscuro con manchas claras, y todas algo veteadas. Lo mismo las otras piezas que estaban dentro de los caracoles.

Quise buscar en dónde se encontraba esa clase de piedra tan bella y brillante que me llamó mucho la atención, y la encontré precisamente en el mismo río y entre las piedras de su playa, allí en el mismo lugar un poco más abajo. Estas piedras parecen ser de la misma familia del jade. Entre ellas había una hacha y tres pendientes de piedra negra bien lustrosa. El hacha tenía en la cara una gran raya por todo el largo; era señal evidente de que sobre ella, siendo acaso un poco más dura, habían afilado las puntas de las otras.

Dentro de los caracoles había también una hachita pequeña y algunos adornos de la misma piedra gris verde o de la negra de cm. 8,9 de largo y cm. 1,5 de anchura con cm. 0,7 de grosor. Además, un dije o pendiente en forma de diente de tigre largo cm. 9 y grueso cm. 2, de jade verde brillante y verde claro. También dos cuentas cilíndricas, una de cm. 4 por cm. 1 de grosor y otra más pequeña, y dos cuentas cilíndricas cortas de cm. 1 por lado.

Como se ve, esta era la tumba de un artista, como lo demuestra el número de hachitas de clase fina, de su propiedad, con que se le había sepultado; porque la propiedad de uno, de ordinario pasaba con él a su tumba; y además, lo demuestra también el hacha que le servía para afilar y otra con que golpeaba, sirviéndole de martillo. No se puede decir qué clase de arte ejercía; se puede suponer la escultura; y el estar sepultado en el estrato mediano demuestra una cierta antigüedad, porque a la venida de los españoles, aunque el lugar continuó siendo habitado, como lo demuestra el nombre de Naboríos y la pequeña pieza de loza europea allí encontrada, ya no se permitía sepultar a la manera antigua. En todo caso, este lugar era de gente trabajadora y no de gente acomodada.

Otra tumba notable.—Pasado algún tiempo y llevándose el río más tierra del paredón de la misma orilla, apareció, en septiembre de 1942, otra tumba al lado de la que ahora se ha descrito, y a la misma profundidad de m. 2,70 abajo del nivel del suelo y un poco más cerca del puente.

En el vacío que queda dentro de la tierra apareció el esqueleto de un cadáver recostado boca arriba, con las piernas encogidas y los brazos estirados, según lo indicaban los huesos que quedaban, y eran tan blandos que se deshacían al tocarlos. Es cosa común en todo el mundo.

El cráneo, que también se deshacía, se pudo salvar en parte, es decir, algunos huesos parietales, frontales y uno superior, que era del grosor de cm. 9, y otros de cm. 8. Este cráneo estaba deformado y tan alargado, que desde el mentón hasta la cúspide medía cm. 40 y un poco más, en línea recta frontal. La mandíbula inferior era muy grande, pero proporcionada a la cara y bien redonda.

Bajo el brazo izquierdo estaba un pedazo grande de obsidiana no terminada de cortar, de cm. 11 x 8,5 x 5,5, y un hacha verdosa de cm. 10 x 5,5. En el lugar del cuello, caída a un lado, estaba un collar de 74 cuentas verdes de jade, algunas de ellas en forma de olivas, y una en forma de diente de tigre, de cm. 3 de largo, además de otra un poco más larga que desapareció.

A los pies, entre un pie y otro, tenía una olla en forma de calabaza redonda, de cm. 18 de diámetro y de boca cm. 10. Tenía grabada una figura lineal formada de rectángulos y algún ángulo, de forma rara; estaba hecha con arcilla mezclada con arena con puntos brillantes, bien cocida, y el rojo con que está pintada tenía puntos grises brillantes, y era del mismo con que pintaban los vasos de Copán y llaman COPADOR. Este color, cuando removieron la olla, que estaba entonces húmeda, se removió, dejando solamente los rastros, que, sin embargo, dejan ver qué clase de rojo era aquello.

Junto había también otras tres ollas de distintos tamaños y formas, lisas, del mismo barro, pero más fino y de paredes negras. Había allí un resto de caracol, que fue de gran tamaño. Cerca de las rodillas tenía un vasito como tacita en forma de tronco de cono, del mismo barro, que estaba pintado del mismo rojo que se ha descrito, alto cm. 3 con diámetro cm. 5; y otro vasito en forma de cilindro, alto cm. 4 con boca de 3, de barro negro, que acaso era un botecito para perfumar.

Los objetos aquí encontrados demuestran una persona algo acomodada; la obsidiana servía para sacar navajas o cuchillos, y el gran caracol para llamar o tocar en las fiestas. La forma de las tumbas aquí encontradas demuestra una situación mediana, entre el pobre y el rico.

20.—LOS CRÁNEOS DE GRUESO ESPESOR

En diciembre de 1940, cuando fui a ver el sitio que se ha descrito, el paredón con los tres estratos de tumbas, escarbé un poco para ver si aparecía algo más; escarbando precisamente en la parte inferior, a 5,75 metros debajo del nivel del suelo, además de una mandíbula de niño y otros huesos, me encontré con una parte de cráneo, en donde los vasos sanguíneos del cerebro habían quedado perfectamente visibles plasmados en el hueso. Me llamó la atención el grosor extraordinario, y lo hice notar al doctor Julio Lang, médico notable de Comayagua, el cual quedó también impresionado. El espesor era de mm. 12-13, junto con canillas grandes. La distancia con la tumba superior era más baja de m. 1,55.

Remití en paquete especial estos restos de cráneos singulares al profesor José Imbelloni, del Museo Rivadavia, en Buenos Aires, siendo él precisamente experto en craneología. Notó la singularidad del hecho, pero no se sintió capaz de dar un juicio por el momento, sino que me animó a continuar las investigaciones, por tratarse de un caso singular y aislado.

Entretanto, continué las averiguaciones, y en efecto encontré que también en otras partes se hallaban cráneos de grueso espesor.

Para confirmación de lo que digo, está el hecho que describí en un capítulo anterior, de que Owens, en 1892, encontró en el Montículo 36 de Copán el esqueleto n.° 5, bien preservado el cráneo, que era de muy grueso espesor (very thick).

Ahora bien, en el sitio descrito, es decir, en ese paredón funerario, el cráneo de espesor de 12-13 milímetros no fue el único que encontré, ni solamente en aquel mismo nivel. Efectivamente, la segunda tumba encontrada en septiembre de 1942 y que describí aquí arriba contenía un esqueleto cuyo cráneo, recogido en pedazos, tenía el espesor de 8 y 7 milímetros, y era de un viejo, porque los dientes estaban muy gastados. Y esto se encontró en el nivel mediano.

Otros pedazos de cráneo, del mismo nivel, fueron encontrados separadamente y tienen el grosor de 8, 10 y 11 milímetros. Las paredes interiores muestran bien marcadas las ramificaciones de los vasos sanguíneos, y era de una persona joven todavía, porque las suturas no estaban soldadas como lo están en las personas viejas.

21.—ENSAYO DE EXCAVACIÓN

Se decía que ese paredón de los Naboríos era un cementerio. Para averiguar y acaso encontrar nuevos cráneos de grueso espesor, pedí permiso a los dueños para hacer una excavación. El 24 de diciembre de 1945, con 8 obreros, comencé a excavar una superficie de m. 10 x 10. Después de Navidad continué. Cuando a los tres metros de profundidad, con diez obreros que trabajaban echando al río un pedazo de orilla que de todos modos se iba perdiendo, encontré terreno uniforme y vacío, dejé el trabajo. A pesar de todo cuidado y consideración, no había dado con algún sepulcro. Sin embargo, allí mismo, cerca de la superficie del suelo, se hallaron vestigios de alfarería fina maya de la más antigua.

Es decir, dos patitas de loza fina, muy bien cocida, rosada, muy pequeñas y cónicas, de las más antiguas que comenzaron a aparecer en los vasos, y otra un poco más grande y doblada. El espesor de las paredes del vaso al cual pertenecía la patita primera era solamente de menos de 4 milímetros, y fue traída aquí por el arado. También, junto a la superficie, se halló una hacha pequeñísima que medía solamente

3 centímetros, un poco gastada en una de las caras, señal de que había sido usada como martillo en trabajos muy finos. Solamente esto se encontró en la excavación.

Sin embargo, a algunos de los muchachos los dirigí a buscar en la misma orilla más cerca del puente. Efectivamente, aquí la búsqueda dio buen resultado.

Patas de vasos variadas, desde la más pequeña a la más grande en forma de ubre, con o sin agujeros o con agujeros y ranuras; orejas lisas o retorcidas; un pedazo de vaso de barro negro pero amarillo en la superficie, rojo en el borde, cerca del cual estaba una cinta serpentina aplicada en relieve. Un pedazo de vaso con superficie externa negra y cinta aplicada cerca del borde con cortes verticales; otra pieza de barro amarillo con cuadros de líneas cortas serpentinas y fondo general de color rojo con puntos brillantes como COPADOR, pero gastado. Otra pieza de taza muy fina negra, ahumada por dentro. Dos bustos de figuritas, de barro negro por dentro y amarillo en la superficie: una con las manos sobre el pecho, la otra sobre la barriga, siendo mujer; probablemente encinta, de trabajo muy fino. Otras piezas notables variadas, especialmente una de barro oscuro, de color doble amarillo anaranjado y color oscuro, hechos los dibujos ovalados en líneas concéntricas con el método de la cera perdida o del color perdido, que llaman USULUTÁN, y es la alfarería más antigua, anterior a la Acrópolis en Copán; otras piezas también eran a color perdido, tan común en el Valle de Comayagua.

Terminaré con el hallazgo de una hachita de color verde transparente con vetas blancas, gastada en una de las caras; y finalmente, un hallazgo muy notable, el último: un pedazo de pierna de pavo grabada en la parte delantera con un dibujo muy fino.

22.—EL VALLE DE COMAYAGUA

El Valle de Comayagua fue en un tiempo una laguna unida con la del Valle de El Espino. Terremotos abrieron la puerta del norte y se desaguaron las lagunas. El Valle de Comayagua es una planicie en donde serpentea el río Humuya en una extensión de 300 a 600 metros de anchura.

El paredón que nos está interesando, en las vegas del Guanacaste o Naboríos, está formado por arcillas, arenas y conglomerados, y como parece, se ve en la única formación sedimentaria, varias vetas de estos elementos. En efecto, los tres estratos en donde fueron encontrados los esqueletos y tumbas eran sedimentos arenosos.

23.—CONCLUSIONES

Las tumbas en Honduras parecen haber comenzado, como en otras partes, con defender al cadáver del peso de la tierra: *Sit tibi terra levis* ("que la tierra te sea leve"), auguraban los romanos al que iba al sepulcro. Así, tumbas comunes eran las que llevaban una laja a cierta distancia sobre el cuerpo del muerto. Esto se observa aún en las riquísimas tumbas cruciformes, en donde sobre la cámara está situado un gran tambor de piedra que la tapa, y encima la estatua o estela, mientras que, en vez de esta, sobre la tumba se hacía un montículo de tierra más o menos alto y grande, según la importancia del personaje. Se sepultaba en las casas, que muchas veces se abandonaban, o detrás de los templos, o se construía un montículo con un templo.

Los grandes personajes se incineraban; pero se han encontrado vestigios de fuego, como en el paredón de los Naboríos, en donde, en un hueco a m. 2,79 del suelo, parecía haber habido cremación de huesos que no se incineraron del todo y formaron como una estatua de terracota, que alguien se llevó después de haberla yo descubierto en 1940. Muchas veces, con el difunto se ponía carbón de leña y colores, especialmente el rojo. Este color era el del ORIENTE; el negro carbón era color del OCCIDENTE.

Una cantidad de comidas y bebidas se llevaba al muerto: esto explica la presencia de vasos, tanto más numerosos cuanto más poder tenía el muerto. Se acompañaba al muerto también con animalitos, probablemente favoritos, para hacerle compañía, o perro para guiarlo, o también animales para comerlos en la otra vida. Los haberes y riquezas del muerto se llevaban a la tumba o se incineraban. Así se explica la presencia de cuentas de jade u otras cosas rotas en tumbas de poderosos.

Instrumentos para los artistas, especialmente hachas, o puntas de flechas y cuchillos de obsidiana eran cosas comunes.

Aquí termino repitiendo que la tumba era la otra casa del muerto, y en toda América, y más entre los mayas, se creía firmemente en la VIDA EN LAS TUMBAS.

Tegucigalpa, octubre de 1947.

XIX: LAS CUEVAS QUE FUERON OCUPADAS POR LOS MAYAS EN HONDURAS

1.-LAS CUEVAS Y SU FORMACIÓN

La formación de las cuevas la estudian los geólogos, quienes dicen que puede ser de diversa manera: por las aguas que se infiltran y corroen el subsuelo, aun por ser cargadas de ácido carbónico que disuelve la caliza y forma las estalactitas y las estalagmitas en grutas pequeñas o grandes y muy extendidas; o porque poco a poco se vienen separando piezas tras piezas, formando vacío en el interior del suelo, o si no por otras razones. Las forma también el mismo hombre, para cavar minerales que ocupa o para encontrar un abrigo. En Honduras, las grutas o cuevas son, de ordinario, naturales; pero muchas de ellas fueron habitadas por vivos; en otras se colocaron cuerpos de difuntos; otras se grabaron; y en otras se encuentran figuras pintadas. Hablaré de las dos primeras clases que yo he encontrado y visitado, ya que no puedo hablar de la multitud de cuevas que existen en Honduras, en las cuales se encuentran restos humanos, pero que escapan a la ordinaria observación.

2.-GRUTAS DE COPÁN

George Byron Gordon, en 1896-97, exploró en los alrededores de Copán cuatro cuevas con restos humanos y utensilios con piezas de alfarería hermosa de hechura maya, como se puede ver en la publicación n.° 1 de las *Memorias del Peabody Museum*, Cambridge, Mass., 1898. También el Sr. Gustav Stromsvik, *Guía de las Ruinas de Copán*, Tegucigalpa, 1946, dice: "En la capa de piedra caliza de estos desfiladeros hay numerosas cuevas, y casi todas presentan señales de una primitiva ocupación humana."

3.-CUEVAS DE OLANCHO

En la región de Olancho se encuentran muchas cuevas. Las más afamadas son las que existen en las cercanías de Catacamas, en donde fue fundada, en 1540, San José de Olancho el Viejo.

Cueva de Camasquire.—A 1 kilómetro de Río Tinto y dos leguas y media de Catacamas al NE., se encuentra la cueva de este nombre. Fuera de ella hay montículos antiguos. El Sr. Arcadio Sánchez, que vive en Quebrachal, fue el primero que bajó a la cueva, a más de 4 metros bajo el suelo: va adentro unos 60 metros, con ramificaciones. El Sr. Sánchez sacó vasos y posee una piedra de moler no muy grande, con una greca esculpida en el borde. Había unos 50 vasos o más, algunos podridos por la humedad: eran muchos de un solo color, es decir, de uso común; otros con dibujos grabados y otros policromos; de tres patas los más; reunidos en hileras a los lados de la cueva, a la entrada, por unos doce metros a lo largo y también metidos en alacenas naturales o cavadas en las paredes. El Sr. diputado Dr. Gregorio Lobo, el Sr. Alberto Díaz y el Sr. D. Agustín Figueroa, me dieron tres cántaros sacados de allí; uno policromo. Había piedras de moler y grandes caracoles: un hueso del brazo puesto sobre una alacena; muchos ruedos de piedra fina blanca y azulada para asentar vasos (más bien debe tratarse de grandes orejeras de jade), además un idolillo de jade. Los montículos de afuera son de tierra y piedras, y entre ellos se han encontrado piedras de afilar usadas.

Aquí, dicen, vivía el Indio Camasquire, y era la región de los QUILES, que eran los indios más puros, con los Torebas de la región de Catacamas. (Véase la primera parte, *Etnología*.) Es posible que fuese una tumba y los vasos ofrecidos al difunto Camasquire, uno de los jefes. Es posible, también, que fuese un depósito o un tesoro, ya que las riquezas de esta gente maya consistían en plumas, objetos de adorno de jade (como entre nosotros los de oro) y vasos.

Cerca de Catacamas existe otra cueva renombrada: la de LA AVISPA, en el Boquerón, cerca del destruido San Jorge de Olancho, que fundó Alonso de Cáceres, 1540. Encontraron en ella muchos huesos humanos y esqueletos.

4.-LA CUEVA DE LA VACA CHINGA

Cerca de La Guata está el Cerro de la Vaca Chinga y allí una cueva, en cuya entrada está una piedra plana que de cerca no tiene nada de particular, pero de lejos se ve como en figura de una VACA CHINGA (o sea, sin cola). Dicen que en tiempos anteriores los Guatas entraban en la cueva a hacer pacto con el diablo para volverse ricos y tener mucho y buen ganado. Todavía existen creencias de que los Guatas pueden volverse micos, y sus mujeres lechuzas, y de noche aúllan y no dejan dormir.

5.-EL CERRO DEL ENCANTO

Hay también un cerro que le llaman del ENCANTO, porque allí, en una cueva, van los brujos y hechiceros a bailar, bien vestidos, con trajes que conservan dentro de la cueva; y hay músicos, cuyos instrumentos son de la misma CUEVA ENCANTADA.

OTRA CUEVA.—A cerca de 3 kilómetros de La Guata, al NE., hay una cueva calcárea de donde nace el Río Chiquito: es muy larga adentro, con cámaras de estalactitas y estalagmitas. Caminé dentro por unos diez minutos. Es la Cueva de Zacualpita.

6.-CERRO BRUJO Y LAGUNA BRUJA

Cerca de Yocón y al occidente de Medina, en región de COMAYAGÜELA, que está distante poco más de 7 leguas, al pie de Medina, está la boca de una CUEVA que dicen llega hasta la LAGUNA BRUJA, la cual se encuentra al pie del CERRO BRUJO. En tiempos antiguos, todos los años iban a la Laguna Bruja y hacían grandes fiestas y bailes, y dicen que a veces no podían salir de allí si no iba un sacerdote a sacarlos. El embrujo consistía en que en medio de la fiesta aparecía un toro que se metía en la laguna e iba a salir por la otra parte subiendo al cerro. Otro cuento decía que como la laguna era honda, la gente que entraba en el agua no salía hasta muy tarde, hasta la noche; decían que en el Cerro Brujo había una puerta y por allí se metía la gente hasta pasar a otro pueblo que está de la otra parte. Y que la fiesta era tan alegre, que no podían regresar tan luego los que se zambullían, y por eso tardaban en volver... Otro señor, Filiberto Rivera, oyó de sus abuelos que el encanto era una comparsa y ficción, que algunos de los asistentes se zambullían y regresaban muy tarde. Y que el encanto del Toro era en la Hondura del Toro, más acá de Quintanilla, adelante de La Cañada, en el Río Yaguala.

7.-LA CUEVA DEL ENCANTO DE LA HONDURA

El encanto consistía en que sacaban de allí oro puro con cincel. El Sr. Rosendo Martínez, que vive allí y tiene 76 años de edad, dice que son lavaderos de oro. En la Hondura había una cueva que por el subterráneo venía a dar debajo de la casa. En ella los viejos de antes y el propietario de la casa se metían a sacar oro. Eran muy ricos.

Esta cueva está a mitad del camino de Mangulile, en donde yo mismo me bañé en la "Quebrada del Oro", frente a la cual hay una cueva en donde sale el agua y allí han sacado y sacan mucho oro.

8.-CUEVA DE LAS CAÑAS

Cerca del pueblo de Silca, hay una cueva con piedra de salitre, con cuartos grandes, y el Sr. Feliciano Murillo sacó de allí un esqueleto que tenía una tinajita a su lado. Allí había una población antigua y quedan muchos montículos de donde sacan antigüedades, figuritas, piedras de moler, etc. Cuando los españoles vinieron, echaron a los indios y les quitaron el tesoro.

9.-CUEVAS DE CAÑA BRAVA, DEL MANEADERO Y CUEVA TROZADA

A tres cuartos de legua al Norte de Santa Cruz del Guayape, existe una montaña caliza en donde hay varias cuevas. Una grande que entra muy adentro. Es la de Caña Brava. Otra, que está enfrente, la llaman del Maneadero, acaso porque echaban allí bestias maneadas, o sea, amarradas de las patas delanteras para que no pudiesen huir. Al Sur de la población existe otra que llaman la Cueva Trozada, porque hay un corte artificial en el cerro formando cavidad o bóveda. Dijeron unos viejos que allí habitaron indios de una tribu igual a la de los Hicaques de La Flor, y que de allí fueron a la Cueva de Caña Brava y a La Flor. Observé restos de tacitas cavadas en la piedra para recoger el agua y restos de asientos y camas y alacenas, todas cavadas en la piedra. Los Indios Hicaques de La Flor vinieron de Santa Marta.

10.-REFLEXIONES SOBRE LAS CUEVAS DE OLANCHO

Todas estas cuevas tienen sus leyendas. Contienen restos o se puede suponer que allí vivieron.

Entre Esquipulas del Norte y La Guata, donde viven todavía indios puros antiguos, a mitad del camino, un viejo de 79 años, Jesús Ortíz Hernández, me mostró el lugar donde era el pueblo viejo de los payas. Los guatas dicen que se mudaron al sitio actual, porque un sahurín (adivino, palabra que se usa todavía entre los lacandones), después de un diluvio, o llena del río, les dijo que solamente en este lugar donde viven actualmente no vendría a destruirlo el diluvio.

En jurisdicción de Manto, no muy lejos de La Guata, había una mujer hechicera, Isabel Paguada, que desterraron para la costa, que tenía sus oraciones secretas con que pretendía curar a los enfermos, y celebraba sus sesiones secretas con muchas personas, en la selva y en cueva. Era hija de un indio, originario de Zacualpa o Pueblo Viejo, o sea, antigua población de indios. Las oraciones las había aprendido de su padre.

En estos parajes, entre los Payas, el padre franciscano Goicochea fundó dos pueblos: San Esteban y Pacura, en el Valle de Agalta. Más al Norte está La Guata. Un día fue engañado por su sacristán, que le pidió permiso para ir a ver sus parientes, y resultó que con otros iba a celebrar una fiesta de indios en una gruta sagrada, con ritos antiguos, y vio cosas que describió Goicochea: no son cosas bárbaras: son horribles, con desenfrenos histéricos y bestiales. Lo he descrito en la segunda parte de este libro, al tratar de los Payas.

En las cuevas de las rocas de Mangulile, en donde está la "Boca de la Quebrada del Oro", los revolucionarios antiguos se guarecieron llevándose alimentos para quedar escondidos.

Y en Guaimaca, en las cercanías, se encuentran entre los montículos piezas con el rojo con mica brillante; y una cueva, en el Plan del Ciruelo, donde dicen habitaron los indios.

11.-LAS CUEVAS DEL RÍO SULACO

En Punta Colorada, y en Los Noques, existen dos cuevas de donde sacaron muchas calaveras. Están cerca de Sulaco y cerca de Victoria, sobre el Río Sulaco, afluente del Humuya. Aquí hay grandes montículos y restos antiguos en todas partes, especialmente en Tascalapa, a poca distancia de Sulaco.

Aquí, los mayas primitivos deben haber inventado el calendario. Era este lugar en donde Hernán Cortés, con informaciones de México, desde seis años, había localizado la famosa Hueitlapalán, la patria, el oriente, de donde vinieron los mayas cuando se dirigieron la primera vez hacia el occidente.

Desde Victoria, subiendo hacia Yorito, en el camino que va para Minas de Oro, en Santa Cruz, hay una cueva y un "observatorio"; en el TABLÓN, en rocas de piedra caliza, está la CUEVA DE LAS CALAVERAS.

12.-REGIÓN DE COMAYAGUA.-TENAMPÚA-JESÚS DE OTORO

Comenzando por el Valle de Jesús de Otoro, en donde hay numerosos y grandes montículos y restos mayas que yo por primero visité y describí (*Los Misterios Mayas del Valle de Otoro, Rev. Geogr. Amer.*, Buenos Aires, julio de 1943; *Revista del Archivo y*

Biblioteca Nac., 1942, Tegucigalpa, 1942), existen cuevas importantes con petroglifos.

13.-CUEVAS DE TENAMPÚA

En Tenampúa existen cuevas. Algunas entran adentro varios metros; pero la leyenda dice que atraviesan la montaña hasta la otra parte. Tenampúa era población maya. En tiempos modernos, los revolucionarios la usaron como fortaleza.

Valle de Comayagua.—Existen varias cuevas; algunas de salitre; se dicen cosas de ellas.

Una de las más notables es la Cueva de EL SITIO o del Ermitaño. Situada a unos dos kilómetros al NE., en la hendidura de los montes calizos, se han encontrado en ella algunos cráneos: uno cubierto de carbonato de cal de una estalagmita; lo sacó el coronel Sanabria y está en el Museo. Es de frente achatada.

14.-REGIÓN DE MARCALA Y OPATORO. REGIONES DE LOS GUAJIQUIRO

En los cerros de Chinacla existen muchas cuevas desparramadas. También cerca de Marcala se encuentran muchas cuevas importantes.

CUEVA DE CAPIRO.—Capiro es nombre maya; *cab-il-ob*, es un plural colectivo de *cab*, tierra, y significa: la gente de la tierra, o sea, los indígenas. Efectivamente, en una explanada, a unos 150 metros sobre la actual Marcala, estuvo la primera población, y allí se llama Pueblo Viejo: hay restos y montículos.

Un poco más abajo de Capiro, en roca de talpetate, o Talpuca, o sea, granito no cristalizado, hay una cueva, de unos 10 metros de diámetro y 2,30 de altura, con dos aberturas y varios pocitos cavados en la piedra para recoger el agua que allí se destila. Parece que era propio de los mayas este cuidado, ya que también en Tenampúa existe. El cielo de la cueva está ahumado. Es muy cómoda y aquí vivieron.

CUEVA DE LA GOLONDRINA.—En el camino de Marcala a San José, un poco a la derecha, en una garganta de montaña de pura piedra, están en un lado y otro, dos cuevas: una es muy honda y se va en cuatro pies; hay estalactitas. La otra, a la izquierda, es alta y poco honda: aquí vivieron, y en la pared hay como camas cavadas en la piedra para descanso.

CUEVAS DE GUANIZALES.—A la altura de 1.465 metros sobre el nivel del mar, en la cima de una ladera, un poco abajo del nivel superior de la roca de talpetate, hay seis cuevas. La primera y menor es de cerca de 2 metros alta, 4 m. ancha y 8 m. larga. En las paredes están cavados los bancos para descansar y pocitos para recoger el agua, además de una especie de tanque y de fogón; el cielo está ahumado; hay agujeros para amarrar las hamacas; restos de ollas modernas en el suelo.

La segunda era el dormitorio, con bancas cavadas para descansar.

La tercera tiene una abertura de m. 1,50, y hasta el fondo, como a 60 metros, se debe llegar a gatas, porque está hecha como un tubo circular. Está regada de huesos de muertos bajo una capa delgada de polvo muy fino. Saqué de ella un pedazo de cráneo de 10 mm. de espesor, dos tuzas de maíz, y dos piezas de petate o estera, de tejido igual a los modernos; es de TULE, o sea, de una espadaña que nace en las vegas de los ríos, y siguen haciéndolo así también ahora; mientras que la trama de los sombreros es la misma, pero el material es de palma o de "petatillo", otra clase de palma. Se debe anotar que el petate era la "estera" de los mayas, señal de señorío, y esta misma trama se ve pintada en los vasos mayas.

La cuarta cueva, a donde se llega más fácilmente, tiene la boca de dos metros, es también como un tubo, pero se camina un poco más fácilmente por unos treinta metros, y desde la mitad tiene huesos en cantidad, regados, como en la tercera, de grandes y de pequeños y acaso de mujeres, juzgándolo por el bacino grande. A estas dos cuevas se va subiendo por arbolitos, porque están altas.

Entre la tercera y cuarta hay una muy pequeña.

CUEVA DEL CERRO VERDE.—Al sur de Cabañas o Similatón, en el Cerro del Brincadero, o Gaspa, hay "encantos". Al pie del cerro está una cueva con agua al fondo; allí van a rezar, porque a las vertientes les rezan.

CUEVA DE LA CURQUINCA.—Hacia el sur de Similatón, a distancia de 3 leguas, en la peña hay una cueva con agua, y cae una gota sobre una piedra en figura de sapo (un estalagmito), y la gota parece que dice: "Curquinca".

CUEVA DE LOS GENTILES.—Distante cerca de una legua al S. de Similatón. Fui a verla. Se va por un despeñadero de talpetate, y en una pared de la peña está la cueva, encima de un barrancón altísimo. La boca es alta m. 1,10 y el cielo lo mismo; es larga m. 6 y ancha 4,25. Dentro hay huesos de muertos y dicen que llevaron muchos unos maestros para reconstruir un esqueleto. Dicen que los gentiles, "al tiempo de Colón", los que no eran bautizados, aquí se refugiaron y murieron de hambre por no querer servir. Por lo que me parece, aquí se puede uno refugiar, pero difícilmente puede vivir, y es posible que la cueva sirvió de cementerio.

CUEVA DE CUCULTINA.—Está cerca de Cacaoterique. De allí salían los cerdos monteses y allí se pierden. Es baja; está al pie de una gran peña o peñasco vertical. No hay señas de haber sido habitada. Pero tiene leyendas. Dicen que iban de noche para tratar con la persona que vivía allí o al espíritu que le daba valentía. Otra leyenda es: de Curarén venían aquí a probar a los Cacaoteriques para ver si eran valientes; llegaban convertidos en animales, y trataban de sacar del templo al Patrón Santiago (la estatua del Santo). Entonces los brujos de este pueblo los capturaban, los azotaban con un azote y los rociaban de resina, pegándoles fuego. Para ellos mandaron a hacer un horno especial que aún se conserva y he visto, en el límite de la población.

CUEVAS DEL CHIFLADOR.—Para ir a la gran cascada del Chiflador, se pasa al pie de los peñascos, en donde se abren muchas cuevas.

CUEVA DE MULACÍN.—Está por el lado del Río Humuya.

LEYENDA DE LA CUEVA DE OPATORO.—Más allá está Opatoro, lugar de antiguos Guajiquiros: antiguos mayas serranos. Allí había un cacique de nombre Chiligatoro o Chiligastero. También otro cacique llamado Acuquinca, que tenía su morada en otro cerro que da para El Salvador. Los dos estaban enamorados de una princesa, llamada Sarabanda, que vivía en una laguna cercana (existe con el mismo nombre; está seca).

Ella no quería al primero, pero le tenía miedo. En una visita que Acuquinca hizo a la princesa, y mientras estaban platicando los dos amigablemente, vino también Chiligatoro; de lejos los divisó y bajó como un torbellino y se lanzó sobre Acuquinca, que huyó. Al no poderle capturar, Chiligatoro le disparó un flechazo en el momento que el otro bajaba del otro lado del cerro. La flecha traspasó el cerro, y allí, todavía, se ve una abertura, abierta por la flecha de Chiligatoro.

Es en el Cerro Acuquinca en donde se ven como unas aberturas en forma de ventanas.

Esta leyenda es la misma del legendario Kukulcán, acaso es aquí originaria y única en Honduras; es el sol que penetra las montañas, y se mete dentro para reaparecer por la mañana; es, tal vez, la figura, tantas veces repetida en los vasos mayas de Honduras y copiada en otras partes, de las montañas escalonadas con un agujero en la base.

15.-CUEVAS DE INTIBUCÁ Y CAMASCA

En la región de Intibucá existen muchas cuevas que fueron habitadas, a lo largo del Río Intibucá, que está encajonado entre lomas abruptas; varias con estalactitas y estalagmitas.

El Sr. Anacleto Mejía h. conoce muchas cuevas. Una de las más notables es la Cueva de Charupa. En el lugar del Agua Blanca, a 3 leguas al sur de La Esperanza. La conocen con el nombre de La Polvorosa. La cueva es pequeña. El Sr. Anacleto encontró en ella un pichingo de piedra blanca, como de pedernal: probablemente era jade, midiendo unos 10 centímetros. Otras figuras de barro, como monos; se llevó el pichingo el Sr. R. Girard.

LA CUEVA DEL AGUA BLANCA.—A 6 leguas al Sur de La Esperanza, en el camino de Lepaterique. Será honda unos 4-5 metros, ancha 2 m., alta 4 m., en la orilla de la quebrada que va al Río Intibucá. El Sr. Anacleto encontró allí un vaso y dos cantaritos, además de una calavera descubierta, y debajo de la primera capa de arena floja, muchos huesos humanos y varias calaveras todas en un grupo. Eran redondas; una muy grande achatada en la frente, y otras más pequeñas. La calavera grande estaba arrimada a la pared, a la derecha de quien entra, hacia el Norte, en la superficie. Al escarbar, encontraron otro depósito de muchos huesos y otras calaveras. La olla era policroma, ricamente pintada y representaba a un señor con "chilillo", para azotar, y tres hombres arrodillados, uno de los cuales con cuerda al cuello.

La Cueva con mano pintada de negro es pequeñita. Todas estuvieron habitadas; en otras se encuentran restos humanos.

Otras Cuevas.—Son Las Cuevitas, en el camino de Yamaranguila a Guancapla. Entre ellas hay la Cueva del Venado, así llamada porque en lo alto una figura de piedra natural parece un cuero de venado, y la Cueva del Gavilán.

En derredor de Camasca existen varias cuevas notables. Una de ellas, la **CUEVA DEL SISIMITE**. El Sisimite, dicen, era un Gigante; se debe entender que el Sisimite era el CHAC de los mayas, el que sostiene el cielo, el dios del agua. La cueva está a una legua al occidente de Camasca; es grande, hay que subir; en el interior, en lo que llaman cocina, hay en el muro una mano con sus dedos. Esta leyenda tiene semejanza con la de la Piedra Rayada del Cerro Cerique de Cojonguera; las rayas en esa piedra dicen que son producidas por los Sisimites que vienen a medianoche a rascarla con las uñas.

CUEVA DEL DUENDE.—En el cerro de Candelarita, jurisdicción de Piraera, 2 leguas al N. de Camasca, pasando el Río Guarajambala en maroma. En la ladera del cerro, en el lado sur mirando al río, la peña de talpetate está desnuda, lisa y a plomo, formando un vacío o media cúpula. Aquí hay cinco figuras de venado pintadas en rojo. La leyenda dice que los cazadores, llegando a esta "cueva", no ven más al venado que persiguen; se pierde aquí, en donde el "duende" se lo quita porque es el dueño de los venados. El duende es un espíritu legendario.

La Cueva de Piraera, según la leyenda, es tan larga que desde los pies del Santo que está en la iglesia llega hasta muy lejos, y tiene relación con el Héroe Lempira.

LAS CUEVAS DE LEMPIRA.—En el Valle de Copán, donde se libraron las hazañas del Héroe nacional, Lempira, existen muchas cuevas, en las laderas de las empinadas montañas. En la misma fortaleza, el Peñón de Cerquín, en donde cayó Lempira, existen varias cuevas, probables refugios de los guerreros contra los españoles.

En la parte oriental del Peñón, en donde está la atalaya y antes de subir unas piedras grandes que llegan a la misma cumbre, por el lado donde yo subí, un salvadoreño, don Jesús Regalado, por el año de 1908 destapó una cueva, que después se ha medio tapado por piedras caídas; en esta se baja unos cinco metros, y el señor Regalado excavó unas gradas en la piedra. Al fondo están como tres galerías, que llaman "calles", en tres direcciones diversas, tan anchas, que caben dos hombres de lado, y tan largas como unos diez metros. Aquí se encontraron tiestos toscos, y el señor Regalado encontró piedras preciosas, que el padre de Ildefonso Díaz (que vive en Erandique) vio y lo contó a los hijos.

LA CUEVA DEL LEÓN.—Subiendo la serranía desde el pie de Cerquín y antes de llegar a la cima donde hay restos antiguos, se encuentra la Cueva del León. Es un portillo alto de poca hondura, formado por la pared de la roca que se ha desgastado por piedras caídas, y la gente ve debajo del arco, como una figura de piedra en forma de león. Me costó mucho reconocerla. Pero la están viendo.

16.-CUEVAS DEL OCCIDENTE DE HONDURAS

Saliendo de la ciudad de Santa Rosa de Copán y pasando por San José para ir a Naranjito, frente a Piedra Canteada, en la falda del cerro, arriba, está una cueva, que le dicen del Padre Irías. El Padre Irías estaba entonces a la cabeza de la Iglesia, en Comayagua, cuando Morazán hizo los famosos decretos, despojando a la Iglesia, que no era numerosa de clero secular ni regular, ni era rica; ya que un terreno quitado a una cofradía, no dio al fisco sino 71 pesos y centavos. El Padre Irías pasa por haberse metido en política; en realidad, quiso defender la Iglesia de atropellos cuyas consecuencias se resienten todavía en Honduras, por la escasez de clero y pobreza de las iglesias. El Padre Irías tuvo que huir de Comayagua, y vivió aquí en esta gruta. Las memorias que quedan entre la gente dicen: El Padre Irías, huyendo en 1826, se trajo aquí el tesoro de candeleros, custodias, mitras, ornamentos, etc., y lo escondió en un lugar llamado El Camalote, donde hay una cueva natural que lleva su nombre, la cual le proporcionó habitación y poco a poco se dio a conocer de la gente, especialmente de D. Cirilo Claros, que lo encontró y le dio alimentación. Allí vivió 15 años; en 1840 murió y fue sepultado en la iglesia.

17.-LA CUEVA Y EL TESORO DE LEMPIRA

Don Jeremías Cisneros Milla, en Gracias, me contó que D. Inocencio Cruz, de Erandique, con su hermano Justino, habían visto una cueva tapada por una gran piedra, y que suponen que sea esa la Cueva de Lempira. Las personas que conocen eso tienen miedo de tocar esa piedra y levantarla para conocer lo que hay. Está en el Cerro Coyocutena en el camino de Erandique a San Antonio. Suponen que el tesoro esté enterrado allí.

Por otra parte, en los alrededores de Naranjito y pueblos circunvecinos, en el Departamento actual de Santa Bárbara, ha permanecido hasta ahora la leyenda del Tesoro de Lempira. Una de estas dice que Lempira mandó todo su tesoro por el camino de Talgua y Lepaera al Lago de Yojoa, con indios cargados. Efectivamente, en Lepaera han cortado un gran montículo todo de piedra tallada, para encontrar en el centro un tesoro. Y en El Jaral, sobre el Lago de Yojoa, se han encontrado, en los montículos, grandes cantidades de vasos policromos mayas, ricamente pintados.

La leyenda de Naranjito refiere que cinco mil indios fueron cargados de oro (¡Cuidado! Lempira y los mayas de Honduras no usaban oro.) que llevaron a esconder en una cueva, o sea, la **CUEVA DE PENCALIGUE**, que se encuentra al NE. de Naranjito, en el municipio de Atima, en el Cerro de Pencaligue, a 6 leguas de distancia de Naranjito.

CAVERNA DEL MACICAL.—A 4 kilómetros al Sur de San Nicolás, se encuentra esta gran caverna, muy conocida por sus grandes salones de estalactitas y estalagmitas, y en donde se hallaron esqueletos de huesos muy grandes y muchas vasijas de barro. Está cerca de Santa Bárbara.

18.-REFLEXIONES SOBRE LAS CUEVAS DE HONDURAS

Muchísimas son las cuevas que existen en Honduras; algunas conocidas universalmente, como la legendaria FUENTE DE SANGRE, cuya sangre en montoncitos, lavada por los chubascos de invierno, y proporcionada por pocos vampiros que allí se van a dormir, cae en forma de agua teñida de oscuro y forma la base de la leyenda. Otras son conocidas solamente por los habitantes del lugar o de la región, y por poquísimos visitantes; otras muy poco conocidas. Varias están cerca de Siguatepeque, en cuyas montañas se refugiaron, huyendo del Valle de Comayagua cuando llegaron los españoles.

Variedades de Cuevas.—Como ya se ha visto brevemente, casi todas son naturales. Las hay también pintadas o grabadas. Casi todas fueron habitadas. ¿Los Trogloditas?—Según se entiende, en la primera acepción, Troglodita, del latín *Troglodytae*, y del griego *Troglodytes*, significa "el que habita en cavernas"; en la segunda acepción, en sentido figurado, se dice del "hombre bárbaro y cruel". Lo aplican también a los hombres más primitivos y antiguos.

19.-FINALIDADES DE LAS CUEVAS EN HONDURAS

Sea lo que fuere, las cuevas en Honduras, en su mayor parte, fueron habitadas. El porqué fueron habitadas estriba en razones muy fáciles de comprender: pobreza, comodidad, seguridad. Por quienes fueron, en mi concepto, nada más que gente maya serrana, antes de la llegada de los españoles; y aun, pudieron ser habitadas con interrupciones: otras fueron la casa de los muertos, y esto para siempre. Pero, después de la llegada de los españoles, los indios de Honduras, los mayas, se refugiaron en las montañas y en los cerros, escondiéndose   en   grutas.

De todo esto tenemos como testigos a Francisco de Montejo, el Lic. Pedraza Espino, franciscano, quien vino a Honduras en 1668, y refiriéndose a la región del Valle de Jamastrán y la Segovia, dice en su relación: "...Volvíme al pueblo de S. Buenaventura, que había yo poblado, el cual estaba despoblado. PORQUE LOS INDIOS, VIÉNDOSE SOLOS, SE FUERON OTRA VEZ A LA MONTAÑA Y SE METIERON EN UNAS GRUTAS, TEMEROSOS DE LOS DE SANTA MARÍA, SUS ENEMIGOS." Así dicen las relaciones de los testigos oculares; así dicen los restos que encontramos en las grutas. Y les debemos creer.

Tegucigalpa, 17 de noviembre de 1947.

XX: CRÁNEOS DE GRUESO ESPESOR EN HONDURAS

1.-EL CRÁNEO DE LEMPIRA

Los cráneos gruesos se relacionan con la arqueología, especialmente porque pueden ocasionar modificaciones en las figuras humanas y sus representaciones, como por los adornos ulteriores que acaso necesitan.

El cráneo de Lempira debió tener un grueso espesor; a esta conclusión llegué razonando sobre la muerte de Lempira, quien, y esto lo deduje de las circunstancias que acompañaron su muerte, no debió morir inmediatamente cuando cayó en el Peñón de Cerquín, sino que mientras lo llevaban moribundo, falleció en Piedra Parada, en la entrada del Congolón. (Véase mi obra: *Lempira, el Héroe de la Epopeya Nacional, Rev. Arch. Bibl. Nac.*, 1941.)

2.-LOS CRÁNEOS DE LOS INDIOS, SEGÚN GÓMARA

Gómara (*Historia de las Indias*, capítulo: "Costumbres de los del Darién"), afirma lo siguiente, acerca de los indios de esa región: "Casquetes no los han menester, que tienen las cabezas tan recias, que se rompe la espada dando en ellas; y por eso ni les tiran cuchilladas ni se dejan topetar."

3.-CRÁNEOS GRUESOS QUE ENCONTRÉ EN HONDURAS

Ya desde 1940, en las Vegas del Guanacaste o Naboríos, en la orilla izquierda del Río Humuya, frente a Comayagua, me llamó la atención un pedazo de cráneo que recogí a 5 metros de profundidad, en la orilla que se había derrumbado y contenía varios cadáveres en posición supina, a m. 1,50, m. 3 y m. 5 bajo el nivel del suelo. Precisamente de la tumba de más abajo salió un pedazo de cráneo que me llamó la atención; lo medí y era del grosor de 13 milímetros. Lo hice ver al Dr. Julio Lang, de Comayagua, que se mostró, como yo, maravillado, y lo mandé a Buenos Aires, al Prof. José Imbelloni, especialista en la materia en el Museo Rivadavia, quien se mostró muy interesado y me instó para que con algunas excavaciones verificara si este era un caso aislado o si se encontrarían piezas análogas.

Otra pieza encontré después en otra parte, de 11 milímetros de espesor.

Finalmente, este mismo año, en una cueva cerca de Marcala, y precisamente en la tercera del grupo de seis, llamadas Cuevas de Guanizales, la cual, siendo de forma tubular con un diámetro de m. 1,50, y su longitud en nivel plano, de unos 60 metros, contenía los restos de muchos cadáveres en esqueletos, y el pedazo que me vino a la mano, con la piel seca todavía pegada, tenía un grosor de 10 milímetros. Hechas otras pesquisas, supe que en varias partes se han encontrado cráneos análogos. Uno de estos fue encontrado en 1892 por Mr. Owens en uno de los montículos de Copán que él excavó y señaló con el n.° 36, n.° 8. Dice: "Cráneo aplastado: pedazos muy bien preservados, y de muy grueso espesor." (*Peabody Mus., Memoirs*, 1, Cambridge, 1896-1920.)

Tuve noticias de otro, de grueso espesor: lugar "Finca 11", del Valle de Sula, en el lugar llamado "El Remolino", frente a la "Playa del Muerto", sobre el Río Ulúa, a cinco metros de profundidad. Finalmente, en el Museo de Tegucigalpa existe una máscara hecha con la mitad delantera de una calavera, cuyo hueso, en la parte superior de la frente, mide ocho milímetros de espesor.

4.-CONCLUSIONES

Por lo que se ha expuesto, el cráneo de grueso espesor no se debe a casos aislados, ya que se ha encontrado a diversas profundidades y en sitios muy apartados los unos de los otros; y por lo tanto, corresponde a lo que observa Gómara, que, a lo menos, ciertos indios poseían un cráneo muy grueso y muy duro, que resistía las cuchilladas de los españoles.

Tegucigalpa, noviembre de 1947.

XXI: PETROGLIFOS Y PICTOGRAFÍAS EN HONDURAS

1.-NOMBRES Y COSAS

Petroglifo, del griego *petra*, roca, y *grapho*, esculpir, significa escultura o grabado en la roca; pictografía, del latín *pictum*, pintado, y del gr. *grapho*, dibujar, es dibujar con pintura. Se entienden con estas palabras aquellas figuras grabadas o pintadas, comúnmente en las rocas. Se encuentran también las dos cosas juntas: petroglifos pintados, como en Montelimar, en Nicaragua. Existen en Honduras muchos petroglifos y pictografías.

2.-PETROGLIFOS EN HONDURAS

Las Piedras de Picila.—Describí ya estas piedras en mi trabajo: "Los Misterios Mayas de Jesús de Otoro", *Rev. Arch. y Bibl. de Honduras*, 1942; *Rev. Geogr. Amer.*, Buenos Aires, 1943. Aquí doy la noticia y una breve descripción. Dentro de la montaña de Casise, en la Cordillera de Montecillos, al Este de Jesús de Otoro, en la Quebrada Santa Cruz, existe el lugar llamado Pisila o Picila (1.000 m. sobre el nivel del mar). En la pendiente pedregosa se encuentran varias piedras grandes, en cuyas superficies lisas los indígenas de otros tiempos han grabado varias figuras.

Piedra primera: Es la más lejana del grupo; mide en superficie m. 5,16 por m. 5,18, siendo alta m. 2,28 sobre el suelo. Sobre la superficie irregular fueron grabadas figuras de monos, otras figuras que parecen escaleras, algunos pocitos redondos, una rana y algunas espirales. Los pocitos y las líneas de escaleras están en fila, siguiendo la inclinación de la piedra, como si el agua debiera pasar de un pocito a otro, sin estar comunicados.

Piedra segunda: Se halla en la misma pendiente, como a unos 300 metros de distancia. Es una piedra grande, plana, inclinada, casi a nivel del suelo, de forma algo rectangular. También sobre esta se hallan grabadas figuras de monos y otras figuras. Entre ellas se destaca un quetzal. Los dibujos son más grandes, simétricos, de líneas más rectas y geométricas, de un estilo algo semejante a los que se hallaron en la Gruta de Montelimar, cerca de Managua, y a otros publicados por Samuel Lothrop (*Pottery of Costa Rica and Nicaragua*, págs. 94-96).

Piedra tercera: Es una gran piedra formando cueva. En el plano superior tiene algunos pocos grabados de ranas y de figuras poco importantes. En la cueva habían sepultado, en épocas anteriores, algunos cadáveres, con sus ollitas al lado.

Piedras grabadas de Lempira en el Peñón de Cerquín.—En el plano de pura piedra en la cima del Peñón, donde se fortaleció resistiendo un cerco de seis meses y donde cayó Lempira, se encuentran grabadas en el piso muchas figuras: algunas de serpientes enrolladas, otras de caballos (?), otras de sol o de óvalos divididos en 18 y 36 puntos, otras de escaleras análogas a las de Picila que he descrito antes. (Véase mi trabajo: *Lempira, el Héroe de la Epopeya de Honduras, Rev. Arch. y Bibl. Nac.*, Tegucigalpa, 1941-42.)

Piedra del Tigre.—Es una gran piedra aislada, con figuras grabadas de monos y de cabezas, en el camino para ir a Valladolid (Dep. Lempira). Los grabados son análogos a los de la Piedra de Picila.

Piedra del Pial y de Quelepa, cerca de Gualcince.—En la cercanía de Gualcince, en las faldas del Congolón hacia El Salvador, existe, en el camino que sube, una gran piedra que sale de la superficie del suelo. Están allí grabadas dos serpientes enrolladas con las cabezas tocándose en el centro la espiral; al lado están algunas tacitas redondas cavadas en la piedra para recoger agua, y acaso sea el ofertorio de agua que hacían a las dos culebras.

Más dentro de la ladera de la montaña está la gran piedra triangular de la cual he hablado en la segunda parte, al hablar de los dioses de Honduras. Esta piedra se puede considerar también como piedra grabada, aunque la cabeza de tigre está esculpida en bajorrelieve en una de las puntas; pero, en la superficie de la piedra están unas tacitas que comunican unas con otras por medio de ranuras o canalitos comunicantes.

Petroglifos en la Roca cerca de Yuscarán.—Es una roca situada en el lugar Florida, cerca de Yuscarán, al Este, a 5 o 6 leguas de distancia, en la Hacienda La Florida. Es una gran roca lisa y vertical con una gran superficie repleta de grabados, algunos de los cuales se pueden reconocer como jeroglíficos mayas.

LA PIEDRA PINTADA del Pueblo Viejo de Camasca.— Sobre Camasca, en donde estaba el Pueblo Viejo, y ahora el cementerio, lugar y aldea llamada Guasana, existe una gran piedra toda grabada. Las figuras parecen indicar estrellas; algunas parecen ojos. Podría ser un punto de observatorio mirando a puntas de cerros que hay enfrente en la parte oriental.

LA PIEDRA HERRADA.—Detrás de la Montañita, al oriente de Tegucigalpa, en la carretera que va a El Zamorano y a Danlí, hay una sabanita al lado derecho y sobre la laja de piedra que aflora en el suelo, en tiempos pasados, los dueños de ganado grabaron allí la figura de los hierros con que marcaban el ganado. Siendo la piedra grande, hay aquí grabadas muchas figuras de marcas de ganado, y parece esta piedra como un archivo de notario en donde están archivados, más seguros que en el papel, los documentos de propiedad, o sea, los hierros de los propietarios de ganado.

Las Piedras de Tenampúa.—En Tenampúa existen varias piedras rayadas. Han querido encontrar en ellas letras de alfabeto: hasta han llegado a fantasear que eran de alfabeto fenicio. Lo que parece es que allí, en donde muchas veces se han instalado los revolucionarios, han afilado sus cuchillos y sus machetes; o si no, se debe pensar en algún hecho parecido. De dibujos los hay en una piedra, en la cara horizontal cerca del Templo Central. Son dibujitos modernos que parecen para un juego. No hay más.

3.-REFLEXIONES ACERCA DE LOS PETROGLIFOS

Los petroglifos que he presentado son una mínima parte de los que de seguro existen en Honduras. Sin embargo, son interesantes, mucho más ya que están relacionados unos con otros.

Las culebras enroscadas existen tanto en la Piedra del Pial como en el piso encima del Peñón de Cerquín; estos son de seguro del tiempo de Lempira, cuando los Cerquines se encerraron allí.

Las escaleras son comunes a la piedra de Picila, al Peñón de Cerquín y aún a unos petroglifos que existen en unas cuevas de Loltún, publicadas por Edward H. Thompson, *Cave of Loltun, Yucatán; Memoirs of the Peabody Museum*, vol. 1, n.° 2. Estas últimas muestran rasgos mayas y figuras iguales a las de Honduras. Además, las escaleras del Peñón de Cerquín son del tiempo de Lempira.

También, unas figuritas de líneas casi geométricas, son comunes a las de Nicaragua, iguales a las de Picila, las cuales pueden atribuirse al tiempo de la Conquista, cuando los indígenas, huyendo de los españoles, se refugiaron en las selvas y arriba en los cerros, escondiéndose en grutas y cuevas.

Así no es de olvidar este hecho: que cuando entraron los españoles, los indígenas se escondieron en las cuevas; y esto no fue solamente durante la Conquista, sino hasta mucho después, como lo atestigua el Padre Espino, en 1664, en la región de Jamastrán y de La Segovia.

4.-PICTOGRAFÍAS DE COYOCUTENA

Existen varias cuevas en el Cerro de Coyocutena. En una de ellas se ven dibujos pintados en colores rojo, negro y amarillo, que el honorable Sr. diputado Leopoldo Hernández, que me acompañó en esos lugares, quiso amablemente fotografiar y mandarme con restos de alfarería ordinaria y la descripción de ella. Se encuentra al Sur del Cerro Coyocutena, al Este del Cerro Joscamón, al Oeste del camino de Erandique a Piraera, en la hondonada. No es profunda, sino superficial en la roca.[22]

Pictografías de la Cueva del Duende.—Describí esta en el capítulo de las cuevas. Se encuentra a dos leguas al N. de Camasca; pasando en maroma, en el Paso de Susuma, se llega en la falda del cerro a una peña cuya pared ha caído poco a poco dejando al descubierto una laja lisa y encuevada. En esa laja hay 5 figuritas de un palmo de largo cada una, de color rojo, en forma de venados. Allí la leyenda, y juran en ella, dice que el venado que el cazador persigue, allí desaparece, porque el duende, que es el dueño y protector de los venados, se los quita y los hace desaparecer.

5.-REFLEXIONES ACERCA DE LAS PICTOGRAFÍAS

Son muchas, por cierto, las pictografías en Honduras, y sé de algunas más de ellas. Pero he querido dar una muestra solamente.

Es fácil conocer el significado de los venados de la Cueva del Duende. Los venados están pintados allí, probablemente para que el Duende no los quite, como por magia; o para recordar que allí desaparecen los venados.

---

[22] Las figuras pintadas en rojo son de serpientes, soles y garabatos ininteligibles, además de algunas cabezas. Una de las figuras que llama la atención es la de un OJO humano. El ojo era símbolo también del Sol, entre los Mayas (*Kinich-Ahau*: El Señor, Ojo del Sol). También, si no servían bien los dioses, se temía mucho mal de ojos. Y también, como entre los egipcios, que llevaban un ojo como pendiente, contra el mal agüero, se temía el MAL DE OJO, que en todo el mundo, y también en Honduras, existe todavía.

En cuanto a las figuras de la Cueva de Coyocutena, también parece que son del tiempo de las luchas de Lempira; ya que las piezas de alfarería encontrada allí, son como las del Peñón de Cerquín y de Coyocutena: son muy ordinarias, pero sería un error decirlas primitivas, en el sentido de más antiguas o de gente de diversa cultura. Son piezas de la misma cultura, pero solamente piezas muy ordinarias, hechas de prisa y mal, probablemente por causa del sitio en que se encontraban.

Tegucigalpa, noviembre de 1947.

XXII: EL OJO EN LA RELIGIÓN Y EN EL ARTE DE LOS MAYAS

1.-EL OJO DEL SOL

Dice Landa, que si en un cierto mes dejaban los mayas de cumplir determinadas ceremonias, debían temer mucho mal de ojos. Los egipcios llevaban pendiente del cuello una figura de ojo; y los modernos llevan siempre algo contra el "mal de ojo".

Pero, entre los mayas, el principal significado que tomaba el ojo era el "Ojo del Sol". En Itzamal, Yucatán, hay los restos de un templo llamado KINICH-KAKMOO, o sea, Guacamayo de fuego-Ojo del Sol, en el cual estaba sepultada la cabeza de Itzamná. El Guacamayo fuego, o sea, el de plumas rojas, era considerado como el representante del Sol: Itzamná era el Sol, y él mira con su ojo, de la misma manera que manda luz con sus rayos de fuego. Aun para los egipcios, el Sol era como un ojo que mira en todas partes.

2.-EL SOL DIURNO Y NOCTURNO

En mi trabajo titulado "El Sol diurno y nocturno de los Mayas", publicado en la revista *Honduras Maya*, n.° 1, 1946, expliqué cómo era que se decía "Ojo del Sol", y además, di a conocer que mientras el Sol diurno tenía como representante el Guacamayo de fuego, o sea, el rojo, al contrario del Sol nocturno tenía como representante al Murciélago de la muerte, o sea, el VAMPIRO, el cual se bebe la sangre de sus víctimas y produce la muerte. El Sol diurno entraba en una caverna de la montaña ocultándose: se tornaba entonces en Sol nocturno, el cual trabajaba toda la noche para ponerse en condiciones de salir luminoso por la mañana.

3.-EL OJO DEL SOL NOCTURNO

El Sr. César Lizardi Ramos, en un trabajo: "Copán y el Jeroglífico de los sacrificios humanos", publicado en la revista *Honduras Maya*, n.° 2 y 3, 1947, ha dado a conocer cómo existe un gran número de jeroglíficos que llevan el ojo arrancado o el ojo cerrado, símbolo de CIMI, la muerte. Esto es un equivalente del MURCIÉLAGO DE LA MUERTE, o sea, el VAMPIRO. Razonando, llegamos a conocer que el ojo arrancado o el ojo cerrado, o la cabeza de muerto, CIMI, es lo mismo que el OJO DEL SOL NOCTURNO.

4.-EL OJO DEL SOL DIURNO EN EL ARTE MAYA

En Honduras he encontrado especialmente el Ojo en un grandísimo número de manifestaciones artísticas de los mayas. Ya había encontrado un Ojo esculpido en las cornisas de Teotihuacán.

En el arte de Honduras lo he encontrado a cada paso; por lo tanto, Honduras es la cuna del Ojo del Sol.

El ojo pintado sobre la roca en el interior de la Cueva de Coyocutena es un ojo abierto, aislado de las otras figuras, tiene, por lo tanto, un significado completo: es el Ojo vigilante. Este Ojo ha sido pintado por los indios de Lempira cuando se enfrentaron a los españoles. Mucho significado ha de tener ese ojo mágico, que desde lo alto de la montaña, clavado en la roca de la cueva, vigila y aguarda.

Tegucigalpa, noviembre de 1947.

XXIII: FALSIFICADORES DE CERÁMICA, VENDIÉNDOLA POR ANTIGUA

1.-LA FALSIFICACIÓN DE OBJETOS

Los objetos que se fabrican imitando lo antiguo y vendiéndolos o haciéndolos aparecer como tales, no es cosa de hoy. Los vidrios venecianos imitaban los que fabricaron los egipcios y los etruscos; muchos de ellos, en los siglos XIV y XV, se colocaban en tumbas antiguas, para que se descubriesen y con este solo hecho adquirieran una aparente antigüedad. Del mismo modo parece que fue en América, al principio de su descubrimiento: se aparentó haberse encontrado una moneda romana del Emperador Trajano; se mandó a un obispo de la Corte, y lo creyó; pero el cronista Fernández de Oviedo, contemporáneo, se ríe de ello.

En todo el mundo se falsifican objetos antiguos. No debía ser América una excepción.

2.-UNOS CUANTOS HECHOS

En Bolivia, y precisamente en Tihuanacu, en donde hasta los niños ofrecen al turista piececitas encontradas en la superficie del suelo, me fue ofrecida por un niño una tacita de piedra, con dibujos grabados representando las figuras de la Puerta del Sol. Inmediatamente vi que la tacita era auténticamente antigua, pero los grabados los había hecho el niño vendedor.

Un caso semejante me sucedió en Honduras, en las vegas del Río Humuya. Un niño vino a ofrecerme una botella de barro. La forma moderna con un mango en la boca, la hechura muy tosca, me indicaron inmediatamente la falsificación. Disimulé, preguntando al niño en dónde la había encontrado, y haciendo otras preguntas, lo convencí de que me decía muchas mentiras. Pedía cinco pesos: le di 50 centavos para tener la botella como comprobante de las falsificaciones que se hacen en alfarería.

Otro hecho me sucedió en Yarumela. Una señora anciana, alfarera de Yarumela, en el Valle de Comayagua, me ofreció una cabecita auténtica, encontrada cerca del Montículo Central. Habiéndole alabado su alfarería, ella se animó y me trajo después otra cabecita, que ella misma me dijo había hecho imitando las antiguas. Estaba bien hecha. Entonces tomé la ocasión para recomendarle que no lo hiciera más, sino que procurara fabricar figuritas modernas para no engañar y no producir confusión entre los que estudian arqueología.

Otro caso es de La Libertad de Comayagua. Este año me fue regalada una cabecita evidentemente moderna, y por lo tanto, falsa al darla por antigua.

En 1936, estuve un mes en Buenos Aires esperando ir a Bolivia. Allá me llevaron a ver una gran colección privada. Ya varios arqueólogos habían caído en engaño. Se decía que las piezas se sacaban de un lugar arqueológico, y el dueño estaba interesado en vender los objetos que fueron, decía, hallados por indígenas del lugar. Efectivamente, el lugar de origen era ese, pero no los hallaban, sino que los fabricaban esos mismos indígenas, de los cuales, parece, se valía el vendedor. El Prof. Fringuelli, del Museo de La Plata, demostró que ciertos rasgos y líneas onduladas estaban hechas por medio de una tapa de metal de las botellas de cerveza. Hasta se quiso mi "autorizada" opinión, para valerse de ella... y burlarse de mí. Encontré en esa colección pocas piezas auténticas, disímiles de las falsas. Aconsejé separar las falsas, o por lo menos, "muy dudosas", usando este término como atenuante, de las más seguras, para no reproducir confusión y no inducir a engaño.

Además de esto, es común la venta de millares de cabecitas que se dice fueron encontradas en las cercanías, y fabricadas a propósito y como gran comercio de los indígenas, para los turistas, en las ruinas de Teotihuacán.

Lo mismo sucede en Guatemala, en el Perú, en donde compré algunos vasos que decían eran de Chan-Chan, y seguramente los habían fabricado hacía poco.

3.-HECHOS NARRADOS POR MARSHALL H. SAVILLE
En una notable publicación en *Indian Notes*, vol. 5, n.° 2, abril de 1928, *Mus. Amer. Indian*, New York, pág. 144, titulada "Fraudulent Black-Ware Pottery of Colombia", este autor narra los fraudes hechos por medio de la alfarería hecha pasar por antigua. El más notable es el de un anticuario, Mr. Wright, que en Colombia, en 1920 y en asociación con Pascual Alzate de Medellín, hizo buenos negocios allí y en Bogotá. Dos de estas fraudulentas antigüedades, en diciembre de 1927, aparecieron en el catálogo de antigüedades americanas expuestas al público para la venta, en el Hotel Drouot de París, con el n.° 271 y 272. Fueron vendidas por 11.400 francos, equivalentes entonces a cerca de 450 dólares.

Los numerosos fraudes fueron revelados en un folleto publicado en Medellín (Colombia), en 1921, por Montoya y Flores, J. B.: "Cerámicas antiguas falsificadas en Medellín".

Marshall Saville refiere otros casos, y asegura que no hay museo europeo o americano que no posea ejemplares de esta alfarería fraudulenta.

Los primeros ejemplares aparecieron en un catálogo publicado por Leocadio María Arango, de su colección en Medellín, y muchos arqueólogos los creyeron auténticos. Muchos ejemplares de Colombia fueron vendidos en New York por veinticinco centavos cada uno.

Desde la aparición de esta alfarería fraudulenta, comenzaron a producirla también en Bolivia, en Ecuador, en Guatemala, de la misma manera que muchos años antes se había hecho en México.

En Colombia la producía un Luciano Orta, continuando Pascual y Miguel Alzate, ayudados probablemente por su padre Julián, que quizás trabajaba para el anticuario Mr. Wright.

Los defraudados han sido muchos, sin darse cuenta del engaño, y por lo mismo produciéndose un mal mayor, con engañar casi inocentemente a muchos otros.

Efectivamente, me sucedió que en Guatemala, acompañándome el arqueólogo don Carlos Villacorta h., fui convidado a visitar un museo privado de un señor de gran posición. Fuimos los dos: el primer salón eran todas cosas muy variadas, desde espadas, vestidos y nácar, hasta sillones, etc., todo del tiempo moderno y colonial, y también de muchas partes del mundo. El segundo salón se daba como una muestra de piezas antiguas. Don Carlos y yo nos miramos. El señor coleccionista nos las mostraba como piezas auténticas, y sin embargo, al solo verlas, ellas mismas se revelaban como una grande y descarada mixtificación. El pobre estaba engañado. Y había gastado mucho en ellas.

4.-UNA MOCIÓN Y PROPUESTA

Conociendo los muchos fraudes, los cuales no se quedan en la sola calificación de engaño, sino que entran en el ámbito de la ciencia y estorban el camino de los estudios arqueológicos, yo mismo, con motivo del Congreso de Arqueólogos del Caribe en Tegucigalpa y Copán, propuse que se encontrara el camino para que los que se dedican a fabricar objetos de imitación antigua, les pongan una marca especial para que no induzcan en error sobre su origen moderno.

Tegucigalpa, noviembre de 1947.

FIN DE LA TERCERA PARTE

XIV: RECAPITULACIÓN

1.-LA CONQUISTA DE LOS MAYAS

A pesar de que en estos días ha habido quien tenga un interés especial en negar la existencia de los Mayas, y esto en su propia cuna, como lo es Honduras, sin embargo, los Mayas son una gran familia, cuyos descendientes existen todavía, distribuidos en varias familias, algunas de las cuales hablan aún en una de las formas primitivas de su lengua.

Los Mayas de Honduras son de los más antiguos: creemos que los primitivos, quienes dieron vida a los demás que se multiplicaron después, se dividieron en grupos distintos. Al igual que los demás, eran numerosos al tiempo de la Conquista, y sufrieron más que todos, por circunstancias que ya expuse en mi obra: "La Fundación de la Ciudad de Gracias a Dios, etc.", y en la otra: "Lempira". Estas circunstancias se reducen a la falta de conquistador y colonizador, en la provincia de Honduras. Sufrieron las embestidas de Alvarado, de López de Salcedo y de Cereceda; se retiraron a las montañas y a las selvas; se escondieron en cuevas inaccesibles; perdieron su lengua, ya algo diversificada entre los serranos, (Cares, Cerquis, etc.), los agricultores (Chorotegas) y los macehuales (pueblo menudo), todos estos distintos de los señores y principales que vivían más cerca de los templos y de los centros más cultos, de la misma manera que lo era en Yucatán al tiempo de Landa. Los indios de la selva existieron después, desde el tiempo de la Conquista, cuando los indios, amenazados, huyeron de los centros poblados.

A pesar de esto, los naturales de Honduras, ni han perdido del todo la lengua maya, mucha de la cual hablan a escondidas entre ellos, y mucha otra queda escondida en los nombres de lugar, no obstante que hayan querido encontrarles un significado nahoa después de haberlos estropeado a su manera; ni han perdido sus costumbres antiguas, porque absorbieron las de los españoles, y quedaron con la tortilla, con el totoposte, con la casa de hechura maya y con las cercas de piedras, genuinamente mayas; además de dormir en tapexco, como lo hacen los Payas.

En fin, los hijos de los Mayas viven todavía en Honduras.

2.-LOS INDIOS PUROS DE HONDURAS

Los que desde la Conquista se han llamado indios, existen todavía puros: entre los muchos que se denominan diversamente, y son de la misma familia, se pueden contar los Intibucanos y Yamaranguilas (son los antiguos Cares), los Guajiquiros, Opatoros y Chinaclas, que son una misma cosa, los Guatas, los Hicaques, los Payas y muchos otros desparramados por toda la República. Algunos se han mezclado, pero muchos de ellos se han conservado puros, como por ejemplo, una parte de los Jicaques, de los Intibucanos, de los Guajiquiros, etc.

Tal vez los indios puros son muchos más de lo que se puede imaginar.

De toda esta indiada, solamente unos 40 Payas han sido medidos; otros 60 Intibucanos los midió el año pasado el Dr. Vellard, por indicación mía, y fueron encontrados puros, tanto en la medida física como en el examen serológico.

Naturalmente, con estas medidas y exámenes en gran escala, juiciosamente hechos, se sabría distinguir entre naturales que se han conservado puros y más o menos apartados, y naturales que se han mezclado con sangre blanca, negra y amarilla, tanto que ahora resulta difícil encontrar su verdadero origen. No creo que los etnólogos puedan hacer algo, despreciando estas medidas y exámenes, que deben proporcionarles los expertos, dándose así la base para juzgar. Ciertamente es más fácil conocer la presencia de un poquito de sangre negra antigua, porque tiene su constancia en el cabello.

3.-EL PREJUICIO DEL MONGOLOIDISMO

Otro engaño puede haber en el prejuicio del mongoloidismo americano, especialmente imaginando que todos los indios tienen el ojo oblicuo y el pliegue. Ante todo, el ojo oblicuo no es siempre signo de mongoloidismo, porque en lugar de tener su causa en la caja orbitaria propia de los mongoles, la tiene en peculiaridades fisiológicas diversas.

A este respecto se debe tener presente también, que yo mismo he encontrado chinos, e hijos de chinos en las más apartadas partes del país: además, la gran cantidad de filipinos, que en México llamaban chinos, desde los primeros tiempos de la Colonia, no debe haber quedado sin consecuencias, cuanto más que la sangre filipina tiene un poder aglutinante muy fuerte. En cuanto a los Mayas, ni tuvieron el mal llamado "ojo mongoloide", ni el cabello lacio. Como se desprende de las esculturas, su ojo era como el de un europeo y el cabello medianamente ondulado.

4.-NECESIDAD DE MEDIDAS ANTROPOLÓGICAS

Son necesarias las medidas antropológicas; y para remediar las deficiencias y apresurar el estudio y medidas de la gente indígena que va poco a poco desapareciendo, he querido formar un grupo de médicos hondureños, quienes, inspirados en el más puro patriotismo, estudien la parte de la antropología que se refiere a los grupos humanos de Honduras y reúnan los datos de medidas antropológicas y exámenes serológicos los más numerosos, sin los cuales es inútil cualquier juicio etnológico cultural, porque faltaría la base, y se asentaría, no sobre arena sino sobre el agua.

5.-ERRORES ACERCA DE LOS MAYAS

En cuanto a los Mayas, reputo un gravísimo error el quererlos incluir en uno u otro grupo americano, sin haberlos estudiado bien: y los estudios sobre los Mayas están apenas principiando.

Además, debo hacer hincapié sobre un punto principal: es un error gravísimo de arqueólogos y antropólogos, el haber considerado a los Mayas bajo el prisma de su cultura de la edad áurea, y como si todos los Mayas hubiesen vivido únicamente alrededor de las grandes ciudades. Este es un prejuicio; pero hay otro peor; antropólogos algo interesados en el asunto lo manifiestan en la siguiente forma: "Los Mayas aparecieron y desaparecieron como por encanto, sin dejar huella de su permanencia en la América Central."

Contra este prejuicio debemos oponernos a toda costa con los datos incontrovertibles materiales y morales, es decir, los Monumentos y las costumbres, que quedan a la mano.

6.-ES FALSO

Primero, es falso que los Mayas aparecieron y desaparecieron como por encanto. Este error tiene su base en que últimamente se ha querido considerar a los Mayas solamente en el tiempo y espacio del que se ha llamado impropia e incorrectamente Viejo y Nuevo Imperio. Porque los Mayas, ni tuvieron imperio ni fueron diversos en sus antepasados y descendientes. Los Mayas, con su espíritu de renovación periódica, aparecieron en Yucatán con un nuevo impulso. Este espíritu de renovación hacía que cada ciclo, que duraba de 400 a 500 años, debía ser diverso del anterior. Así, al principiar su cuenta, se renovaba todo, y todo debía ser nuevo y diverso: dioses, culto, templos, sacerdotes, señores, dirigentes y pueblo. Así, se explica cómo los templos tienen varias superestructuras, hasta nueve y once. Esto también los condujo a una decadencia más bien aparente que real, y la Conquista les llegó en el preciso momento del cambio del ciclo, en el principio del nuevo BAKTÚN.

En 1537, los señores mayas de Cerquín, aconsejaban a Lempira, que los guiaba, rendirse a los españoles; y apenas muerto Lempira, se rindieron, porque era inútil la defensa de 30.000 indígenas y 2.000 señores contra 80 españoles: era el fin del BAKTÚN.

En Yucatán, los Mayas se rindieron a los españoles guiados por Francisco de Montejo el joven, porque los mismos chilanes lo aconsejaban: era el fin del BAKTÚN.

Los Lacandones por fin se rindieron, después de una disputa con los misioneros dominicos, sobre el tiempo exacto del final del Baktún, en lo que concordaron perfectamente.

Es probable que la familia quiché, se desprendió de Tula, cuando llegó para ella el tiempo de la renovación, el nuevo amanecer. Esta familia era pequeña cuando paulatinamente, en la "pequeña bajada", se había desprendido del grupo primero de la "Hueitlapalán" o lugar de la abundancia, que primero fundaron en Honduras en la región de Sulaco y del Lago de Yojoa. Pasaron detenidamente por Yucatán, dejando en cada lugar la semilla de los Mayas y llegaron a la Meseta de México, en donde fundaron Tula (Teotihuacán, y otros lugares primitivos que quedaron como los más sagrados); allí se multiplicaron, comenzaron a diversificarse, y llegado su tiempo, se desprendieron, comenzando su peregrinación. En el *Popol Vuh*, que es como el espejo de la familia Quiché, y en los *Anales de los Xahil*, en numerosas formas se repite el concepto del Nuevo amanecer. Iba con ellos un grupo muy pequeño de gente extraña a la familia Quiché: eran los Huaqui, de los cuales quedó un grupo en El Salvador, y se le dio el nombre de Pipiles; otro grupo llegó hasta Nicaragua y tuvo el nombre de Nahuales. Motolinía y Torquemada, también, se refieren a ellos.

7.-LA PIEDRA CANTEADA Y LOS MONUMENTOS

Los Mayas no surgieron de la nada como por un encantamiento. Los Mayas desarrollaron su maravillosa cultura y llegaron a la culminación paulatinamente, en donde más, en donde menos temprano y con mayor o menor perfección; y los que se habían alejado más del centro de inspiración o de afluencia, como los Quichés, se quedaron más atrás y más diferenciados que otros, o si no, más primitivos y bozales, como los Huastecas y los Chontales. Y antes de aparecer deslumbrando al mundo con sus monumentos maravillosos, tuvieron siglos de preparación en que formaron ante todo su calendario y su escritura, antes grabada, después esculpida, hasta que surgieron los genios, como en Babilonia y Egipto, en Grecia y en Roma, que también tuvieron sus siglos de preparación, el siglo de oro, y la decadencia.

Los Mayas llegaron a la perfección de la piedra canteada y esculpida en los mayores centros culturales, en donde no habitaban sino pocos: sacerdotes y principales; los demás tenían sus moradas en barrios desparramados en derredor de los centros culturales, y colocados a mayor o menor distancia.

En Honduras se puede estudiar y admirar toda esta fase de preparación, culminación y decadencia. Porque los Mayas, antes de la piedra tallada, tuvieron varios ciclos sin esta labor. Existen en toda Honduras muchísimos de los grandes Centros Culturales de los más antiguos, en donde los altísimos montículos de 25 y 30 metros de altura, son de tierra mezclada con piedras y otros, solamente con piedras de río. Probablemente estaban cubiertos de estuco, muchos de ellos; otros tendrían varios edificios debajo de la última construcción, los cuales esperan algún arqueólogo consciente y atrevido que los descubra; otros o casi todos, llevarían en la cima un edificio de palos y bahareque con techo de paja. Estos mismos existieron en Copán antes de la construcción de la Acrópolis.

Los Mayas no surgieron como por encantamiento.

8.-LOS MAYAS ANTIGUOS

Los Mayas pasaron varios ciclos sin edificios de piedra canteada. Morley, en una edición anterior a su última obra, preparada para la *Enciclopedia Yucateca*, había apuntado justo, al llamar la atención sobre la civilización proto maya, primera, segunda y tercera: pero, no sabemos por qué, en su última obra, en lugar de repetir proto maya, ha escrito Pre Maya, que es cosa muy diversa. Y agravando más el asunto, dice que por Maya entiende, en su libro, esa civilización que adoptó una escritura jeroglífica especial y el arco falso.

Con esto quiere decir, que a los que prepararon esa cultura, no los considera como Mayas; y tampoco a los que siguieron, aunque fueron sus hijos y sus nietos, y a pesar de que sigue llamando a los yucatecos modernos con el nombre de Mayas. Todo cambia en el mundo: pero nunca la naturaleza da un tajo tan exacto como si fuese un corte de machete, y le quedase a un siglo una parte y al otro otra sin ninguna relación entre las dos.

No hay civilización en el mundo, ni institución, fuera de la Iglesia Católica, que haya resistido tantos siglos como la Maya: porque aun los egipcios y los chinos han tenido sus variantes y sus dinastías; y ni a los egipcios ni a los chinos anteriores, se les dice que no fueron los padres de la cultura de su país; mucho menos, a los descendientes modernos, se les dice que no son chinos; aunque, en cuanto a los egipcios, cambiaron luego con la dominación romana, y la cultura griega y la religión cristiana, a la cual no pudo adaptarse su escritura; lo mismo como la Maya.

Si nosotros tenemos presente estos conceptos, y la división que hemos apuntado al principio, en Mayas de la ciudad, y estos, en mayas cultos y en macehuales; en Mayas campesinos o agricultores de las llanuras, o sea, Chorotegas; y en Mayas de las alturas o serranos, como lo eran los Cares y los Cerquis, de Lempira, se nos facilitará la comprensión perfecta de la Cultura Maya, cuya naturaleza no es diferente de muchas otras culturas antiguas que conocemos mejor.

9.-DESARROLLO DE LA CULTURA MAYA

Los Mayas desarrollaron su cultura primeramente en el centro de Honduras, antes de perfeccionarse en la región de Copán, extendiéndose hacia el Occidente y dando lugar a la "pequeña bajada" y finalmente a la "gran bajada" de que habla Landa; pero no como lo quieren ciertos autores antiguos y modernos. Y esto no es obstáculo al hecho de que se hayan encontrado primeramente escrituras antiguas al occidente, anteriores a las encontradas en Copán. Porque ante todo, Copán puede ser que no sea la ciudad más antigua maya de Honduras, y no sabemos lo que nos reserva el futuro en Honduras en cuanto a descubrimientos e inscripciones. En todo caso, es posible la escritura en piedra en un lugar que tenga una edad posterior a otro, cuya escritura apareció después. Quiere decir, que en un momento dado hubo un genio que surgió en una ciudad más moderna, nada más.

10.-EL CALENDARIO DE 260 DÍAS NACIÓ EN HONDURAS

El calendario agrícola de 260 días nació, por lo tanto, en Honduras y en la región de Sulaco, como en su propia tierra. Ya el año pasado, en la revista *honduras maya*, demostré que la Hueitlapalán que buscaba Cortés, era Sulaco y no Copán. En Sulaco, entonces, se inventó el primer Calendario Maya.

En este paralelo, pasa el Sol por el Zenit dos veces por año: la primera, el 13 de agosto (en su vuelta del Norte) y la segunda, el 30 de abril (en su vuelta del Sur), y esto, más o menos exactamente, teniendo en cuenta que los Mayas contaban por noches y no por días.

Pío Pérez dice: "Los progenitores de los indios Mayas habían fijado el principio del año, el día en que el Sol pasa por el Zenit de esta península, para ir a las regiones australes sin más instrumentos que la simple vista." (Landa fijó el principio el 16 de julio, juliano, lo mismo que el *Chilam Balam* de Chumayel). Ceremonias o fiestas había en Yucatán desde mayo hasta julio, sendos meses en que pasa el sol por el Zenit. León y Gama y Eduardo Seler pensaron que la ceremonia del mes indígena Tóxcatl (cosa seca) en el día llamado "mayor" Hueihuitl (mes de mayo) principia cierto año (el agrícola). (Escalona Ramos, *Cronología y Astronomía Maya-México*. México, 1940, pág. 26). Landa, contando lo que hacían los Mayas de Yucatán en el mes de Pax, dice que hacían 3 meses de regocijo y solamente se reunían, ofrendaban, bailaban y se emborrachaban. Es por esta razón que Landa deja en blanco tres veintenas, Kayab, Kumkú y los 5 días Uayayeb, porque los Mayas no hacían otra cosa.

No sabemos nada de los comienzos del calendario agrícola. Pero sabemos que es muy apropiado. Y sabemos también, por lo que dice Landa de Yucatán, que los Mayas, después de tenida la cuenta desde el primer paso del Sol hasta el segundo, dejaban de contar, hasta el principio de su año agrícola, que era cuando pasaba el Sol por el Zenit y comenzaban las grandes lluvias.

11.-LA CUENTA DEL AÑO AGRÍCOLA

Solamente en el paralelo 14° 50° (más o menos exacto), que pasa por Copán, Yojoa y Sulaco, pasa el Sol el 13 de julio la primera vez, y el 30 de abril la segunda vez, y entre uno y otro paso de Sol hay una distancia de 260 días, lo mismo que la cuenta del Calendario Agrícola de los Mayas.

12.-NO HAY OTRA CIUDAD MAYA ANTIGUA QUE LLEVE ESTA CUENTA

Ahora bien: por qué las otras ciudades, las cuales, sin ninguna duda, contaban su año agrícola y celebraban sus fiestas, teniendo en buena cuenta los dos pasos del Sol, que contando desde el fin del año agrícola hasta el primero del año, un tiempo menos largo que el que tenían Copán y Sulaco, y sin embargo, calcularon su año de 260 días, que no les daba la naturaleza ni el paralelo en donde estaban situadas? La conclusión es que ellos no habían inventado el calendario agrícola, sino que lo habían adoptado para la cuenta del año. Y por eso, tal vez, necesitaron más de la ayuda de los sacerdotes que tenían la cuenta del año, porque los números no correspondían con el tiempo de los dos pasos del Sol. Ellos no inventaron, sino que aceptaron el año de 260 días. Y tal vez, por eso mismo, necesitaron reunirse, no una, sino varias veces, los sabios, para ponerse de acuerdo y entender las cosas.

Probablemente la cuenta en números vino después, en la región de Sulaco y Copán. Los números son sencillos. Era la cuenta de los 13 días, representando en ellos a los 13 dioses del mundo figurado como un paralelepípedo, dividido en tres porciones: la terrestre, la celestial y la inferior; en cada parte cuatro seres protectores más la Ceiba sagrada que pasaba por el centro, de abajo arriba, lo que daba un número de 13 Protectores, los del mundo subterráneo, PAUAHTÚN: los del mundo terrenal, bacab; y los del mundo celestial, chac.[23]

---

[23] La referencia es del obispo Landa, quien da los nombres mezclados y con alguna confusión. En realidad el jefe de cada región era uno invocado diversamente según la región de los cuatro puntos cardinales en donde lo imaginaban resistir, de tal manera que cada uno resultaba figurando en cuatro partes. No puedo demorarme en la explicación, sino que daré aquí la de Pérez Martínez en la Nota a Landa n.° 113. Dice así: "Los diferentes nombres que Landa asigna en este párrafo a los BACAB... se refieren, en realidad, a deidades distintas según su posición en cada una de las tres regiones que, según los antiguos Mayas, formaban la tierra. El PAUAHTÚN, moraba en el mundo subterráneo; el BACAB a raíz de tierra y el CHAC en las nubes. A cada serie de deidades correspondía un color, es decir, un signo distintivo, v. g., KANAL BACAB, KANAL PAUAHTÚN

De manera que los números daban la cuenta siguiente: 4 dioses por cada una de las tres regiones dan doce, más la ceiba sagrada, son 13. Cada uno tenía bajo su protección un día; terminada la cuenta de los trece días, volvían a contarse, hasta terminar con los 260 días. Aquí terminaban la cuenta. Al fin del año, el pueblo se daba al regocijo, sin contar más hasta el principio del año.

Esto sucedía en la región de Sulaco y de Copán. En las otras regiones no era la misma cosa. Probablemente no tenían la cuenta, hasta que la adoptaron, así no más. Pero, su cuenta verdadera estaba compuesta de dos puntos principales; es decir, los dos pasos del Sol. Con el primero, comenzaban el año; con el segundo terminaba; después de esto se dedicaban al regocijo, hasta el día del nuevo año. Todo esto lo dice Landa, al tratar de las fiestas que tenían los Mayas de Yucatán, comenzando en el mes de PAX hasta el mes de POP.

Es claro, pues, que con la cuenta de los 260 días, a los Mayas que estaban fuera de la región del paralelo 14° 50°, no les resultaba la cuenta, porque no estaba de acuerdo con los dos pasos del Sol. Comenzarían a adoptar esta cuenta, los más cercanos y poco a poco se extendió, a todos, o más natural es que cuando los Mayas comenzaron a separarse de la Hueitlapalán, su lugar de origen, y extenderse hacia el occidente y a las otras regiones, llevaron consigo la cuenta de los 260 días, no dejando de tener cuenta también de los dos pasos del Sol.

No se puede dar razón más clara, para convencer que el calendario agrícola de 260 días fue adoptado por primera vez en la región de Sulaco y Copán.

Y que el número 13, de las trecenas de días, fue la base del calendario, se encuentra en todas las cuentas del calendario maya, y aun, en los trece días de ayuno que hacían algunos, antes de comenzar el año nuevo.

Los Mayas se reunieron varias veces en congreso para arreglar la cuenta del año, y de los años; el año agrícola de 260 días, se debió formar al principio, de 20 trecenas, o sea, veinte meses; pero cuando debieron arreglar el calendario ajustándolo al año solar, encontraron

---

Y KAN XIB CHAC: el BACAB amarillo, el PAUAHTÚN amarillo, el XIBCHAC amarillo. Los otros colores eran ZAC, blanco; CHAC, rojo y EK, negro.

el número de 18 meses, añadiendo a cada trecena 7 días, a los cuales tuvieron siempre como días añadidos, porque la cuenta de las trecenas la conservaron.

13.-ARQUEOLOGÍA DE HONDURAS

En la segunda parte de este libro, quise poner las bases de la arqueología de Honduras, y traté del modo cómo se comportaban los Mayas de Yucatán y los de Honduras, tanto indios de Trujillo como serranos de Cerquín y Chorotegas, o sea, los agricultores, de los cuales Fernández de Oviedo ha dejado una buena descripción con los de Nicaragua.

Y en esto fui afortunado. Es verdad que falta mucho por saber; y de esto estoy seguro, como también estoy seguro de que algún día se encontrará, también en Honduras, algún código maya; porque como los tenían en Yucatán, también los sacerdotes de Honduras tenían los suyos y con ellos los sepultaban. El oidor García del Palacio escribió, que había visto uno; yo también, en una nota de mi libro: "Lempira", y en otros escritos, dije ya que un código se quemó, puede ser hace unos cien años, en la región de Cerquín. Es maravilla, que en Copán no se haya encontrado todavía uno a lo menos: pero, se deberá encontrar.

Efectivamente fui afortunado, porque con los datos preciosos que he podido recopilar, aunque sean pocos, sin embargo, he llegado a dar a conocer cómo los Mayas de Honduras eran casi una sola cosa con los de Yucatán y tenían la misma lengua: y esto por lo menos hasta una distancia de 30 leguas de las orillas del Río Ulúa, es decir, hasta Trujillo y el Río Aguán; he dado a conocer que estos Mayas tenían su culto, sus dioses y sus templos: en tres de los templos principales, uno de los cuales en una isla de la Bahía, veneraban tres estatuas de jade, representando a una diosa: probablemente a un dios hombre y mujer a la vez, como lo eran todos los dioses mayas; y el dios supremo era el Abuelo y la Abuela. Esto he dado a conocer, y muchas cosas más.

14.- MIS ARTÍCULOS

Entretanto, lo que me ha llenado de satisfacción es que hayan sido acogidos con gran entusiasmo todos estos artículos, que casi todos tratan de cosas completamente nuevas.

Con ellos, principalmente, he podido establecer el origen de la forma de los vasos mayas, porque copian la jícara y el calabazo; la existencia de piezas metamorfoseadas o recristalizadas de carbonato de cal, o sea, de mármol en Honduras, sin necesidad de buscarlo en las vetas. Lo mismo he podido decir del jade, que casi se negaba su existencia en Honduras. Artículo de primera importancia es el de los pendientes de jade con jeroglíficos mayas, encontrados en Olancho, lo que hace forzoso admitir que también Olancho era una región maya, mientras se negaba rotundamente esta paternidad hasta al mismo Valle de Comayagua; y si no, díganlo los escritos de Yens Ide y los trabajos publicados en *The Maya and their Neighbors*.

15.- SE HA NEGADO LA PATERNIDAD A LOS VASOS DE COPÁN

Asimismo se ha negado la paternidad copaneca a los vasos encontrados en las tumbas de Copán, y se ha dicho que estos han venido de fuera por vía de comercio, como si los mayas de Copán hubiesen sido incapaces de trabajar sus vasos allí mismo, en donde tenían a la mano el mejor barro negro con que los fabricaban, que aparecía como de pasta amarillenta, y tenían a la mano sus hermosísimos colores, especialmente la hematita u ocre rojo, óxido de hierro hermosísimo que existe en todos los alrededores de Copán, y con ello también el rojo brillante conteniendo escamitas de mica de brillo metálico, como lo hay en toda Honduras, pero que, por haberse encontrado primero en Copán, ha hecho creer que era exclusivo de allí. Lo he encontrado en Honduras por lo menos en 10 lugares diferentes, en vasos hechos con barro y colores diversos en los unos y en los otros; por lo que ha podido deshacer la especie de que estos vasos no fueron hechos en Honduras; y, al contrario, he podido afirmar que este rojo debe llamarse ROJO BRILLANTE DE HONDURAS.

16.- LOS MARAVILLOSOS COLORES DE HONDURAS

Además de esto, el capítulo sobre el descubrimiento de los colores es de primera importancia, porque con ello he demostrado que estos colores son los mismos que se ven pintados sobre los vasos de Honduras en cada región y estaban a la mano de la artista alfarera maya.

Fue muy fácil, a alguien, afirmar de un plumazo que nada existía en Honduras y que todo venía de fuera. Ahora, después de estos descubrimientos que yo mismo hice, se deberá demostrar el por qué, de un plumazo, se afirma cosa sin ninguna prueba, tan inexacta y sin fundamento.

17.- LA PRUEBA DE TODO LO DEMÁS

Lo mismo se debe decir acerca de la piedra canteada, trabajada y esculpida en todo el interior de Honduras, habiéndola yo mismo encontrado en Olancho, especialmente entre Salamá y Guarabuquí, y sabiendo que los payas, para su manejo de casa, van a buscar las bellísimas piedras de moler, primorosamente esculpidas, en los grandes montículos de extintas ciudades mayas que existieron en el Río Tinto y en el Patuca o Guayape. Y que estas piezas, sin contar los restos de estelas esculpidas y otras esculturas y estatuas que he encontrado en varias partes, hasta en Yocón de Olancho, están hechas en Honduras, lo dicen las mismas piedras que existen en el lugar y son de la especie con que se hicieron esas esculturas.

Se ha dicho que todas estas piedras de moler vinieron de Nicaragua, como si los artistas mayas de Honduras no hubiesen podido hacerlas. Sin embargo, contra esta especie, hay el hecho de que las que se encontraron en la Hoya de Jeto, en el Valle de Comayagua, son de piedra verde, y esta se halla en el Río Humuya y en las quebradas vecinas, y a la mano. Y la hechura es igual a la de las piedras de Olancho, del Guayape, Río Tinto y Patuca, a pesar de que puedan aparecer diferentes y que crean fácil el llevar a Olancho piedras tan grandes como una mesa y tan pesadas como lo son.

No me demoro sobre las cuevas y los cráneos de grueso espesor que he encontrado en varias partes; ni sobre las pictografías y petroglifos. Las cuevas fueron habitadas principalmente cuando los mayas debieron esconderse al tiempo de la Conquista, y las pictografías y petroglifos son, más o menos, de un mismo estilo.

18.- HONDURAS ERA TODA MAYA

Que Honduras era toda maya me ha salido a la pluma, porque los documentos escritos y orales, o los materiales encontrados, me lo han dicho y demostrado. Yo no he hecho más que transcribir lo que ellos me han dictado.

Tegucigalpa, 30 de noviembre de 1947.

Monseñor FEDERICO LUNARDI.